Conny Hörl

IN BALANCE

**Du musst nicht perfekt sein,
um ein perfektes Leben
zu führen**

Umschlagrechte Foto: AdobeStock 353546666 ©Victor
Umschlaggestaltung: Danni Wiebelhaus, danniwiebelhaus.de
Rechte Autorenfoto: Sung-Hee-Seewald

Der Verlag und seine Autoren sind für Reaktionen, Hinweise oder Meinungen
dankbar. Bitte wenden Sie sich diesbezüglich an verlag@goldegg-verlag.com.

Der Goldegg Verlag achtet bei seinen Büchern und Magazinen auf nachhaltiges
Produzieren. Goldegg Bücher sind umweltfreundlich produziert und orientieren
sich in Materialien, Herstellungsorten, Arbeitsbedingungen und Produktions-
formen an den Bedürfnissen von Gesellschaft und Umwelt.

ISBN: 978-3-99060-286-7

© 2022 Goldegg Verlag GmbH
Unter den Linden 21 • D-10117 Berlin
Telefon: +49 800 505 43 76-0

Goldegg Verlag GmbH, Österreich
Mommsengasse 4/2 • A-1040 Wien
Telefon: +43 1 505 43 76-0

E-Mail: office@goldegg-verlag.com
www.goldegg-verlag.com

Layout, Satz und Herstellung: Goldegg Verlag GmbH, Wien
Printed in the EU

Inhaltsverzeichnis

Vorwort von Jörg Löhr

Versuchen Sie auch manchmal, die perfekte Balance zwischen allen Lebensbereichen zu halten? Und dazu auch noch alles perfekt zu meistern? Dann ist Ihnen mit Sicherheit schon aufgefallen, dass dies in der Praxis nicht wirklich funktioniert. Und dass ein von so vielen erstrebtes »Perfekt« nicht wirklich erreicht werden kann. Es stellt sich also die Frage, ob ein perfektes Leben ohne Perfektionismus überhaupt möglich ist und wie Sie eine Balance im Leben ohne Perfektionismus finden können.

Genau hier setzt Conny Hörl auf großartige Weise an. In ihrem Buch »In Balance« greift sie den Balanceakt, den wir alle in unserem Leben bestehen wollen, auf. Trefflich zeigt sie, warum Kraft, Gelassenheit und Lebenslust hierbei ganz entscheidende Aspekte sind, letztlich die Kraftquellen für Ihren Erfolg, für Ihre Balance.

Um diese Balance zu erhalten und damit in Ihrem Leben wirklich erfolgreich zu sein, müssen Sie all Ihre Lebensbereiche, Körper, Geist und Energiesystem, ganzheitlich betrachten. Als Voraussetzung, um einen ganz entscheidenden Begriff in unserem Leben zu verwirklichen: Lebenslust. Denn zu viele Menschen rennen, rennen und rennen in ihrem Hamsterrad des Lebens und vergessen dabei das vielleicht Wichtigste: das Leben zu genießen! Spaß, Freude und Erfolg zu kultivieren. Denn mit einem Lächeln und einem positiven Mindset gehen Ihnen die Aufgaben im Alltag gleich viel leichter von der Hand und auch die Balance in Ihrem Leben gelingt Ihnen dann umso einfacher. Unser Gehirn arbeitet nämlich laut Studien aus einem positiven Zustand heraus um 31% produktiver.

Conny zeigt in ihrem Buch nicht nur, wie Sie durch mehr Lebensfreude »In Balance« kommen, sondern geht für die ganzheitliche Betrachtung dieses Themas auch auf den so wichtigen Aspekt der Achtsamkeit ein, welcher in unserem Alltag eine immer entscheidendere Bedeutung gewinnt.

So ist es auch nicht verwunderlich, dass Achtsamkeit und Meditation mittlerweile den Weg in den Business-Alltag gefunden haben. Immer mehr Menschen erkennen, wie sehr sie davon nachhaltig profitieren können. Denn mit Achtsamkeit und Meditation ist eine deutliche Verbesserung der Lebensqualität erreichbar. Sie werden entspannter, konzentrierter und gelassener. Und damit fällt es Ihnen auch viel leichter, den Balanceakt für ein erfülltes Leben zu schaffen.

Auch ich habe bestimmte Übungen des Achtsamkeitstrainings in meinen Alltag integriert und fühle mich damit ruhiger, gelassener und konzentrierter. Genauso liebe ich die tägliche Zeit von nur 10–15 Minuten, die ich mir für das Meditieren nehme. Für mehr Ausgeglichenheit, Energie und Glück.

Bereits seit vielen Jahren darf ich Conny nun schon auf ihrem Erfolgsweg der besonderen Art erleben und begleiten. Nach ihrer Teilnahme an mehreren Seminaren der Jörg Löhr Akademie absolvierte sie mit Bravour unsere Ausbildung zum Personal- und Business Coach. Immer wieder habe ich dabei einen Begriff bei ihr erlebt, der Persönlichkeiten aus meiner Sicht auszeichnet: Authentizität. Conny lebt das, worüber sie spricht. Sie ist ein liebevoller Familienmensch, erfolgreiche Unternehmerin aus Leidenschaft und geschätzte Expertin in den Bereichen Life Balance, NLP, Zen Meditation, Fitness und Ernährung.

Ich freue mich sehr, dass Sie ihr Buch jetzt in den Händen halten, denn es gibt Ihnen einen großartigen und umfassenden Überblick, wie Sie den Balanceakt des Lebens erfolgreich und voller Lebensfreude meistern.

Genießen Sie diese besondere und spannende Lektüre und setzen Sie die vielen wertvollen »To-go-Tipps« um.

Denn Sie wissen erst, wozu Sie fähig sind, wenn Sie es probiert haben!

Ihr Jörg Löhr

»Ich glaube nicht an Work-Life-Balance«

Wussten Sie, dass jeder zweite Deutsche über einen Job-wechsel nachdenkt? Zumindest laut diverser Meinungs-forschungsinstitute. Das bedeutet, dass offensichtlich jeder Zweite mit seiner Arbeitssituation unzufrieden ist. Bedenkt man, dass wir 30–50% unserer Lebenszeit in der Arbeit ver-bringen, könnte man das als echte Zeitverschwendung be-trachten. Wer sollte freiwillig die Hälfte seines Lebens in einer Situation verharren, die nicht glücklich macht? Wir tun es offensichtlich. Zumindest die Hälfte von uns. Wundert es da, dass der Ruf nach Ausgleich, Entspannung und Freizeit immer größer wird? Wer will schon ins Burnout rutschen?

Darf ich Ihnen etwas verraten? Ich glaube nicht an Work-Life-Balance. Der Begriff impliziert, dass Arbeit und Leben zwei gegensätzliche Dinge sind, die sich offenbar aus-schließen. Ist das wirklich so? Gibt es nur das eine oder das andere?

Ich bin seit über 20 Jahren Unternehmerin. In dieser Zeit hat sich die Einstellung zur Arbeit massiv geändert. Viele unserer Mitarbeiter der ersten Stunde waren nicht in-teressiert daran, Stundenlisten zu schreiben. Sie waren ein-fach da. Es war unerheblich, wie lange. Heute wird penibelst darauf geachtet, dass die persönliche Freizeit nicht in Mitlei-denschaft gezogen wird. Ist das Work-Life-Balance?

Wäre es nicht zielführender, Arbeit als wertvollen Teil unseres Lebens zu betrachten, anstatt als Konkurrenz zur Freizeit? In der eigenen Tätigkeit Sinn und Erfüllung zu fin-den, Spaß an dem zu haben, was man macht, und die eige-nen Fähigkeiten und Potenziale auszuschöpfen? Mir persön-lich gefällt der Ansatz des schwedischen Astronomen Anders Jonas Angström, der schon im 19. Jahrhundert sagte: »Wenn man eine Arbeit mag, dann ist es keine Arbeit.«

In einer 2019 in Österreich durchgeführten Studie[1] zum Thema »Was motiviert am Arbeitsplatz?« rangierten die Kategorien »Flexible Arbeitszeiten« deutlich vor »Gehalt«, »Karrierechancen« oder »Interessante Herausforderung«. Als Arbeitgeberin respektiere ich das, als Unternehmerin aus Leidenschaft schüttle ich innerlich den Kopf. Aber das liegt vielleicht daran, dass ich meine Arbeit immer als Teil meines Lebens betrachtet habe und jede Minute, egal ob Job oder Freizeit, in meinen Augen gleich viel wert ist. Es gibt keine »bessere« oder »schlechtere« Zeit.

Ich bin in eine Unternehmerfamilie hineingeboren worden. Mein Großvater war ein typischer Vollblutunternehmer der Nachkriegszeit, der mit einem kleinen LKW die Münchner Innenstadt von Kriegsschutt befreite. Das Unternehmer-Gen wurde mir von ihm von klein auf eingeimpft. Keine Woche verging ohne einen gemeinsamen Besuch im »Werk«. Von der Sekretärin bis zum Speditionsleiter kannte mich quasi jeder. Nicht weil ich so extrovertiert gewesen wäre, im Gegenteil, ich war extrem schüchtern. Aber mein Großvater lehrte mich schon damals, wie wichtig eine gute Kommunikation ist.

Heute führe ich meine eigenen Unternehmen. Einige mit meinem Mann, einige mit meiner Schwester. Die Präferenz, mit der Familie gemeinsam das Ding zu schaukeln, ist geblieben. Das Thema ist ein anderes. Ich helfe Menschen dabei, erfolgreich zu werden. Und ich kümmere mich darum, dass es ihnen gut geht. Dass sie fit und gesund sind und sich in ihrem Körper wohlfühlen. Das gelingt uns unter anderem mit elf eigenen Fitnesszentren und einer Vielzahl an Partnerbetrieben in Deutschland und Österreich. Dort lebe ich inzwischen. Ich habe in Salzburg meine neue Heimat gefunden. Wundern Sie sich nicht, wenn ich in diesem Buch mal auf die Deutschen, mal auf die Österreicher Bezug nehme.

Es schlagen zwei Herzen in meiner Brust, ich fühle mich mit beiden Ländern tief verbunden.

Vor 18 Jahren entdeckte ich meine Leidenschaft für gesunde Ernährung, ließ mich zur medizinischen Ernährungsberaterin ausbilden, eröffnete ein Zentrum für gesunde Ernährung, hielt Vorträge und schrieb mein erstes Buch, den Ratgeber »Genussvoll Abnehmen«. Damals hatte ich das Gefühl, endlich angekommen zu sein. Ich hatte einen Beruf, der mich erfüllte, einen wunderbaren Mann und inzwischen zwei Kinder. In der ganzen Euphorie bemerkte ich kaum, dass mich der Spagat zwischen Beruf, Familie und persönlichen Zielen offensichtlich mehr anstrengte, als ich mir eingestehen wollte. Mein Arzt diagnostizierte mir eine Magenerkrankung. Wenn ich so weitermachen würde, wäre es schlecht, meinte er. Aber was sollte ich ändern? Ich liebte meinen Beruf, hatte eine tolle Partnerschaft und coole Jungs. Außerdem trieb ich Sport und ernährte mich gesund. Eine Veränderung im Außen würde nichts bringen, ich musste etwas im Inneren verändern. Zufällig entdeckte ich die Zen-Meditation für mich. Ich traf Hinnerk Polenski, einen in Japan ausgebildeten norddeutschen Zen-Meister. Er lehrte mich, dass es eine Kraft in mir gibt, die unbedingt ist und von keinem äußeren Umstand abhängt. Heute bin ich Meditationslehrerin und unterstütze Führungskräfte dabei, diese innere Kraftquelle zu aktivieren. Ich habe gelernt, dass es nicht selbstverständlich ist, ein erfülltes Leben zu leben, sondern dass man einiges dafür tun muss. Dass man Komfortzonen verlassen und auf sich achtgeben muss. Dass es gewisse Kernkompetenzen gibt, die wichtig sind, um den Balanceakt des Lebens zu meistern.

Ich bin mir dieser Kernkompetenzen zum ersten Mal bewusst geworden, als ich in einem Interview gefragt wurde: »Wie schaffst du das eigentlich alles?«

Ja, wie schaffe ich das? Ich bin Unternehmerin, Business Angel, Mutter, Ehefrau, Freundin, Tochter und Schwester.

Ich betreibe einen Youtube-Kanal, schreibe Bücher, leite Seminare und halte Vorträge. Manchmal wird mir bei dieser Aufzählung schwindelig. Gleichzeitig liebe ich dieses Leben in all seinen Facetten und könnte mir kein anderes vorstellen.

Und trotzdem gab es immer wieder Situationen in meinem Leben, die mich, so wie die Magenerkrankung, an meine Grenzen brachten. Mit 22 Jahren entwickelte ich mein erstes kleines Immobilienprojekt, ein Mietshaus mit vier Parteien. Parallel dazu absolvierte ich mein BWL-Studium, übernahm bei einem Verein eine leitende Tätigkeit und sah mich darüber hinaus mit familiären Problemen konfrontiert. Eines Tages stand ich am Ausfahrtsschranken einer Tiefgarage. Anstatt mein Ausfahrtsticket einzuschieben, drückte ich auf den Knopf und wartete mit starrem Blick, dass eines herauskam. Der nette Herr vom Empfang meldete sich und fragte, was mein Problem sei. Mir war schlagartig klar, dass ich tatsächlich gerade eines hatte. Mein Kopf war zu voll, zu unsortiert, zu chaotisch. Damals hatte ich noch keine Ahnung von Meditation oder Achtsamkeitstraining, sonst wäre mir an dieser Stelle ein Ausspruch meines Zen-Meisters Hinnerk eingefallen: »Wir sind in der Regel nicht dort, wo unser Körper ist.« Meistens sind wir nämlich mit unseren Gedanken ganz woanders, in der Regel in der Zukunft, manchmal auch in der Vergangenheit. Je weniger wir im Hier und Jetzt verankert sind, desto gestresster und abwesender fühlen wir uns.

Seit diesem Zeitpunkt übe ich mich darin, Balance zu trainieren. Es gelingt mir manchmal besser, manchmal schlechter. Immer dann, wenn ich wieder einmal den Eindruck habe, dass alles passt, nimmt mein Leben eine überraschende Wendung: Krankheiten in der Familie, Kündigung von wichtigen Mitarbeitern, wirtschaftliche Fehlentscheidungen oder eben mal eine ordentliche Pandemie.

Mit der Zeit habe ich gemerkt, dass es bestimmte Eigenschaften und Fähigkeiten gibt, die mir dabei helfen, diesen Balanceakt mit Spaß und Freude erfolgreich zu meistern. Dass es etwas gibt, was mir hilft, zu meiner Mitte zu finden. Außerdem habe ich festgestellt, dass ich nicht allein bin. Dass es vielen so geht wie mir. Eigentlich sogar den meisten Menschen in der westlichen Bevölkerung. Denn nahezu jeder kommt hin und wieder ins Straucheln. Das ist normal, weil jeder nur begrenzt Zeit hat. Der Tag hat nun mal nur 24 Stunden, davon stehen uns in etwa 15 zur freien Verfügung. Denn irgendwann müssen wir schlafen, essen und uns um unsere Körperhygiene kümmern. Ich möchte Ihnen in diesem Buch eine kleine Anregung geben, wie Sie Ihren eigenen Balanceakt noch besser meistern können.

Keine Angst, das wird kein Zeitmanagementbuch, das Ihnen erklärt, wie Sie jeden Lebensbereich in Ihrem Zeitbudget am besten unterbringen. Davon gibt es genug. Dieses Buch soll Ihnen vielmehr dabei helfen, ein bisschen Leichtigkeit in Ihr Leben zu bekommen.

Ich werde Ihnen erzählen, wie Sie die wichtigsten Kernkompetenzen entwickeln können, um gelassen in sich zu ruhen und gleichzeitig voller Energie und Tatendrang zu sein.

Glück und Wohlbefinden sind kein Zufallsprodukt, sondern das Ergebnis einer positiven Einstellung und aktivem Handeln. Es ist keine Rocket Science, wie man heute so schön sagt. Man braucht weder ein Diplom noch eine besondere Ausbildung, man muss es einfach tun.

Liebe Männer, das Buch ist auch für euch geschrieben. Bitte seht mir nach, wenn ich die Ladys ab und zu besser wegkommen lasse. Ich bin schließlich auch eine. Dafür müsst ihr, liebe Frauen, ab und zu mal ein Auge zudrücken, denn ich gendere in diesem Buch nicht. Ich bin ein Fan von guter und einfacher Lesbarkeit und bleibe das auch auf den folgenden Seiten. Jeder von euch hat meine vollste Wertschätzung, das verspreche ich.

Außerdem verspreche ich Ehrlichkeit und Authentizität.

Alles, was Sie in diesem Buch lesen, praktiziere ich selbst. Ich lebe, was ich sage. Ich bin keine Medizinerin und keine Psychologin. Ich bin ein Lebensmensch, vielleicht auch eine Lebenskünstlerin. Ich habe in den letzten 25 Jahren sehr viel über den Menschen gelernt. Wie er sich ernähren und bewegen sollte. Wie er in seine Mitte kommt und sie auch mal verliert. Ich serviere Ihnen in diesem Buch meinen ganz persönlichen Erfahrungsschatz. Sie entscheiden darüber, was Sie davon nehmen wollen. Genau wie im Restaurant. Manche Dinge schmecken auf den ersten Bissen vielleicht nicht so gut, entwickeln aber im Nachgang ihr volles Potenzial. Das kann auch hier so sein. Vielleicht kosten Sie einfach einmal! Man weiß nie, was noch kommt.

Unperfectly perfect!

Superwoman war aus

Manchmal frage ich mich, ob es am Anfang des Lebens eine ultimative Menükarte gibt. So eine Art Bestellterminal, an dem man sich aussuchen kann, welche Rolle man in dieser Welt gern einnehmen möchte. Ob man eher Lara Croft oder Bridget Jones sein möchte, ob James Bond oder Mr. Bean. Wenn es so etwas gibt, dann weiß ich eines ganz sicher: Als ich an der Reihe war, war Superwoman gerade aus. Bestimmt.

Ich wurde mit einer sogenannten Erbschen Lähmung geboren. Mein rechter Arm hing leblos herunter wie ein nasser Lappen. In den 70er-Jahren hatten die Ärzte offensichtlich noch Zweifel daran, dass das heilbar wäre. Auf jeden Fall bereitete die Hebamme meine Mutter auf die Tatsache vor, dass aus mir kein Model werden würde, aber das ja nicht so schlimm wäre. Darüber hinaus hatte ich Spreizfüße und einen riesigen Blutschwamm am Rücken. Die ersten Monate meines Lebens verbrachte ich in Gips und Spreizhose. Laut Aussagen meiner Oma sah das weder hübsch aus, noch schien ich das als besonders angenehm empfunden zu haben. Seit meinem 4. Lebensjahr bin ich starke Allergikerin, sodass weder Spaziergänge in Blumenwiesen noch gemeinsames Herumtollen im Heuhaufen eine Option waren. Mit dem gemeinsamen Herumtollen hätte ich sowieso mein Problem gehabt. Nicht weil es mir keinen Spaß gemacht hätte, im Gegenteil. Ich liebte die Natur und wäre am liebsten am Bauernhof aufgewachsen. Allerdings war ich so schüchtern, dass es mich schwere Überwindung gekostet hätte, mich anderen Kindern anzuschließen. Meine Mutter meldete mich sogar vom Ballettunterricht wieder ab, da ich mich nicht getraut hatte mitzumachen. Das lag bestimmt an meinen kurzen Haaren. Ich sah aus wie ein Bub und wurde auch oft für einen gehalten. Kein Wunder, denn meine Mutter steckte mich statt in hübsche Kleider in praktische Hosen. Ich hasste es.

Ich war weder besonders sportlich (auch wenn mein Vater nichts unversucht ließ, mich an viele Sportarten heranzuführen) noch besonders musikalisch. Meine sechs Jahre jüngere Schwester, die vor Selbstbewusstsein strotzte und einfach ihr Ding machte, bewunderte ich insgeheim. Als Teenager hatte ich Pickel im Gesicht und am Rücken und die ersten Speckröllchen um die Hüften. Heute würde das unter Body Acceptance oder gar Body Positivity fallen, damals fühlte ich mich einfach nur unwohl. Es gab keinen Zweifel: Superwoman war ausverkauft.

Trotzdem begann sich das Blatt langsam zu wenden. Denn die Schule brachte neue Erkenntnisse in mein Leben. Ich entdeckte, dass man mit Einsatz und Training gute Ergebnisse erzielen konnte, selbst wenn man kein besonderes Talent in sich trug. Carol Dweck, eine der weltweit führenden Expertinnen auf dem Gebiet der Motivations- und Entwicklungspsychologie, bezeichnet diese Grundannahme als dynamisches Selbstbild. Menschen mit einem statischen Selbstbild wären dagegen davon überzeugt, dass in meinem Fall nicht mehr viel zu machen gewesen wäre.

Durch mein dynamisches Selbstbild entwickelte ich mich zu einer ganz guten Schülerin. Kein echter Einser-Kandidat, aber immerhin über dem Durchschnitt. Mein Ehrgeiz wuchs und damit mein Selbstvertrauen. Ich konnte einen eindeutigen Zusammenhang zwischen aktivem Tun und Erfolg feststellen. Man nennt das Selbstwirksamkeit. Heute weiß ich, dass Selbstwirksamkeit ein wichtiger Baustein für innere Zufriedenheit ist.

Ich entdeckte, dass ich – wenn ich mich gut vorbereite – sehr gute Referate und Präsentationen halten konnte. Meine Schüchternheit verschwand langsam. Doch eines blieb: die Angst, Fehler zu machen. Und die Angst, nicht gut genug zu sein.

Die Schüchternheit machte daher einem gewissen Hang zum Perfektionismus Platz. Wenn schon an die Front, dann aber so gut, wie es nur geht. Der selbstauferlegte Druck wuchs über die Jahre an. Gleichzeitig begann es in unserer Familie ausgiebig zu kriseln. Irgendwann wurde es mir zu viel. Ich entwickelte eine Angststörung, von der ich mich erst viele Jahre später befreien konnte. Das durfte natürlich keiner mitbekommen, denn das passte nicht in das Bild eines Perfektionisten. Manchmal traute ich mich nicht einzuschlafen, weil ich Angst hatte, nicht mehr aufzuwachen. Superwoman wäre das eindeutig nicht passiert.

Heute weiß ich: Ich muss keine Superwoman sein, um das Leben zu führen, das ich mir wünsche. Ein wichtiges Learning, welches ich damals mitgenommen habe, lautet: Alles ist eine Frage von Aktion und Reaktion. Jede Handlung, ja sogar jeder Gedanke, löst ein Ergebnis aus. Je besser die Gedanken und je besser die Handlungen, desto besser die Ergebnisse. Die Buddhisten nennen das Karma. Man kann daraus sogar eine ganze Businessphilosophie ableiten, die auch als »Karmic Management« bezeichnet wird. Ein wichtiger Karmic Management-Grundsatz begleitet mich seit vielen Jahren. Es ist die Idee, erst einmal anderen dabei zu helfen, erfolgreich zu sein. Ganz uneigennützig. Sie werden staunen, es dauert nicht lange und man wird selbst erfolgreich. Ganz automatisch. Was man aussendet, kommt zurück. Erstaunlicherweise funktioniert das auch hier.

Und wenn ich es mir recht überlege, dann passt dieser Grundsatz »Hilf zuerst anderen« sogar ganz gut zu Superwoman. Schließlich handeln Superhelden meistens zum Wohl der anderen.

Wer ist schon perfekt?

Auch wenn uns Instagram, Facebook & Co. immer wieder makellose Bilder unter die Nase reiben wollen, so wissen wir doch insgeheim, dass es Superwoman nur im Film gibt und keiner von uns perfekt ist. Schließlich hat jeder einen mehr oder weniger schweren Rucksack zu tragen – manche verstehen es einfach besser, ihn in Szene zu setzen und das Ganze als aufregende Wanderung zu verkaufen.

An dieser Stelle möchte ich Sie zur ersten Reflexion einladen:

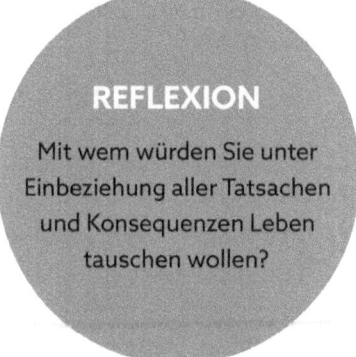

REFLEXION

Mit wem würden Sie unter Einbeziehung aller Tatsachen und Konsequenzen Leben tauschen wollen?

Ich frage mich das selbst von Zeit zu Zeit. Dann wird mir unweigerlich bewusst, dass ich sehr zufrieden mit meinem Leben bin, auch wenn der Weg phasenweise steinig ist. Ich habe einmal gehört, dass jeder genau den Rucksack im Leben bekommt, den er auch tragen kann. Das hört sich plausibel an. Ich will meinen eigenen Rucksack tragen und keinen anderen. Natürlich kam er mir teilweise furchtbar schwer vor. Manchmal fast zu schwer. Doch ich habe gelernt, dass wir zu viel mehr fähig sind, als wir im ersten Moment glauben. Meistens erkennen wir das erst im Nachgang und wundern uns über uns selbst. Heute vertraue ich darauf, dass ich die Krisen, die das Leben für mich bereithält, auch meistern kann. Und das können Sie auch.

Der ewige Wunsch nach Perfektion

Ich gebe zu, das ist eine hoffnungslose Verallgemeinerung. Wahrscheinlich gibt es sogar jede Menge Menschen, denen es vollkommen egal ist, ob sie perfekt sind. Daher unterstelle ich Ihnen jetzt einfach ein Mindestmaß an Ehrgeiz und Zielorientierung. Sobald diese beiden Eigenschaften vorliegen, besteht ein eindeutiger Wunsch, seine Sache gut zu machen. Das ist zumindest meine Landkarte, meine Sicht auf die Welt. Am Ende gibt's Anerkennung für unsere Leistung oder unsere Ergebnisse. Das stärkt unser Selbstvertrauen und unser Selbstwertgefühl, was sich in der Regel richtig gut anfühlt. Und was sich gut anfühlt, von dem wollen wir mehr. Wie ausgeprägt sich dieser Zusammenhang darstellt, ist Typsache und hängt davon ab, wie stark man von äußerem Feedback (extrinsisch) oder von inneren Antriebskräften (intrinsisch) motiviert wird. Daher halte ich den Wunsch nach Perfektion für äußerst menschlich, selbst unter der Erkenntnis, dass es ein höchst unrealistischer ist.

Ich möchte in diesem Buch Ihren Fokus etwas verschieben. Werfen wir dazu einen weiteren Blick auf die Ideen von Carol Dweck und ihre Unterscheidung zwischen einem statischen und einem dynamischen Selbstbild. Ein statisches Selbstbild knüpft an die Vorstellung an, dass man im Leben mit einem bestimmten Talent oder einer Neigung ausgestattet ist und dieses Talent für den persönlichen Erfolg ausschlaggebend ist. Menschen mit einem statischen Selbstbild neigen dazu, sich selbst infrage zu stellen, wenn sich kein Erfolg einstellt. Denn ein Misserfolg würde demnach bedeuten, dass man eben doch kein Talent hat und man sich damit abfinden muss. Menschen mit einem dynamischen Selbstbild leiten ihren Erfolg davon ab, dass sie richtig *gehandelt* haben, nämlich in Form von Training, Ausbildung oder im Sammeln von Erfahrungen. Einen Misserfolg einzufahren, bedeutet, nicht genügend trainiert oder gelernt zu haben. Diese Menschen stellen sich nicht selbst infrage, sondern allenfalls ihr Engagement. Dadurch bleiben sie handlungsfähig und aktiv, denn sie erkennen einen eindeutigen Zusammenhang zwischen aktivem Tun und Erfolg. Sie sehen klare Entwicklungsmöglichkeiten.

Wenn wir uns davon lösen, perfekt *sein* zu wollen, und unsere Aufmerksamkeit darauf richten, was wir *tun* können, um ein perfektes Leben zu führen, eröffnet uns das einen unglaublich großen Handlungsspielraum. An dieser Stelle drängt sich förmlich die Frage auf: Was versteht man überhaupt unter einem perfekten Leben? Ich werde etwas später noch einmal darauf eingehen, möchte Sie aber zu diesem Zeitpunkt schon einmal einladen, diese Frage auf sich wirken zu lassen, allerdings in folgender Abwandlung:

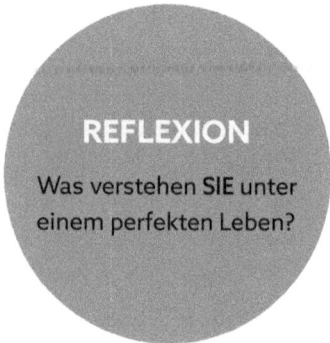

REFLEXION

Was verstehen SIE unter
einem perfekten Leben?

Ist Superwoman eigentlich nie müde?

Kennen Sie Menschen, die scheinbar immer und überall ein perfektes Bild abgeben? Die im Job brillieren, entzückende Kinder großziehen und traumhafte Urlaubsbilder auf Facebook und Instagram posten? Die sich sicher auf dem gesellschaftlichen Parkett bewegen und gleichzeitig für die beste Freundin oder den besten Freund da sind, wenn sie gebraucht werden? Die scheinbar nebenbei noch schnell einen Marathon laufen oder regelmäßig mit einem Gospelchor auftreten? Superwoman eben.

Im Grunde unseres Herzens wissen wir, dass da was faul ist. Dass es auch in diesen Leben nicht nur Höhen, sondern auch Tiefen gibt. Dass es den Superperformer, dem alles aufgeht, gar nicht geben kann. Trotzdem bewundern wir diese Menschen insgeheim. Wir wissen, dass Facebook uns meistens nur das Happy Life und nicht den steinigen Weg präsentiert. Gleichzeitig reden wir unsere eigene Leistung herunter und zweifeln daran, selbst alles unter einen Hut zu bekommen, während es bei den anderen offensichtlich so einfach geht. Unweigerlich fragen wir uns: Wie macht die das bloß?

Und was denkt sich Superwoman? Liegt sie auch nach ihren alltäglichen Heldentaten abends erschöpft auf der Couch und wünscht sich nichts sehnlicher als sieben Stunden Schlaf am Stück? Vermutlich. Fühlt sie sich zerrissen zwischen Facebook, Familie, Freunden und Firma? Kann sein. Zweifelt sie auch manchmal daran, ob alles so richtig läuft im Leben? Ab und zu bestimmt.

Früher lastete der Druck der Medien nur auf einer bestimmten Personengruppe, den Stars und Sternchen, die wir heute allgemeinhin als Celebrities bezeichnen. Heute kommen wir in der breiten Masse in den Genuss »eine Person öffentlichen Interesses« zu sein. Über die sozialen Medien wird jeder, der will, einer öffentlichen Bewertung in Form von Likes und Herzchen unterzogen. Selbst wer nicht will, kann sich dem System nur schwer entziehen. Oftmals hängt sogar der berufliche Erfolg davon ab, wie aktiv und präsent man im Netz ist.

Können wir uns darüber aufregen? Ja, klar. Können wir es ändern? Eher nicht. Wir können damit leben und das Beste daraus machen. Wir können auf uns achten und beobachten, was der ganze Wirbel mit uns macht. Und wir können das Zepter selbst in die Hand nehmen und unsere Spielregeln definieren.

Eines werden wir nicht ändern können: die permanente Veränderung an sich. Die Gewissheit, dass von heute auf morgen alles wieder anders sein kann. Die Pandemie hat uns gezeigt, wie fragil unser System ist und wie schnell wir auf Wandel reagieren müssen. Gestern lief alles noch prima, heute alles aus dem Ruder. Gestern fühlten wir uns noch wie Superwoman, heute eher wie Bridget Jones.

Gleichzeitig erfolgen technologische Entwicklungen heute so schnell, dass wir es kaum schaffen, damit Schritt zu halten. Wir sind permanent gefordert und das in nahezu allen Lebensbereichen. Kein Wunder, dass wir das Gefühl bekommen, die Balance im Leben phasenweise zu verlieren.

Das Leben ist ein Wackelbrett

Haben Sie jemals auf einem Wackelbrett gestanden? Ich mache das mindestens einmal die Woche, wenn mein Fitnesstrainer Jörg mich dazu zwingt, auf mein Balance Board zu steigen. Das Frustrierende: Egal wie lange ich übe, ich schaffe es nie, konstant im Gleichgewicht zu bleiben. Immer dann, wenn ich glaube, es zu können, gibt mir Jörg ein schwierigeres Brett, ein paar Hanteln in die Hand oder weist mich an, die Augen zu schließen.

Ist es im Leben nicht genauso? Ist das Leben nicht ein ewiges Wackelbrett, auf dem wir versuchen zu balancieren und es in Wirklichkeit nie schaffen, in der Mitte zu bleiben? Wer kann schon in jedem Lebensbereich permanent gleich gut, gleich präsent sein? Ich kenne nahezu niemanden. Zumindest niemanden, der in einen normalen Alltag eingebettet ist. Ich finde es unangemessen, dass uns Ratgeber, Medien und Zeitmanagement-Experten permanent vorgaukeln, dass es möglich wäre. Dass es nur eine Sache der perfekten Organisation, der Disziplin und einer sinnvollen Werte-Analyse sei. Sie sagen uns damit: Wenn du das nicht schaffst, machst du was falsch.

Balance – gibt's das überhaupt?

Ist das so? Sind wir alle so undiszipliniert, haben wir alle ein so schlechtes Zeitmanagement und kennen darüber hinaus unsere Prioritäten nicht? Mit Sicherheit nicht. Im Gegenteil: Es ist nicht möglich, permanent in Balance zu sein, und je länger ich darüber nachdenke, desto mehr frage ich mich: Muss es das überhaupt? Oder wird uns das von den Work-Life-Balance-Experten dieser Welt einfach nur eingeredet?

Im Leben wird es uns immer wieder passieren, dass bestimmte Ereignisse oder Projekte unsere ganze Aufmerksamkeit fordern und andere Dinge hintenanstehen müssen. Es ist einfach unrealistisch zu denken, dass wir all unseren Lebensbereichen immer die gleiche Zeit und die gleiche Aufmerksamkeit widmen können. Aber was ist denn so schlimm daran? Was ist so schlimm daran, wenn die Wohnung ein paar Wochen lang nicht perfekt in Schuss ist? Was ist so schlimm daran, wenn das Ablagefach im Büro zwischenzeitlich einmal überquillt? Was ist so schlimm daran, Termine zu verschieben, weil der Nachwuchs Fieber hat? Gar nichts. Solange der Zustand nicht von Dauer ist und wir trotzdem versuchen gegenzusteuern. Und was, wenn das Chaos tatsächlich zum Dauerzustand wird? Wenn kein Licht am Ende des Tunnels in Sicht ist? Dann lohnt es sich nachzudenken: über Prioritäten, Werte oder die große Vision. Ein externer Coach kann dabei oft eine hilfreiche Stütze sein.

Meistens handelt es sich jedoch um einen temporären Zustand, der nach wenigen Wochen schon wieder ganz anders aussehen kann.

Wenn ich wieder einmal auf meinem Board eine ordentliche Wackelpartie hinlege und anfange, mich zu ärgern, sagt Jörg regelmäßig: »Es geht nicht darum, sich in der Mitte zu halten, es geht nur darum, dass du es immer wieder versuchst.«

Sicher ist, dass nichts sicher ist

Das einzig Sichere im Leben ist, dass nichts sicher ist. Dass es keinen perfekten Zustand gibt, den wir langfristig aufrechterhalten können. Dass es den Steady-State im Leben nicht gibt. Dass alles einer Veränderung unterzogen ist. Das fängt bei unserem Körper an. Unser Körper verändert sich. Ständig. 24/7 duplizieren sich unsere Zellen, alte sterben ab, neue entstehen. Unser Körper von morgen ist ein anderer als unser Körper von heute. Die Natur verändert sich in jeder Sekunde, die Menschen um uns herum verändern sich permanent. Selbst das Haus, in dem wir wohnen, wird morgen nicht dasselbe sein. Mein Job wird mich morgen vor andere Herausforderungen stellen als heute. Deshalb haben wir jeden Tag die Chance, völlig neue Erfahrungen zu machen. Man könnte das ziemlich erschreckend finden, vor allem wenn man ein Typ ist, bei dem das Balance-Bedürfnis stark ausgeprägt ist. Man könnte aber auch sagen: Das einzig Konstante ist die Veränderung. Was kann ich tun, um damit umzugehen?

In der Wirtschaft ist dieses Denken seit einigen Jahren angekommen. Dort etabliert sich mehr und mehr die Vorstellung der sogenannten VUKA-Welt. VUKA ist eine Abkürzung für die Begriffe

- Volatilität,
- Unsicherheit,
- Komplexität und
- Ambivalenz.[2]

Lassen Sie uns die Sache etwas genauer unter die Lupe nehmen. Eine volatile Welt ist von Unbeständigkeit und starken Schwankungen geprägt. So bezeichnet man am Aktienmarkt mit Volatilität zum Beispiel starke Kursschwankungen. Unsicherheit verspüren wir heute permanent. Gesetzmäßigkeiten und Erkenntnisse ändern sich, seriöse Prognosen sind kaum mehr zu erstellen. Einen Job von heute kann es morgen schon gar nicht mehr geben. Viele Unternehmen nehmen inzwischen sogar davon Abstand, genaue Jahrespläne und Budgets zu erstellen, weil zu viele Unsicherheiten eine detaillierte Vorausschau unmöglich machen. Das K von VUKA bezeichnet die Komplexität unserer Welt. Zusammenhänge und Prozesse werden durch die steigende Vernetzung immer komplizierter. Die Entwicklungen der künstlichen Intelligenz übersteigen unsere Vorstellungskraft. Das führt dazu, dass nichts mehr so ist, wie es scheint. Dinge fangen an, sich zu widersprechen, und es gibt keine eindeutigen Lösungen für paradoxe Probleme mehr. Das ist mit Ambivalenz gemeint.

Ab und zu beschleicht uns das Gefühl, bald nicht mehr durchzublicken, den Überblick und damit den Anschluss zu verlieren. Gleichzeitig wissen wir, dass wir uns das gar nicht leisten können. Denn dank der modernen Medizin und eines ordentlichen Lebensstils werden wir alle immer älter und haben daher noch einige Jahre vor uns, die es zu finanzieren gilt. Diese Vorstellung kann uns ein paar imaginäre

Schweißperlen auf die Stirn treiben. Wir wissen insgeheim, dass es neue Ansätze und Kompetenzen braucht, um sich diesen Anforderungen zu stellen. Eine davon ist die Bereitschaft zu Flexibilität und Beweglichkeit. Man könnte auch sagen: Stabilität erzielt, wer flexibel bleibt. Oder anders ausgedrückt: Wer Gleichgewicht sucht, muss Ungleichgewicht zulassen.

Wer Gleichgewicht sucht, muss Ungleichgewicht zulassen

Eine meiner besten Trainerinnen sagte neulich zu mir: »Gleichgewicht braucht Ungleichgewicht.« Auf meine Frage, wie sie das meine, sagte sie: »Überleg mal, du stehst mit zwei Beinen auf dem Boden. Das ist für die meisten (nüchternen) Menschen kein großartiger Balanceakt. Wir nehmen in diesem Moment nicht bewusst wahr, dass wir in Balance sind. Stellen wir uns aber auf ein Bein, bringen wir den Körper in eine Dysbalance. Jetzt heißt es gegensteuern, um die Balance wiederzufinden und zu halten. Erst jetzt, wenn unser System aus dem Gleichgewicht geraten ist, entwickeln wir ein Gespür für Balance. Auch wenn jemand versucht, uns umzuwerfen, oder der Boden zu wackeln beginnt, bringt uns das zunächst in eine Dysbalance. Um dieser entgegenzuhalten, können wir unsere muskulären und mentalen Fähigkeiten einsetzen. Das wiedergewonnene Gleichgewicht nehmen wir als Erfolgserlebnis wahr, und zwar mit all den damit verbundenen positiven Gefühlen wie Stolz, Zufriedenheit oder innerer Anerkennung.«

Um Balance wahrzunehmen, müssen wir sie also erst mal verlieren. Das ist eine gute Nachricht, denn dadurch wird jedes Ungleichgewicht zu einer großen Chance. Als Betreiber von Fitnessstudios analysieren wir regelmäßig die Beweggründe der Menschen, mit dem Training zu beginnen.

Viele von ihnen kommen erst dann in Aktion, wenn ihr Gleichgewicht aus den Fugen geraten ist. Wenn der Rücken schmerzt, die Hose kneift oder der Arzt rotes Licht signalisiert. Natürlich *wissen* wir, dass Krafttraining gut ist, auch wenn man noch keine Rückenschmerzen hat. Trotzdem kommen wir oft erst dann ins Handeln, wenn ein gewisser Leidensdruck erreicht ist. Viele unserer Kunden haben diese Situationen als große Chance beschrieben, wie zum Beispiel Kurt. Er kam eines Abends in unser Studio, setzte sich an die Bar und heulte Rotz und Wasser. Seine Frau hatte ihn gerade verlassen. Kurt war übergewichtig und gesundheitlich nicht gerade auf dem Höhepunkt seiner Leistungsfähigkeit. Aus lauter Verzweiflung traute er sich an diesem Abend erstmals in ein Fitnessstudio. Er verließ den Club mit einem unterschriebenen Vertrag und kam am nächsten Tag wieder. Und am übernächsten und überübernächsten. Fast täglich besuchte er uns und absolvierte ein Aufbautraining. Anfangs, um sich abzulenken. Später, um seine wiedergewonnene Fitness zu stärken. Irgendwann erzählte er uns, dass er ohne die Trennung von seiner Frau niemals diesen wichtigen Schritt gewagt hätte.

REFLEXION

Wann hat sich in Ihrem Leben eine Krise als Chance erwiesen? Wann konnten Sie wachsen, indem Sie Ihr Gleichgewicht verloren hatten?

Ohne Ungleichgewicht kein Wachstum

Erstaunlich ist, dass wir uns manchmal auch absichtlich aus der Balance bringen, und zwar meistens dann, wenn es uns »zu gut« geht. Goethe stellte 1815 fest: »Alles in der Welt lässt sich ertragen, nur nicht eine Reihe von guten Tagen.« Es gibt offensichtlich einen Gegenspieler zum Streben nach Balance. Könnte es sein, dass uns zu viel Balance möglicherweise früher oder später langweilt? Dass wir die Herausforderungen sogar suchen? Mit Sicherheit. Wir brauchen sie genauso wie die Balance an sich. Wenn wir das Wackelbrett mit links beherrschen, locker und lässig darauf stehen, verliert es sehr schnell seinen Reiz. Dann beginnen wir intuitiv nach neuen Projekten oder neuen Aufgaben zu suchen. Ein neues, anspruchsvolleres Brett muss her.

Kennen Sie das Prinzip der selbsterfüllenden Prophezeiung? Dieses Prinzip funktioniert immer. Es besagt, dass eine Information über eine mögliche Zukunft eine wesentliche Ursache dafür ist, dass diese Zukunft auch eintritt. Sobald ich mich nach einer neuen Herausforderung sehne, wird sie mir unverzüglich auf dem Serviertablett geliefert. Und in null Komma nichts ist aus der scheinbaren Balance wieder ein Ungleichgewicht geworden. Bei einem Abendessen äußerte ich eines Tages die Idee, irgendwann einmal den London-Marathon laufen zu wollen. Das war ein Satz zu viel. Meine Freunde nagelten mich gnadenlos fest. Am nächsten Tag wurde gebucht. Fast ein halbes Jahr ordnete ich alles andere diesem Ziel unter. Weit außerhalb der Komfortzone, mit vielen Blasen an den Füßen und schlaflosen Stunden in der Nacht. Mein Lebensbrett wackelte gewaltig und die meisten anderen Lebensbereiche litten massiv. Meine beruflichen Projekte gingen langsamer voran und besonders viel Zeit für die Familie hatte ich auch nicht. Allerdings wusste ich zu diesem Zeitpunkt, dass der Zustand nur temporär sein würde. Dadurch konnte ich gut damit leben.

Ich habe die Entscheidung nie bereut. Das unbeschreibliche Gefühl unter der Tower Bridge durchzulaufen, von wildfremden Menschen angefeuert zu werden, die Grenzen des Körpers zu überwinden und am Ende die heiß ersehnte Medaille umgehängt zu bekommen, möchte ich nicht missen. Von Balance keine Spur. Dafür umso mehr Leben.

Ein Gewässer, das nicht in Bewegung ist, stirbt, wird faulig und beginnt zu stinken. Dinge müssen in Bewegung bleiben. Auf den griechischen Philosophen Heraklit ist die Formel »panta rhei« (»alles fließt«) zurückzuführen, die besagt, dass alles immer im Fluss ist und auch sein muss. Platon hat das noch weiter ausgebaut, indem er sagte: »Alles fließt und nichts bleibt; es gibt nur ein ewiges Werden und Wandeln.«[3] Ist es nicht erstaunlich, dass moderne Wirtschaftswissenschaftler von einer VUKA-Welt reden und in Wirklichkeit die griechischen Philosophen schon 500 Jahre vor Christus den gleichen Gedanken hatten? So falsch kann der Ansatz nicht sein. Je mehr Dysbalancen, je mehr Ungleichgewicht es in unserem Leben gibt, desto mehr bleiben wir in Bewegung. Je mehr wir in Bewegung bleiben, desto größer die Chancen auf Wachstum und Weiterentwicklung. Das führt dazu, dass wir in jedem Lebensbereich immer besser werden. Auf dem Wackelbrett des Lebens trainieren wir unsere Agilität, unsere Fähigkeit, uns auf neue Situationen einzustellen und Hürden zu überwinden.

Das Streben nach Balance ist älter als der Homo sapiens

Wenn wir herausfinden wollen, warum der Mensch nach Balance strebt, wo doch gerade Ungleichgewicht offensichtlich eine enorme Entwicklungschance in sich birgt, müssen wir in der Evolutionsgeschichte noch viel weiter zurückblicken als bis zu den griechischen Philosophen. Wir müssen ganz an den Anfang zurück. Zur Entstehung aller Zellen, zum Beginn der Evolutionsgeschichte. Denn auch wenn sich der heutige Homo Sapiens erst wesentlich später entwickelte, wurden wichtige Grundstrukturen unserer Zellen schon vor 3,5 Milliarden Jahren festgelegt. Schon damals waren wesentliche Verhaltensprogramme, die uns noch heute prägen, bei Zellen erkennbar. Eines davon ist das Programm für Balance. Denn schon in den ersten Zellen gab es Zellwände, die für Schutz und Sicherheit zuständig waren, und es gab ein energetisches Fließgleichgewicht zwischen Zellinnerem und Außenwelt.[4]

Im heutigen Menschen ist das Streben nach Balance fest in einem der ältesten Systeme in unserem Gehirn, dem sogenannten limbischen System, das auch Reptiliengehirn genannt wird, verankert. In diesem Bereich unseres Gehirns, zu dem unter anderem der Hippocampus oder die Amygdala (Mandelkern) gehören, werden unsere Emotionen und Triebe gesteuert. Auch unser Gedächtnis oder unsere Verdauung sind Sache des limbischen Systems. Es arbeitet dabei hocheffizient mit anderen Bereichen unseres Gehirns zusammen. Motivationsforscher, wie z. B. der Diplompsychologe und Neuromarketing-Experte Dr. Hans-Georg Häusel haben aus den Erkenntnissen des limbischen Systems drei Emotions- bzw. Motivationssysteme identifiziert: das Balance-System, das Dominanz-System und das Stimulanz-System.

Häusel nennt die Systeme auch limbische Instruktionen. Sie prägen nahezu unser ganzes Wesen, angefangen von unseren wichtigsten Charaktereigenschaften bis hin zu der Art und Weise, wie wir Dinge tun. Sogar unsere Sichtweise auf die Welt und unsere Gedanken sind von ihnen beeinflusst.[5]

Das Streben nach Balance (Sicherheit und Stabilität), Dominanz (Konkurrenz und Verdrängung) oder Stimulanz (Exploration und Entdeckung) sind demnach die wichtigsten Motive, warum der Mensch in Aktion tritt. Nahezu jede Entscheidung unseres Alltags ist von einem dieser Systeme unseres Unterbewusstseins getrieben. Welches System bei einem Menschen vorherrschend ist, ist höchst individuell. Bei den meisten unserer Entscheidungen wollen alle drei Systeme ein Wörtchen mitreden. Trotzdem gibt es bei jedem Menschen eine vorherrschende Tendenz für eines oder zwei der Systeme. Man spricht entsprechend auch vom Balance-, Dominanz- oder Stimulanz-Typ. Das Prinzip der Balance ist das älteste System mit der größten unbewussten Kraft. Es erklärt unseren Wunsch nach Sicherheit und unsere Tendenz, an alten Gewohnheiten festzuhalten. Auch unser Bedürfnis nach Ruhe und Harmonie liegt dem zugrunde. Der Balance-Typ liebt entsprechend Beständigkeit und Rituale. Balance im Sinne des limbischen Systems hat auch immer etwas mit Harmonie zu tun. Wir empfinden einen Zustand der Balance als harmonisch, als wohltuend, als sicher. Wenn das Familienleben harmonisch ist, sich keiner streitet, nehmen wir das als einen ausbalancierten Zustand wahr. Wenn die Teamzusammensetzung passt, dann passt auch die Balance im Team.

Wir werden im Laufe des Buches noch auf die anderen Systeme, insbesondere auf unsere Präferenz für Stimulanz, zu sprechen kommen. Hier noch einmal ein kleiner Überblick über die limbischen Instruktionen nach Häusel:

DIE LIMBISCHEN SYSTEME IM ÜBERBLICK

	sucht	vermeidet	sagt sich
Balance-Typ	Sicherheit, Harmonie, Ruhe, Geborgenheit, Ausgeglichenheit	Neues & Unbekanntes, Veränderungen, Encrgicverlust	Vermeide Störungen und Unsicherheit! Vermeide Veränderungen, bleibe bei Gewohntem!
Dominanz-Typ	Macht, Status, Kontrolle	Autonomieverlust, Konkurrenz (durch Verdrängung)	Setz dich durch! Sei aktiv!
Stimulanz-Typ	neue Erlebnisse, Abenteuer, Abwechslung, Herausforderungen, Ideen & Inspirationen	Langeweile, Routine, Gewohntes	Sei neugierig! Suche nach Neuem und Unbekanntem!

Aus diesen drei Haupttypen ergeben sich in der Realität eine Vielzahl von Mischtypen, die uns an dieser Stelle jedoch nicht weiter interessieren sollen.

Fassen wir zusammen: Es geht nicht darum, sich in der Mitte zu halten, es geht nur darum, dass man es versucht. Wir trainieren nicht, um in Balance zu kommen, sondern wir trainieren das Balancieren. Von Tag zu Tag werden wir immer besser darin, unsere Lebensbereiche harmonisch aufeinander abzustimmen und diesen Balanceakt zu meistern. Oder wie mein Trainer Jörg sagen würde: »Vergiss Balance, fang an zu Balancieren.«

Balancieren statt Balance

Ist der Zustand von dauerhafter Balance also eine Illusion? Geht es tatsächlich nur um das Tun, um das Trainieren, um den Weg an sich? Lohnt es sich dann überhaupt, sich anzustrengen? Schließlich gibt es offensichtlich nichts, was man erreichen kann. Fragen über Fragen, die am Ende zur Frage aller Fragen führen, nämlich zur Sinnfrage. Warum das alles hier? Die zu beantworten, soll nicht Zweck dieses Buches sein. Damit beschäftigen sich schon die Religionen, Philosophen und manchmal auch die Wissenschaftler. Trotzdem möchte ich Sie dazu einladen, ein wenig darüber nachzudenken, denn die Frage nach dem »perfekten Leben« ist eng damit verknüpft. Wann ist ein Leben perfekt? Darauf gibt es keine allgemeingültige Antwort. Wenn Sie 100 Menschen auf der Straße befragen, was sie unter einem perfekten Leben verstehen, dann werden Sie vermutlich 100 unterschiedliche Antworten bekommen. Es wird Überschneidungen und Annäherungen geben, aber die Vorstellung von »perfekt« ist eine höchst individuelle. Meistens wird es nicht nur ein Aspekt allein sein, der uns glücklich macht. Vielmehr schöpfen wir aus dem Glückspotential mehrerer Lebensbereiche. Natürlich wäre es fein, wenn es in allen Bereichen immer gleich gut laufen würde. Manchmal tut es das auch. Doch wie wir gesehen haben, ist dieser Zustand in der Regel temporär und höchst volatil. Umso wichtiger ist es, einen großen Leitfaden im Leben zu haben. Einen Leitfaden, der uns motiviert, weiterzumachen und immer wieder aufzusteigen, wenn das Wackelbrett des Lebens uns einmal abwirft. Dieser Leitfaden kann eine große Vision sein oder tatsächlich einfach die Antwort auf die Frage: Worum geht's denn eigentlich in meinem Leben?

Bereit fürs Wesentliche?

Die japanische Kultur bietet auf diese Frage einen spannenden und höchst inspirierenden Ansatz: das *Ikigai*. Das Wort klingt schon so wunderbar: *Ikigai*. Da muss schon etwas Großes dahinterstecken. Tut es auch, denn Ikigai bedeutet nichts anderes als »wofür es sich zu leben lohnt«. Es ist die japanische Lebensphilosophie oder vielleicht sollte man es wie Ken Mogi als »Lebenskunst« bezeichnen. Glaubt man dem japanischen Neurowissenschaftler, so wird in Japan schon Kindern die Bedeutung von Ikigai vermittelt. Jeder soll möglichst früh das eigene Ikigai erkennen, um danach zu leben. Der Begriff tauchte erstmals im 14. Jahrhundert auf. Angeblich stammt die Idee aus Okinawa, einer japanischen Insel, die für ihre überdurchschnittlich hohe Anzahl an 100-Jährigen bekannt ist. Tatsächlich gibt es Studien, wie die der Universität von Ohsaki, die eine statistisch signifikante Korrelation zwischen Ikigai und gesundheitlichen Vorteilen nachweist.[6] Demnach ist Ikigai »ein Barometer, das die Lebensperspektive eines Menschen umfassend und treffend darstellt.«

Der Begriff setzt sich aus den Wörtern *Iki* = Leben und *Gai* = Sinn zusammen. Man könnte Ikigai auch übersetzen mit »wofür es sich lohnt, in der Früh aufzustehen«.

Dabei gibt es typische Merkmale, die Ken Mogi als die fünf Säulen von Ikigai bezeichnet:

1. klein anfangen
2. Loslassen lernen
3. Harmonie und Nachhaltigkeit leben
4. die Freude in kleinen Dingen entdecken
5. im Hier und Jetzt sein

Einige der fünf Säulen werden Ihnen auch in diesem Buch immer wieder begegnen. Denn das eigene Ikigai zu kennen und danach zu leben, hat sehr viel damit zu tun, ob wir ein

Gefühl von Ausgeglichenheit und Balance entwickeln. Ich wage sogar zu behaupten, dass es nicht so viele Burnout-Fälle gäbe, wenn mehr Menschen ihr Ikigai kennen und danach leben würden.

Finden Sie Ihr Ikigai!

Als ich das erste Mal davon gehört und die fünf Säulen kennengelernt hatte, fühlte ich mich sofort angesprochen und wurde neugierig. Ich fragte mich, was wohl mein Ikigai sei. Dabei stellte ich fest, dass ich zwar ein vages Gefühl dafür hatte und mir viele Ansätze im Kopf herumschwirrten, es mir aber sichtlich schwer fiel, den Sinn meines Lebens in nur einem Begriff oder Satz zusammenzufassen. Daraufhin stellte ich fest, dass es einen sehr einfachen, nahezu pragmatischen Weg gibt, sein Ikigai zu finden. Es ist eine Methode, die schon seit vielen Jahren im Coaching angewendet wird.

LIFEHACK TO GO

IN DREI SCHRITTEN ZUM IKIGAI

Schritt 1: Vorbereitung

Besorgen Sie sich ein sehr großes Blatt Papier, am besten in der Größe eines Flipcharts, sowie viele verschiedenfarbige kleine Post-its. Nehmen Sie sich ausreichend Zeit, in etwa 90 Minuten. Sorgen Sie dafür, dass Sie ungestört sind.

Zeichnen Sie nun vier sich überschneidende große Kreise, die am Ende eine Art Blume ergeben. Sie können den Kreisen verschiedene Farben geben, das erleichtert später die Orientierung. Füllen Sie möglichst das ganze Blatt damit aus.

Schritt 2: Die vier zentralen Fragen des IKIGAI

Der spannende Weg zum Ikigai beginnt mit vier zentralen Fragestellungen. Jede Frage wird einem Kreis zugeordnet:

WHAT I LOVE – was ich wirklich gern tue:
Bei welchen Tätigkeiten sind Sie glücklich? Wann können Sie die Zeit vergessen? Worüber reden Sie am liebsten? Was sind Ihre Hobbys?

WHAT I'M GOOD AT – worin ich gut bin:
Welche Ausbildung haben Sie gemacht? Worin haben Sie viel Erfahrung? Welche (ungewöhnlichen) Fähigkeiten haben Sie? Worin sind Sie talentiert?

WHAT I AM PAID FOR – wofür ich bezahlt werde:
Was ist Ihr Beruf? Woher kommt Ihr Einkommen? Wofür werden Sie belohnt in Form von Geld oder Geschenken?

WHAT THE WORLD NEEDS – was die Welt von mir braucht:
Welchen Beitrag leisten Sie für das große Ganze? Was fehlt, wenn Sie nicht da sind? Welchen Mehrwert leisten Sie für die Gesellschaft?

Beginnen Sie mit der ersten Frage: WAS ICH LIEBE. Sie ist dem obersten Kreis zugeordnet. Schreiben Sie alles auf, was Ihnen dazu einfällt. Wirklich ALLES. Haben Sie keine Angst, dass etwas blöd klingt oder es unwichtig sein könnte. Wenn Sie es lieben, faul im Garten zu liegen, dann schreiben Sie das auf. Jede einzelne Antwort kommt auf ein separates Post-it. Verwenden Sie eine definierte Post-it-Farbe pro Fragestellung. Sie können zwischendurch kurz in Meditation gehen, um die Antworten ganz automatisch aus dem Unterbewusstsein aufsteigen zu lassen. (Ich werde Ihnen im Laufe des Buches immer wieder Hilfestellungen zur Meditation geben. An dieser Stelle genügt es, wenn Sie einfach ein paar Minuten in Stille verweilen.) Erst wenn Ihnen wirklich nichts mehr einfällt, gehen Sie zur nächsten Frage WAS ICH GUT KANN über. Diese Frage ist dem linken Kreis zugeordnet. Die Frage WOFÜR ICH BEZAHLT WERDE gehört zum untersten Kreis, die Frage WAS DIE WELT VON MIR BRAUCHT zum rechten Kreis.

Schritt 3: Gemeinsamkeiten finden
Am besten treten Sie nun einen Schritt zurück, um herauszufinden, welche Schnittmengen sich ergeben. Jetzt können Sie die Post-its verschieben, um sie an den entsprechenden Schnittstellen zu positionieren. Die Schnittmengen geben Auskunft über Ihre Leidenschaft (Passion), Ihren Beruf (Profession), Ihre Berufung (Vocation) und Ihre größere Aufgabe (Mission).

In der Mitte – der Schnittmenge aller Schnittmengen – ist Ihr Ikigai verborgen. Vielleicht ist es eine Bestätigung dessen, was Sie schon immer gedacht oder gefühlt haben. Vielleicht eröffnet Ihnen der Prozess aber auch vollkommen neue Erkenntnisse und Einsichten.

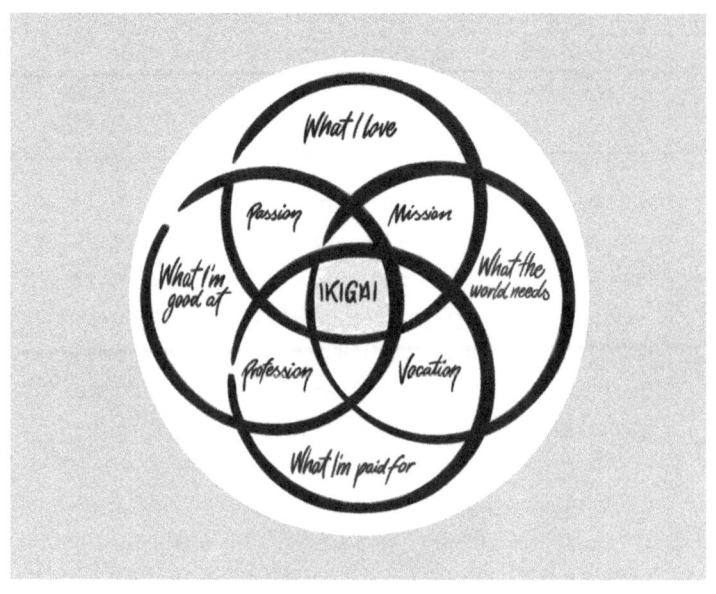

Als ich diesen Prozess das erste Mal selbst durchführte, hatte ich schon begonnen, an diesem Buch zu schreiben. Nach meinem ersten Buch habe ich mir geschworen: Das mach ich nie wieder! Der Aufwand ist enorm hoch und der Ertrag gering. Als ich an diesem Tag mein Ikigai wie auf einem Silbertablett vor mir liegen sah, wusste ich, warum ich dennoch wieder mit einem Buch begonnen hatte. Es war wie eine kleine Offenbarung. Ich hatte das Gefühl, dass mein ganzes Leben vor mir lag und alle kleinen Rädchen ineinandergriffen. Plötzlich war mir klar, dass alles Sinn ergibt. In der Mitte stand auf mehreren kleinen Post-its »to inspire«. Mein Ikigai ist es also, Menschen zu inspirieren. Das erfüllt mich, das treibt mich an, das lässt mich weitermachen, wenn es anstrengend wird.

REFLEXION

Was ist Ihr Ikigai? Was
treibt Sie an? Was lässt Sie
weitermachen, wenn es
anstrengend wird?

Der Gradmesser für Erfolg

Als ich etwa 25 Jahre alt war, besuchte ich zum ersten Mal
ein Seminar für Persönlichkeitsentwicklung und Erfolg.
Seit damals fasziniert mich die Frage »Wann ist man erfolgreich?« Wer entscheidet eigentlich, ob man erfolgreich
ist? Der Chef, der Partner, die Medien oder vielleicht sogar
immer noch die Eltern?

Natürlich kann es nur eine Person auf dieser Welt geben,
die das Recht hat, über diese Frage zu entscheiden, und das
sind Sie selbst. Keiner kann Ihr Leben für Sie leben, Sie selbst
tragen die Verantwortung. Zu 100 %. Das kann beängsti-
gend sein, aber auch beruhigend. Denn alles andere würde
bedeuten, von anderen abhängig zu sein, die Macht über das
eigene Wohlbefinden anderen zu überlassen.

Das Schöne daran: Sie müssen sich auch nur vor sich
selbst verantworten. Es ist egal, was Ihr Nachbar, Ihr Partner oder Ihre Kinder von Ihrem Leben halten, es ist nur
wichtig, was Sie von Ihrem Leben halten. Das klingt einfach
und logisch, ist es in der Praxis jedoch ganz und gar nicht.
Denn wir messen Erfolg sehr oft in einer einzigen Maßein-
heit, nämlich der Anerkennung, die wir von außen bekom-

men. Die meiste Anerkennung bekommen wir in der Regel immer noch für unsere beruflichen Erfolge. Manchmal auch für sportliche, aber da muss man schon zumindest einen Halbmarathon gelaufen sein oder einen hohen Berg erklommen haben. Mütter und Hausfrauen warten auf Anerkennung von außen leider immer noch ziemlich vergeblich oder zumindest ziemlich lange.

Umso hilfreicher ist es, das eigene Ikigai zu kennen. Das Ikigai ist nicht nur der Grund, sich anzustrengen, sondern kann gleichzeitig auch als Gradmesser für unseren persönlichen Erfolg dienen. Erinnern wir uns an die fünf Säulen. »Klein anfangen« bedeutet, dass auch kleine Erfolge ihren Beitrag leisten. »Loslassen lernen« bedeutet, vom Ego loszulassen. Man könnte es auch übersetzen mit »zu lernen, sich nicht von Anerkennung und Lob abhängig zu machen«.

Auch die vierte Säule »die Freude an kleinen Dingen zu entdecken« schlägt in diese Kerbe. Manchmal schmeckt ein einfaches Butterbrot mit Schnittlauch besser als das perfekte 5-Gänge-Menü. Es geht also weniger um Perfektion als vielmehr um die Qualität jedes einzelnen Augenblicks Ihres Lebens. Damit wird jeder Moment Ihres Balanceakts zu einem qualitativ hochwertigen und damit Ihr Leben zu einem regelrechten Meisterwerk.

»Wer einmal sich selbst gefunden hat,
der kann nichts mehr auf der Welt verlieren.«

— STEFAN ZWEIG —

Zu 100 % im Spiel sein, statt nur zuzusehen

Der perfekte Augenblick ist dabei kein Zufallsprodukt. Wir müssen schon etwas dafür tun. Wir müssen zu 100 % im Spiel sein, wie Jörg Löhr, einer der führenden deutschen Erfolgstrainer, zu sagen pflegt. 100 % im Spiel zu sein bedeutet, hundertprozentig zu leben, anstatt sich auf das Leben vorzubereiten. Ich hatte einmal das Glück, Gerard Depardieu kennenzulernen und einige Stunden mit ihm zu verbringen. Ich habe noch nie einen Menschen getroffen, der mehr im Spiel war als er. Der jeden einzelnen Augenblick zu 100 % auskostet. Ein Koloss an Energie und Power in jeder Hinsicht. Da gibt es keine 90 %, da gibt es nur alles oder nichts. Er isst und trinkt zu 100 %, fährt zu 100 % mit der Vespa, redet über seine Filme, über sein Haus oder über die Kunst mit einer solchen Begeisterung und Leidenschaft, dass es dich umhaut. Direkt, klar, rüde, lustig. Er erschlägt einen fast mit seiner Energie. Am Ende des Tages blickte ich zurück und fragte mich: Was war das denn? Er war einfach voll da. Er lebte jeden Moment in einer meisterhaften Art und Weise.

Lassen Sie mich an dieser Stelle kurz zusammenfassen: Wir wissen jetzt, dass es etwas gibt, wofür es sich lohnt, sich anzustrengen. Etwas, das uns immer wieder dazu bewegt, auf das Wackelbrett des Lebens zu steigen und uns diesem Balanceakt zu stellen. Wir wissen gleichzeitig, dass es der Balanceakt selbst ist, auf den es ankommt und den wir so gestalten können, dass er zu einer Art »perfektem Augenblick« wird. Jetzt geht es ans Eingemachte. Jetzt geht es um die Frage: Was verdammt noch mal hilft mir dabei, auf dem Wackelbrett meines Lebens zu balancieren, dabei erfolgreich zu sein und auch noch ziemlich viel Spaß zu haben?

Ich habe eine gute Nachricht: Alle Ressourcen, die wir dafür brauchen, stecken in uns. Es sind unsere eigenen Kraftquellen, die dafür sorgen, dass wir zum Meister unseres Lebens werden. Ich nenne diese Kraftquellen Kernkompetenzen, denn es sind gleichzeitig auch Fähigkeiten, die es zu entwickeln gilt. Ich habe drei dieser Kernkompetenzen definiert, die ich für besonders wichtig erachte: *Kraft, Gelassenheit* und *Lebenslust.* Jeder von uns kann diese Kernkompetenzen aktivieren. In der Regel tun Sie es sogar schon, auch wenn es Ihnen vielleicht nicht bewusst ist. Je mehr Sie diese Kernkompetenzen trainieren, desto mehr können Sie aus Ihnen schöpfen.

Kernkompetenzen für Ihr perfektes Leben

KRAFT – BE STRONG!

Wir benötigen Kraft, um uns auf dem Wackelbrett zu halten. Wer keine Kraft hat, verliert schnell die Balance. Je weniger Kraft, desto mühsamer wird es, immer wieder aufzusteigen. Kraft ist eine wichtige Grundvoraussetzung für Lebensfreude und Leistungsbereitschaft. Unsere Kraftressourcen sind körperlicher, geistiger und energetischer Natur. Erst durch das Zusammenspiel entsteht ein schlagkräftiges Team. Was kann man tun, um auch in herausfordernden Zeiten ausreichend Kraft zur Verfügung zu haben?

London 2011. Nach fünfmonatigem Training stehe ich am 17. April gemeinsam mit 35.000 weiteren Läufern aus aller Welt auf einer Wiese in Greenwich. Einmal im Leben wollte ich einen Marathon laufen. Jetzt ist es so weit. Die letzten zwei Wochen konnte ich aufgrund einer Entzündung im Schienbein nicht mehr laufen, mein Arzt riet mir, zumindest auf die Halbmarathon-Distanz zu reduzieren. Keine Option für mich. Entweder ganz oder gar nicht. Mein Respekt vor diesem Tag ist riesig, aber ich bin fest entschlossen, alles zu geben und bis zum Letzten zu kämpfen. Der Startschuss fällt und die Menge setzt sich in Bewegung. Die Energie der Menschenmasse ist faszinierend. Ich laufe nicht, ich fliege. Es ist, als ob die Menge einen regelrechten Sog ausübt. Schneller als erwartet, erreiche ich nach 20 Kilometern die Tower Bridge. Ich fühle mich getragen von den Tausenden Menschen, die das gleiche Ziel verfolgen. Die Energie der Zuschauer verstärkt den Effekt. Vor mir läuft Simon. Ich kenne ihn nicht. Er läuft für seinen krebskranken Bruder. Zumindest sagt mir das sein T-Shirt. Ein Großteil des Starterfeldes in London unterstützt mit der Teilnahme karitative Einrichtungen, was zu einer hohen emotionalen Aufladung der Veranstaltung führt. Ich bekomme kurz Gänsehaut und feuchte Augen. Je länger der Lauf dauert, desto mehr kommt der mentale Aspekt ins Spiel. Irgendwann ist es nur noch ein Battle zwischen meinem Willen und meinem inneren Schweinehund. In diesem Moment zählt die Fokussierung auf das Ziel und das Vertrauen in den eigenen Körper.

Eine Distanz von über 42 km mit einer Durchschnittsgeschwindigkeit von 11 km/h zu bewältigen, erscheint mir heute nicht mehr vorstellbar, trotzdem habe ich es geschafft. Diesen Erfolg habe ich nicht allein meinem Training zu verdanken, sondern dem perfekten Zusammenspiel von Körper, Geist und Energie. Die meisten Marathonläufer kennen diesen Effekt und viele werden nahezu süchtig danach. Manchmal wird behauptet, dass beim Laufen der Geist den Körper besiegt. Ich teile diese Ansicht nicht. Vielmehr stellen in diesem Moment Körper, Geist und Energie eine perfekte Einheit dar. Selten kann man auf so beeindruckende Weise erleben, zu welchen Leistungen der Mensch fähig ist, wenn dieses Dreigespann zusammenarbeitet.

Kraft ist nicht gleich Kraft

Kraft ist also viel mehr als körperliche oder muskuläre Kraft. Während uns die deutsche Sprache hier in Bezug auf differenzierte Begriffe etwas im Stich lässt, zeigt uns ein Blick in das englischsprachige Wörterbuch viele unterschiedliche Bedeutungen von Kraft. Schlägt man hier bei »Kraft« nach, kommt man auf nahezu 20 verschiedene Übersetzungsmöglichkeiten. Die körperliche Komponente steckt wohl am ehesten im Begriff »strength«, die Fähigkeit mittels Muskulatur seinen und andere Körper zu bewegen. Das Wort »power« symbolisiert dabei stark den energetischen Aspekt von Kraft. Wir verwenden es im Sinne von Energie oder Lebenskraft, während im Ausdruck »force« ein starker Machtaspekt verborgen ist.

Schließlich gibt es noch den geistig-mentalen Aspekt von Kraft im Sinne von Fokussierung, Überzeugung, Beharrlichkeit und Selbstvertrauen. Man könnte hier im weitesten Sinne auch von »spirit« oder »focus« sprechen. Die Differenzierung in der englischen Sprache zeigt die unterschiedlichen Ressourcen auf, aus denen der Mensch seine Kraft schöpft: Körper, Geist und Energie.

Körper, Geist und Energie im Teamwork

Um sich den Anforderungen des Lebens gewachsen zu fühlen, bedarf es eines guten Teamworks zwischen den verschiedenen Kraftressourcen Körper, Geist und Energie. Das Kraftdreieck zeigt einerseits das Zusammenspiel der drei Ressourcen und macht andererseits auf einen Blick deutlich, was es heißt, in seiner Kraft oder seiner Mitte zu sein. Wie bei jedem starken Team funktioniert das System am besten, wenn Ausgewogenheit herrscht und alle perfekt zusammenarbeiten. Im Zweifel kann keiner ohne den anderen, aber im Team sind sie unschlagbar.

Denken Sie an erfolgreiche Sportmannschaften. Die stärksten Teams sind niemals eine Ansammlung an talentierten Einzelspielern, sondern immer Mannschaften, die sich durch perfektes Zusammenspiel und einen herausragenden Team-Spirit auszeichnen. Gemeinschaft vor Ego also. Für das Thema Kraft bedeutet das: Nur wenn wir alle drei Aspekte gleichwertig beachten, entsteht diese besondere Form von innerer Stärke, die wir bei manchen Menschen bewundern. Weder das Physikgenie noch der Schwergewichtsweltmeister oder der Energetiker werden in ihrem Leben erfolgreich und glücklich sein, wenn sie die anderen Aspekte außer Acht lassen.

Wird die Batterie schwach, geht das Licht aus

Als leidenschaftliche Buchleserin verwende ich im Bett gern eine kleine, batteriebetriebene Leselampe. Sobald die Batterie nachlässt, wird das Licht schwächer, bevor ich irgendwann ganz im Dunkeln sitze. Wenn unsere Kraftreserven nachlassen, sinkt unsere Leistung, unsere Lebensfreude und unsere innere Balance. Wir fühlen uns geschwächt, verunsichert und erschöpft. Meistens verlieren wir auch den so wichtigen positiven Blick in die Zukunft und schaffen es nicht mehr, unsere Mitarbeiter und Kollegen zu motivieren.

Spätestens dann müssen wir unsere Akkus wieder aufladen, indem wir unsere Ressourcen mobilisieren und trainieren. Manche dieser Ressourcen, dieser Kraftquellen, sind leichter zu aktivieren als andere. Besonders schnelle Ergebnisse erreichen wir, wenn wir uns als erstes auf die körperliche Kraft konzentrieren.

REFLEXION

Wie beurteilen Sie Ihre momentanen Kraftressourcen? Können Sie Ihr gesamtes Potential ausschöpfen oder fehlt Ihnen manchmal die Kraft, in die Umsetzung zu kommen?

Körperliche Stärke: die Basis für alles

Jeder Körper ist anders und ein wahres Wunderwerk der Natur. Keinem Wissenschaftler ist es gelungen, dieses Wunderwerk nachzubauen. Jeder Einzelne von uns lebt in einem eigenen, genialen Mikrokosmos, den wir uns mit Milliarden von Kleinstlebewesen, den Darmbakterien teilen. Genau genommen leben sogar mehr fremde Bakterien in unserem Körper, als es körpereigene Zellen gibt. Man stelle sich vor, dass dieses so genannte Mikrobiom aus unterschiedlichsten Spezies in unterschiedlichsten Zusammensetzungen besteht. Unfassbar. Unendlich viele Kombinationsmöglichkeiten! Das macht jeden Körper einzigartig.

Trotz aller Individualität folgt der Körper bestimmten Gesetzen. Leben wir in Einklang mit diesen, geht es uns in der Regel gut. Wir fühlen uns wohl und so kraftvoll, dass wir allen Anforderungen des Lebens locker gewachsen sind. Leider beachten wir diese Gesetze nicht immer und manchmal betreiben wir mit unserem Körper regelrechten Raubbau.

Das Paradoxon der Leistungsgesellschaft

Das Paradoxe daran ist: Je mehr wir auf einen funktionsfähigen Körper angewiesen sind – beispielsweise in Krisenzeiten –, desto mehr neigen wir dazu, ihn zu vernachlässigen. Je größer der berufliche Druck, desto mehr konzentrieren wir uns auf die Arbeit und stellen die körperlichen Bedürfnisse hintenan. Wie schnell ist der Trainingstermin abgesagt, wenn die Präsentation noch fertiggestellt werden muss!

Bei der jüngeren Generation, den 20- bis 30-Jährigen, die gerade am Anfang ihres Berufsweges stehen, kann ich hier ein Umdenken wahrnehmen. Den körperlichen Bedürfnissen wird wieder größere Priorität eingeräumt. Dieses Bedürfnis beeinflusst auch die Arbeitshaltung junger Generationen maßgeblich, was im Geschäftsleben nicht selten zu Spannungen führt. Ein 50-jähriger Manager versteht diese Werteverteilung oft nicht. Zu stark sind die alten Glaubenssätze in Bezug auf Leistungsbereitschaft, Fleiß und Einsatz verankert. Der Preis, den viele dieser Führungskräfte zahlen mussten, war hoch. Sie vernachlässigten ihre Gesundheit, ihre Hobbys und unglücklicherweise auch viel zu oft ihre Ehe oder Familie. Laut einer Studie der AOK[7] aus dem Jahr 2018 steigt die Burnout-Rate mit zunehmendem Alter rapide an. Die höchsten Werte werden bei den 60- bis 65-Jährigen erzielt. Die Werte der Frauen überragen übrigens die der Männer um einiges.

Beginnen Vertreter der älteren Generation umzudenken, ist der Grund für diese Kehrtwende in vielen Fällen ein einschneidendes Ereignis. Manche Menschen werden durch einen Schicksalsschlag regelrecht zum Umdenken gezwungen. Wie viele Geschichten kennen wir, wo Menschen aufgrund einer plötzlichen Krankheit oder eines Unfalls einen massiven Wandel ihres Lebens vollzogen haben! Bücher und Magazine sind voll von diesen Lebensgeschichten. All diese Menschen hatten eines gemeinsam: Sie haben angefangen, etwas an ihrem Körper zu verändern. Haben abgespeckt oder angefangen zu laufen, haben ihre Ernährung verändert oder mit Yoga begonnen. Diese Menschen haben eine Krise als Chance genutzt. Sie alle berichten, dass die klaren Signale des Körpers ihnen dabei geholfen haben, am Ende ein erfülltes Leben führen zu können.

Besser als jeder Beauty-Shot

Können Sie sich erinnern, als Sie als Kind genau zur Mathematik-Schularbeit plötzlich furchtbares Bauchweh bekamen? Ängste und Gedanken führen oft dazu, dass unser Körper eine Reaktion zeigt. Umgekehrt funktioniert das genauso. Auch den Einfluss des Körpers auf den Geist kennen viele von uns. Stellen Sie sich vor, Sie haben gerade ein üppiges Schlemmermahl hinter sich. In diesem Moment fühlen Sie sich in der Regel wenig attraktiv (dicker Bauch), kraftlos (die ganze Energie steckt in den Verdauungsorganen) und unwohl. Und das vollkommen unabhängig davon, ob Sie gerade Ihr persönliches Idealgewicht oder mit 10 kg Übergewicht zu kämpfen haben! Das Gefühl ist immer gleich schlecht.

Und nun stellen Sie sich das Gefühl unmittelbar nach einer anstrengenden Trainingseinheit oder beim Erreichen eines Gipfelkreuzes nach einer mehrstündigen Wanderung vor. Selbst wenn Sie zu diesem Zeitpunkt von Ihrem Idealgewicht weit entfernt sind, werden Sie sich stark, energiegeladen und glücklich fühlen. Beim Gipfelkreuz-Selfie werden Sie ein unvergleichliches Strahlen an den Tag legen. Dabei ist es vollkommen egal, ob Ihr Kopf rot und Ihre Haare verschwitzt sind, es ist dieses Strahlen vollkommener Zufriedenheit. Das Strahlen eines persönlichen Triumphes. Kein inszeniertes Instagram-Beauty-Foto kann das überbieten.

Veränderungen sind in kürzester Zeit möglich

Ein weiteres Beispiel dazu, wie der Körper unsere Psyche beeinflussen kann, zeigt auf erstaunliche und sehr ästhetische Weise der brasilianische Fotograf Marcos Alberti mit seinem sogenannten O-Projekt. Er fotografierte Frauen vor, während und nach einem Orgasmus. Die Bilder zeigen lediglich die Gesichter der bekleideten Frauen und auch Alberti hatte während der Aufnahmen keinen Blick auf deren Unterleib. Das Faszinierende an den Bildern ist die Ausstrahlung der Frauen nach dem Orgasmus. Teilweise könnte man meinen, es handle sich um andere Menschen. Alle Frauen strahlen von innen heraus, wirken ausgeglichen und gelassen. Sie veränderten ihren Zustand in nur wenigen Minuten auf beeindruckende Art und Weise. Es ist allein der Körper, der die Veränderung bewirkte. Ich möchte an dieser Stelle betonen, dass Alberti den Frauen mit äußerstem Respekt und großer Wertschätzung begegnete. Es ging bei diesem doch recht intimen Projekt um den positiven Bezug zum eigenen Körper. Denn dieser ist das Schlüsselelement, das uns dabei helfen kann, auf dem Wackelbrett unseres Lebens das Gleichgewicht zu finden, um erfolgreich und glücklich zu werden.

Wie bleibe ich auch langfristig in meiner Kraft?

Wir können über Veränderungen unseres Körpers innerhalb von kürzester Zeit eine Veränderung unseres Geistes, unserer Stimmung und unseres Wohlbefindens herbeiführen. Indem wir beispielsweise unsere Haltung aufrichten, den Körper in eine kraftvolle, präsente Position bringen und unsere Lachmuskeln aktivieren, beeinflussen wir unseren physischen und psychischen Zustand unmittelbar und schnell. Man kann den Effekt noch zusätzlich verstärken, z. B. durch tiefe Atemzüge oder ein paar Boxbewegungen. Es handelt sich dabei um die sogenannte So-tun-als-ob-Methode. Sie eignet sich prima, um schnelle Ergebnisse zu produzieren, z. B. vor einem wichtigen Meeting, oder um sich zwischendurch in einen guten Zustand zu versetzen. Man tut einfach schon so, als würde man sich sicher und kraftvoll fühlen, man könnte auch sagen, man nimmt mit dem Körper vorweg, was man letztlich erreichen möchte.

Wäre es nicht schön, wenn dieses Gefühl andauern könnte? Was wäre, wenn wir uns permanent kraftvoll und energiegeladen fühlen würden? Könnten wir dem Leben dann nicht mit mehr Mut, Entschlossenheit und Freude begegnen? Und am Ende bessere Ergebnisse erzielen? Die gute Nachricht zuerst. Wir können es. Jeder von uns kann das. Der Schlüssel dazu sind unsere Muskeln. Wir werden gleich mehr dazu erfahren.

Mentale Stärke: der Schlüssel für Ausdauer und Fokus

US Open 2020. Österreichs Tennishoffnung Dominik Thiem steht zum vierten Mal im Finale eines Grand Slam Turniers. Gewonnen hat er noch nie eines. Seit fast vier Wochen befindet er sich in der coronabedingten »Bubble«. Lediglich drei vertraute Personen darf er um sich haben: seinen chilenischen Coach Nicolas Massu, seinen Physiotherapeuten und einen weiteren Betreuer. Familie und Freunde sind Tausende Kilometer entfernt. Zuschauer sind bei keinem Spiel gestattet. Lediglich einige Tenniskollegen befinden sich auf den Rängen. Nach 1 Stunde und 40 Minuten liegt Thiem zwei Sätze und einen Breakball hinten. Eine nahezu ausweglose Situation. Sein Gegner ist einer seiner besten Freunde im Tenniszirkus, der Deutsche Alexander Zverev. Er spielt das Spiel seines Lebens. Zu diesem Zeitpunkt haben die meisten österreichischen Fans den Fernseher schon abgeschaltet. Keine Chance mehr auf den Sieg, dachten viele. Dann lieber ins Bett. Schließlich ist es zu diesem Zeitpunkt fast Mitternacht in Österreich. Nach über vier Stunden gewinnt Thiem jedoch zum ersten Mal in seinem Leben ein Grand Slam Turnier. Im zehnten Spiel des dritten Satzes erzielt er das Break, gewinnt den Satz und dreht das Spiel. Sein Sieg resultiert keineswegs auf körperlicher oder technischer Überlegenheit. Es ist allein die mentale Stärke, der unerschütterliche Wille zum Sieg und eine beispiellose Fokussierung, die seinen Erfolg ausmachen. Seit Wochen hat er sich auf diesen Tag vorbereitet und keine Sekunde vergessen, warum er die ganzen Strapazen auf sich genommen hat. Um seinen ersten Grand Slam Pokal nach Hause zu bringen.

Aus Krisensituationen für den Alltag lernen

Auf unsere mentale Stärke sind wir alle angewiesen – ob im Job, als Mutter oder im alltäglichen Leben. Herausfordernde Situationen kennt jeder von uns. Im Laufe des Jahres sind wir immer wieder mit ihnen konfrontiert. Die Kündigung eines wichtigen Mitarbeiters oder des eigenen Jobs, ein Betriebsunfall, ein Einbruch, der erste Sturz des Säuglings vom Wickeltisch, eine finanzielle Krisensituation oder eine ausgewachsene Pandemie. Das Spannende daran ist, dass wir in wirklichen Krisensituationen sehr oft eine große mentale Stärke beweisen, weil wir unendlich fokussiert sind und einfach ins Handeln kommen. Wir denken oft nicht einmal groß darüber nach und im Nachhinein wundern wir uns über unser Tun.

REFLEXION

Wann waren Sie das letzte Mal wirklich fokussiert? Wie haben Sie gehandelt? Welche Gedanken sind Ihnen durch den Kopf gegangen?

Viel schwieriger fällt uns diese mentale Stärke im ganz normalen Alltag. Wie leicht lassen wir uns ablenken, wie leicht verlieren wir unseren Fokus. Ablenkungen gibt es wahrlich genug. Der Kollege, der seinen Kopf zur Tür reinsteckt und »nur mal schnell was wissen will«, das eingehende E-Mail, das am unteren Rand des Bildschirms aufpoppt, die persönlichen Sorgen der Kollegin oder die neueste Whatsapp. Selbst das nette Gespräch in der Teeküche kann dazu führen, dass wir uns verlieren. Nach einer Stunde ist kaum etwas weitergegangen. Es bleibt ein Gefühl der Unzufriedenheit und schön langsam steigt der Stresspegel. Untersuchungen zeigen, dass permanente Störungen während eines Denk- oder Arbeitsprozesses einen einflussreichen Faktor für unser Stresslevel darstellen.

US-STUDIE ZEIGT AUSWIRKUNG VON E-MAIL-ABLENKUNGEN

US-Forscher haben für eine Studie[8] einen interessanten Versuch gestartet und der ging so: Die Probanden wurden in zwei Gruppen eingeteilt. Beide Gruppen bekamen die gleiche Aufgabe: das Ausarbeiten eines Textes. Während die erste Gruppe die Aufgabe ohne Störung durchführen konnte, wurde die zweite Gruppe durch permanente Push-Benachrichtigungen über neu eingehende E-Mails informiert. Das führte zu einem stetigen Ablenkungsprozess. Alle Personen wurden gefilmt. Im Laufe der Zeit veränderte sich der Gesichtsausdruck der zweiten Gruppe immer mehr. Traurigkeit und sogar Angstzustände waren in den Gesichtern ablesbar. Interessanterweise schienen sich die Probanden vor dem Eingang der nächsten Benachrichtigung regelrecht zu fürchten. Die Stimmung verschlechterte sich zusehends. Der negative Effekt übertrug sich sogar auf anwesende Kollegen. Aufgrund der Spiegelneuronen im Gehirn, die unter anderem auch dafür zuständig sind, dass wir gähnen müssen, wenn unser Gegenüber gähnt, wirken schlechte Stimmung, Stress und Angst offensichtlich ansteckend.

Das Experiment macht deutlich, dass wir nahezu verpflichtet sind, dafür zu sorgen, dass wir in Ruhe und fokussiert arbeiten können. Der negative Einfluss von ständigen Ablenkungen wurde inzwischen vielfach bestätigt und damit gleichzeitig der Mythos vom Multitasking widerlegt. Auch wenn wir Frauen gern daran glauben würden, dass wir viele Dinge gleichzeitig bewältigen können, konnte das nicht bestätigt werden. Vielmehr kann unser Gehirn sogar nur eine Aufgabe auf einmal durchführen. Bei gleichzeitig ausgeführten Aufgaben schaltet das Gehirn ständig zwischen den einzelnen Aufgaben hin und her, was enorm anstrengend ist und letztlich dazu führt, dass wir schneller ermüden und uns schlechter konzentrieren können.

Wesentliches von Unwesentlichem unterscheiden lernen

»Nicht das Wesentliche kostet uns Kraft und Energie, sondern das Unwesentliche darum herum.« Dieser Satz stammt von Zen-Meister Hinnerk Polenski. Dinge, die uns wichtig sind oder die uns Spaß machen, erledigen wir oft mit unglaublicher Energie. Sie erfüllen uns, hinterlassen ein Gefühl von Zufriedenheit und Selbstbestimmtheit. Kurz gesagt, sie machen uns glücklich. Meistens werden das genau die Dinge sein, die unserem Ikigai entsprechen. Je mehr wir es schaffen, deren Anteil im Alltag zu erhöhen, desto erfüllter und erfolgreicher werden wir sein. Doch wie oft lassen wir uns von energieraubenden Nebentätigkeiten in Beschlag nehmen?

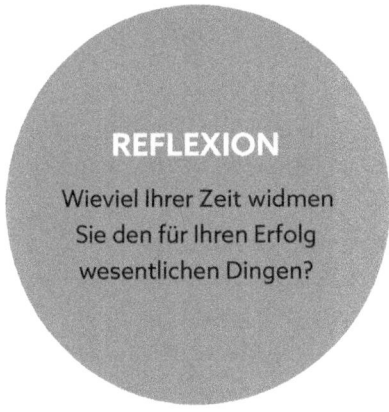

REFLEXION

Wieviel Ihrer Zeit widmen Sie den für Ihren Erfolg wesentlichen Dingen?

Stellen Sie sich diese Frage für alle Bereiche Ihres Lebens. Sie übernehmen damit die Führerschaft über Ihr Leben.

> *»Nicht das Wesentliche kostet uns Kraft und Energie, sondern das Unwesentliche darum herum.«*
> — Zen-Meister Hinnerk Polenski —

Selbst wenn wir genau wissen, welche Tätigkeiten uns im Leben nach vorne bringen, passiert es uns immer wieder, dass wir in den Mühlen des Alltags zermalmt werden und wir den Fokus für das Wesentliche verlieren. Ich möchte Ihnen eine Übung vorstellen, die sich prima als kurze Aktivpause eignet. Die beste Zeit hierfür ist mittags. Es handelt sich um eine Art Zwischenresümee des Tages:

LIFEHACK TO GO — LUNCHTIME MEDITATION

Machen Sie es sich auf einem Stuhl oder Sessel bequem. Legen Sie die Hände auf Ihren Unterbauch, circa drei Fingerbreit unterhalb des Bauchnabels. Schließen Sie die Augen und schärfen Sie Ihre Wahrnehmung.

Schritt 1: Wahrnehmen, was ist
Wie fühlt sich Ihr Körper in diesem Moment an? Gibt es Körperstellen, die sich besonders zu Wort melden? Was melden sie Ihnen? Bleiben Sie bei der reinen Wahrnehmung und vermeiden Sie jede Art von Bewertung. Die Vorstellung ist: NUR WAHRNEHMEN, WAS IST. Dehnen

Sie die Wahrnehmung auf Ihre Gefühle und auf Ihre Gedanken aus. Beziehen Sie auch die ganz subtilen Empfindungen mit ein, die sie vielleicht in diesem Moment gar nicht deuten können. Die Summe aller Ihre Person betreffenden Wahrnehmungen wird auch als »Felt Sense« bezeichnet.

Schritt 2: Reflexion
Denken Sie nun an Ihr Ikigai! Welchen Raum konnten Sie ihm heute schon einräumen? Wo hatten Sie Gelegenheit, Ihre Kernkompetenz zu leben? Stellen Sie sich diesen Moment bildlich vor! Vielleicht gab es an diesem Tag noch keine Gelegenheit dafür. Fragen Sie sich in dem Fall, wo sich diese Gelegenheit heute noch auftun wird. Wo können Sie sich Raum dafür schaffen? Stellen Sie sich die Situation vor!

Schritt 3: Veränderung wahrnehmen
Spüren Sie wieder in sich hinein. Nehmen Sie alles wahr, was kommt: Gefühle, Gedanken, Empfindungen. Verändert sich etwas, wenn Sie an die Dinge denken, die Ihnen wirklich wichtig sind? Die Sie erfüllen und die Ihnen Spaß machen?

Bleiben Sie noch einen Moment in diesem Wahrnehmungsfeld. Lenken Sie die Aufmerksamkeit schließlich wieder auf Ihre Hände und spüren Sie in den Bereich unterhalb Ihres Bauchnabels hinein. Öffnen Sie die Augen.

Die Übung nimmt nicht mehr als 5–10 Minuten Ihrer kostbaren Zeit in Anspruch. Sie hilft Ihnen dabei, den restlichen Tag mit einer besseren Fokussierung zu bestreiten.

Mit dieser Lunchtime-Meditation können Sie zwischendurch einmal kurz die Pausetaste drücken, über die vergangene Tageshälfte reflektieren, um die zweite Tageshälfte bewusst zu planen. Probieren Sie es aus!

Energetische Stärke: die unsichtbare Kraft

Man muss kein Esoteriker sein, um von energetischen Kräften profitieren zu können. Es gibt eine Reihe von energetischen Einflüssen von außen, wie z. B. Menschen oder Musik, die permanent auf uns einwirken. Diese Einflüsse können wir teilweise steuern, manchmal sind wir ihnen aber schlicht und einfach ausgeliefert. Es ist ein großes Glück, auf eine Arbeitssituation zu treffen, bei der die äußeren Umstände so gut optimiert sind, dass jeder seine bestmögliche Leistung abrufen kann. Diesen Gedanken verfolgt das »New Work«: Der Arbeitnehmer soll eine Atmosphäre vorfinden, in welcher er oder sie sich optimal entwickeln und entfalten kann. Der Filmemacher und Unternehmer Christoph Magnussen ist Experte für New Work. Er beschreibt New Work als »eine Arbeit, die dich stärker macht, anstatt schwächer« und bezieht sich dabei auf den Grundgedanken der von Frithjof Bergmann entwickelten Idee des »Neuen Arbeitens«. Menschen arbeiten produktiver und bauen eine stabilere Bindung zum Unternehmen auf, wenn sie sich wohlfühlen. In modernen Coworking Spaces wird diese Idee teilweise beispielhaft umgesetzt. Dort sorgen helle Räume mit Kreativecken, Tischtennistischen, Begegnungszonen oder Relax-Sessel für ein perfektes Umfeld. Einen besonders großen Einfluss haben in diesem Zusammenhang Farben auf uns. Daher möchte ich Ihnen an dieser Stelle von Ernst erzählen.

Ernst Muthwill ist unser Farbenflüsterer. Ich nenne ihn so, weil es seine Berufsbezeichnung eigentlich gar nicht gibt. Genau genommen ist er Inhaber eines Malereiunternehmens. Seine eigentliche Kernkompetenz ist seine Fähigkeit, Schwingungen wahrzunehmen, die entstehen, wenn Farben ins Spiel kommen. Große Konzerne schwören inzwischen auf die gemeinsame Arbeit mit ihm. Die Farbkonzepte ganzer Bürohäuser, Restaurants und Geschäfte basieren darauf. Nahezu jedes unserer Firmenlogos wurde gemeinsam mit Ernst entwickelt. Vermutlich könnte man ihn am ehesten als Farb-Energetiker bezeichnen.

Wir befinden uns mitten in einem Farbauswahlprozess für eines unserer Fitnessstudios. Mit schnellen Fingern durchblättert Ernst unterschiedlichste Farbfächer. Ab und zu hält er inne, legt eine Farbe auf den Tisch, wartet und beginnt wieder von vorne. »Diese Farbe ist weg«, sagt er. Alle Augen sind auf ihn gerichtet: die des Clubleiters, des Architekten und meine. Jeder von uns hat im Vorfeld seine Vorstellungen für den neuen Club geäußert. Außerdem wurde festgelegt, welche Kunden ein- und ausgehen und welche Stimmung im zukünftigen Club herrschen soll.

Der Farbauswahlprozess gleicht einer Art therapeutischer Sitzung. Erst wenn eine Farbe auf dem Tisch liegt, die für alle Anwesenden zu 100% stimmig ist, ist der Auswahlprozess beendet. Das geht manchmal schnell und dauert manchmal bis zu einer Stunde. »Diese Farbe wäre eine Möglichkeit«, verkündet Ernst dann, nach zum Teil sehr lang anmutenden Minuten. Die Geduld lohnt sich. In den letzten 15 Jahren haben wir einige einige Hunderte Farben für mehr als 30 Firmenstandorte gemeinsam ausgesucht.

Farben sind nichts anderes als eine Schwingung. Auch wir Menschen senden eine Schwingung aus. Passen unsere Schwingungen mit denen der Farben überein, nehmen wir das unbewusst als angenehm, inspirierend oder beruhigend wahr. Ist eine Farbe gut gewählt, hat sie die Fähigkeit, die Schwingungen unterschiedlicher Personen zu harmonisieren.

Wie die meisten energetischen Effekte können wir dieses Phänomen nur sehr unbewusst wahrnehmen. Trotzdem hat es einen Einfluss auf uns und unser Wohlbefinden. Farben sind also eine Möglichkeit, um unser persönliches Energiesystem von außen zu beeinflussen. Im Idealfall ist der Einfluss positiv, manchmal kann er aber auch negativ sein.

Wir wissen heute, dass Burnout in der Regel nicht das Ergebnis von *zu viel* Arbeit ist. Es sind vielmehr die *Arbeitsumstände*, die einen an den Rand der Erschöpfung treiben. Dabei geht es einerseits um die Frage, welche Arbeit wir verrichten – ob sie sinnerfüllend ist und befriedigend –, andererseits um die Frage unseres sozialen Umfelds am Arbeitsplatz. Ein ständig nörgelnder Vorgesetzter, intrigante Kollegen oder unverschämt agierende Kunden belasten uns dabei am meisten.

WISSEN TO GO: EIN BELASTENDES SOZIALES UMFELD LÄSST UNS SCHNELLER ALTERN

Es gibt circa 300 verschiedene Alterstheorien. Eine vielversprechende ist der so genannte Telomer-Effekt, der vor allem von der Medizin-Nobelpreisträgerin Elisabeth Blackburn erforscht und in ihrem Buch »Der Telomer-Effekt« veröffentlicht wurde. Telomere sind die Schutzkappen unserer Chromosomen. Bei jeder Zellteilung verkürzen sie sich. Werden sie zu kurz, leitet die Zelle den Zelltod ein. Wir altern. Die Geschwindigkeit wird nicht nur von der Genetik, sondern auch von Umwelteinflüssen bestimmt. Eine besondere Bedeutung kommt dabei unserem sozialen Umfeld zu. Je stabiler, sicherer und harmonischer es ist, desto langsamer verkürzen sich die Telomere. Ein gutes Umfeld fördert also nicht nur unsere Leistung und unsere Gesundheit, sondern wirkt auch lebensverlängernd. In der niederländischen NESDA-Studie konnte z. B. ein eindeutiger Zusammenhang zwischen Wohnqualität und Telomer-Länge festgestellt werden.[9]

Sensible Menschen reagieren auch auf andere energetische Einflüsse wie Wasseradern oder historische Gegebenheiten. So machen sich die energetischen Auswirkungen von Kriegsschauplätzen oder Häusern mit »besonderen Geschichten« noch Hunderte Jahre später bemerkbar.

Äußere Umstände können uns also Energie rauben. Das können räumliche Gegebenheiten, aber auch Menschen oder Situationen sein. Man kann Sie als Störenfriede für Balance und Ausgeglichenheit bezeichnen. Wir sollten uns nicht zu sehr von Ihnen abhängig machen oder sie gar als Ausrede oder Entschuldigung verwenden. Vielmehr sollten wir den Fokus darauf richten, was wir tun können, um unser Energieniveau hochzuhalten, und zwar unabhängig von den Einflüssen von außen. Lassen Sie uns eine Art Schutzschild dagegen aufbauen!

REFLEXION

Wie stark hängt Ihre persönliche Verfassung, das Gefühl von Kraft und Stärke von den Dingen im Außen ab? Wann fühlen Sie sich geschwächt? Wer oder was stärkt Sie?

Meditation für innere Stärke und bessere Abgrenzung
Wir brauchen Tools und Methoden, die uns dabei helfen, unsere energetischen Ressourcen zu aktivieren, egal wie die äußeren Umstände sind. Jeder von uns trägt diese Ressourcen in sich.

Abschauen können wir uns hier etwas von anderen Kulturen. Ein besonders schönes Vorbild ist für mich die japanische Zen-Tradition, denn sie verbindet jahrtausendealtes Wissen mit den Anforderungen des modernen Business-Alltags. Zen leitet sich im Ursprung vom Sanskrit-Begriff Dhyana ab und bedeutet nichts anderes als Meditation. Noch bis Mitte der 8oer-Jahre war es in Japan üblich, dass junge Führungskräfte am Anfang ihrer Karriere für einige Wochen oder sogar Monate in ein Zen-Kloster geschickt wurden. Die Zen-Klöster fungierten als Ausbildungszentren für Führungskräfte. Der Grundgedanke dahinter: Erst wenn ich in der Lage bin, mich selbst zu führen, kann ich eine gute Führungsperson für andere sein. Dabei geht es um Fähigkeiten wie innere Stärke, Klarheit, die Fähigkeit, in sich zu ruhen, oder auch um bessere Fokussierung auf ein Ziel. Zen-Meditation könnte man also als Form der Persönlichkeitsentwicklung betrachten. Die Effekte von Meditation sind höchst vielfältig und wissenschaftlich inzwischen vielfach belegt. Besonders signifikant ist der positive Effekt auf unser Stresslevel.

WISSEN TO GO — MEDITATION SENKT DEN CORTISOL-SPIEGEL

2019 führte eine junge Psychologiestudentin gemeinsam mit der Universität Salzburg in unserem Meditationszentrum eine interessante Studie[10] durch. Fast 200 Probanden nahmen daran teil. Untersucht wurde der Einfluss einer 25-minütigen Meditation auf das subjektive Stressempfinden und auf das Stresshormon Cortisol. Die Probanden wurden zunächst in zwei Gruppen geteilt. Eine Gruppe nahm an einer geführten Meditation teil, während die andere ein Hörspiel zu hören bekam.

Beide Gruppen wurden zuvor einem Stresstest unterzogen, wobei bei jedem Teilnehmer der Cortisolspiegel gemessen wurde und ein Fragebogen zur Befindlichkeit ausgefüllt wurde. Die Ergebnisse waren signifikant. Der Stresstest hatte alle Teilnehmer belastet, die Meditationsgruppe erholte sich jedoch wesentlich schneller von dem Test und fühlte sich im Nachgang entspannter und lebensfroher als die Hörspielgruppe. Besonders deutlich wurde der Unterschied bei der Analyse des Cortisolspiegels, der bei der Meditationsgruppe deutlich niedriger war als bei der Vergleichsgruppe. Der Cortisolspiegel ist ein gängiger Parameter, um – vor allem das mittelfristige – Stresslevel zu messen. Während Adrenalin die kurzfristige Antwort des Körpers auf eine stressige Situation ist, wird das Hormon Cortisol vor allem dann ausgeschüttet, wenn eine länger andauernde Belastung vorliegt. Wie die Studie zeigt, wirkt sich Meditation also nachweislich positiv auf das Stressniveau aus.

Im Alltag ist es schwierig oder gar unmöglich, Stressoren zu reduzieren oder gar auszuschalten. So realistisch müssen wir einfach sein. Wir können mit einer guten Organisation und einem disziplinierten Zeitmanagement viel erreichen, aber manche Dinge müssen einfach getan werden. Punkt. Daher ist es wichtig, dass wir uns Fähigkeiten aneignen, die uns dabei helfen, mit den Stressoren besser umzugehen und auch dann noch in unserer Mitte zu ruhen, wenn um uns herum die Welt untergeht. Regelmäßige Meditation hilft uns dabei enorm.

Sie hilft uns unter anderem bei der inneren Abgrenzung gegenüber Stressoren, wie z. B. belastende Beziehungen oder Situationen. Man ändert dabei zwar nichts an der Person, aber an den eigenen Einstellungen und den Gefühlen, die in Zusammenhang mit dieser Person aktiviert werden. Mir gefällt hier das Bild der inneren Stärke und Haltung. Denn genau das passiert, wenn man regelmäßig meditiert. Es entsteht eine innere Kraft, die unabhängig von allem anderen ist. Unabhängig von äußeren Umständen, von anderen Menschen oder von Situationen. Es ist eine Kraft, die aus unserer Mitte kommt und dafür sorgt, dass wir in unserer Mitte bleiben. Das Kraftzentrum wird in Japan auch *Hara* genannt. Wir lernen bald mehr davon.

Bevor wir uns ansehen, wie wir die unterschiedlichen Kraftquellen am besten aktivieren und stärken können, um auf dem Wackelbrett unseres Lebens balancieren zu können, fassen wir kurz einmal zusammen:

TAKE AWAY

Ohne Kraft geht's nicht. Aktivieren Sie Ihre körperlichen, mentalen und energetischen Kraftressourcen:

Nutzen Sie Ihren Körper, um sich in einen guten Zustand zu bringen. Richten Sie ihn auf, lachen Sie oder gewöhnen Sie sich kraftvolle Bewegungen an.

Stärken Sie Ihre mentale Kraft, indem Sie sich immer wieder fokussieren und lernen, Wesentliches von Unwesentlichem zu unterscheiden.

Bauen Sie ein starkes Energiefeld auf, sei es durch die Optimierung äußerer Umstände oder indem Sie sich von innen heraus stärken. Nutzen Sie dazu die Kraft der Meditation!

Lassen Sie uns nun etwas in die Tiefe einsteigen und herausfinden, wo genau wir ansetzen können, um unsere Kraft zu stärken.

Mehr Muckis! – Das Gerüst für Stabilität

Unsere Muskeln sind wahre Alleskönner. Sie verleihen uns nicht nur eine aufrechte Haltung und ermöglichen uns Bewegung – Muskeln verschaffen uns Präsenz, sie beeinflussen unser Wohlbefinden und sie sind wahre Immunbooster. Grund genug, um unsere Ressource Muskeln zu nutzen und zu trainieren.

Wenn Sie – wie ich – die 40 schon überschritten haben, dann erinnern Sie sich vielleicht noch an die guten alten Kraftkammern. So nannte man damals die Fitnessstudios. Mit welch schlechtem Image diese Muckibuden verbunden waren! Sie hatten so ganz und gar nichts mit den heutigen modernen Fitnesstempeln zu tun, die Gesundheit, Wellness und Ganzheitlichkeit in den Vordergrund stellen. Damals gab's einen kleinen, fensterlosen, schlecht belüfteten Raum mit einer Reihe von schweren Gewichten, Hanteln und bestenfalls einem multifunktionalen Kraftgerät. Die Kraftkammern waren kleine Ergänzungen eines Sportvereins oder ganz selten auch mal in einem besseren Hotel zu finden. Laufbänder und Ergometer suchte man vergeblich und der Crosstrainer war noch gar nicht erfunden. Muskeln waren damals bei den Frauen verpönt und so tummelten sich dort meistens die »schweren Jungs«. Um ehrlich zu sein, mir waren diese Muckimänner immer etwas suspekt. Ich kann mich gut an meine Zeit im Tennisverein Mitte der 8oer-Jahre erinnern. In den Pausen beobachteten wir sie in ihrer Kraftkammer und schüttelten den Kopf. Wir gingen zum Konditionstraining.

Das fand einmal in der Woche in der Tennishalle statt. Die Halle war immer voll, bestimmt 50–60 Personen, vorwiegend Frauen. Undenkbar, dass sich damals eine davon in die Kraftkammer verirrt hätte! Rückblickend muss ich sagen: Die Muckimänner waren die Cleveren. Denn sie hatten offensichtlich erkannt, dass Krafttraining die wesentlich besseren Effekte liefert als das Rumhüpfen in der Tennishalle.

Unsere Muskeln – wahre Alleskönner

Der menschliche Körper hat ungefähr 640 Muskeln, der Großteil davon bildet die sogenannte Skelettmuskulatur. Diese macht fast die Hälfte des Körpergewichts aus. Muskeln sind sogar schwerer als Fettgewebe. Oft sind Menschen überrascht, wenn sie durch Training nichts oder nur wenig abnehmen, obwohl sich die Körperformen sichtlich verbessern. Der Effekt kommt durch die Umverteilung von Fett- zu Muskelgewebe zustande.

Die Muskulatur ist auch das größte Organ des Körpers, während der Muskel selbst ein unfassbar komplexes und durchdachtes Mikrosystem mit einem eigenen Stoffwechsel bildet. Die Aufgaben der Muskulatur sind vielfältig – allen voran ist sie für die Balance des Körpers verantwortlich. Ohne Muskeln könnten wir unseren Körper nicht in einer aufrechten Position halten, weder stehen, laufen, ja nicht einmal sprechen, geschweige denn herzhaft lachen.

Ein besonders gutes Team bilden Muskeln mit den Knochen und Gelenken. Indem sich ein Muskel zusammenzieht, bewegt er einen Knochen und wir können den Arm heben oder eine Kniebeuge machen. Dabei kann die Muskulatur auch Widerstände überwinden, wie z. B. eine Hantel heben, den Widerstand halten oder ihm auch entgegenwirken, wie z. B. die Hantel kontrolliert wieder sinken lassen. Dadurch bewahren uns Muskeln nicht nur vor Verletzungen, sondern auch vor Abnutzungserscheinungen. Das zeigt sich schon bei banalen Tätigkeiten des Alltags. Allein beim Aussteigen aus dem Bus kann eine gut trainierte Beinmuskulatur bis zu 50 % der Belastung abfangen und schützt somit die Gelenke.

Muskeln verleihen Präsenz und Haltung
Warum scheinen manche Menschen vor Lebensenergie zu strotzen, während andere schwach und unscheinbar wirken? Achten Sie einmal auf deren Körperhaltung. Während der eine Präsenz und Haltung ausstrahlt, hängt der andere wie ein nasser Lappen in der Kurve. Ausschlaggebend dafür ist die Muskulatur. Ist sie schlaff, wirkt der ganze Körper schlaff und undynamisch. Eine symmetrisch ausgebildete Rumpf- und Rückenmuskulatur dagegen, sorgt für einen aufgerichteten Körper und ein agiles und dynamisches Erscheinungsbild. Das verleiht uns ein Gefühl von Präsenz, innerer Kraft und mentaler Stärke.

Wie fühlt sich eigentlich stark an?
Interessanterweise können wir Stärke also auch dann wahrnehmen, wenn wir gerade nichts zu heben oder keinen Sparringspartner haben. Das Gefühl, von dem ich spreche, bezeichnet man als Muskeltonus, den Grundspannungszustand der Muskulatur. Stellen Sie sich vor, Sie haben am Vortag trainiert und verspüren einen klitzekleinen Muskelkater. Nicht schlimm, aber spürbar. Es fühlt sich irgendwie sogar gut an. Nach Erfolg, nach Sieg, einfach nach Kraft. Sie merken, dass Sie präsent sind. Sie spüren, dass Sie Kraft haben. Und das ist ein richtig gutes Gefühl. Es ist der Schlüssel zu mehr Leistungsfähigkeit und vor allem der Schlüssel zu innerer Mitte.

Unsere Muskeln sind unsere Körperapotheke

Die meisten Zivilisationskrankheiten dieser Welt könnten verhindert oder zumindest hinausgezögert werden, wenn Menschen regelmäßig und richtig ihre Kraft trainieren würden. Ich gebe zu, Diabetes oder Herzinfarkt klingen für die meisten von uns weit weg. Das bekommt der Nachbar, aber nicht wir. Ein Thema, das uns alle immer wieder betrifft, sind lästige Erkältungen, eine Grippe oder einfach ein grippaler Infekt. Kann Krafttraining auch bei so etwas vermeintlich Banalem helfen?

WISSEN TO GO — MUSKELN ALS IMMUNBOOSTER

Die schwedische Forscherin Bente Klarlund Pedersen hat 2007 eine bahnbrechende Entdeckung gemacht[11]. Sie entdeckte, dass unsere Muskeln Botenstoffe produzieren, die wichtige Nachrichten an das Immunsystem liefern. Pedersen nannte diese Botenstoffe Myokine. »Mys« ist das griechische Wort für Muskel und »kinema« das für Bewegung. Inzwischen weiß man, dass es mindestens 650 davon gibt. Sie geben dem Immunsystem den Auftrag, die sogenannten T-Lymphozyten zu produzieren. Das sind die Killerzellen, die bei einer Erkrankung Alarm schlagen, damit rechtzeitig genügend Antikörper produziert werden. Sind zu wenige T-Lymphozyten vorhanden, werden die Krankheitserreger nicht rasch genug identifiziert und die Erkrankung kann ausbrechen. Je weniger wir uns um unsere Muskeln kümmern, desto weniger T-Lymphozyten produziert unser Körper und desto anfälliger sind wir.

Außerdem kommt es durch Bewegung zu entzündungs-
hemmenden Effekten, und zwar sowohl kurzfristig während des Trainings als auch langfristig. Denn durch das
Krafttraining wird das viszerale Bauchfett, eine Quelle
für die Entstehung chronischer Entzündungen, deutlich
reduziert.

Ich bezeichne Muskeln daher gern als Immunbooster oder
als Task Force unseres Immunsystems. Gesund zu sein ist
die wichtigste Voraussetzung, um Leistung erbringen zu
können. Wer ständig krank ist, hat keine Kraft, kommt aus
der Balance und fühlt sich den Anforderungen des Lebens
nicht gewachsen. Wenn der Reha-Zustand zum Dauermo-
dus wird, ist es schier unmöglich, Großes zu bewirken. Gleiches gilt für chronische Schmerzen. Rückenschmerzen, die
Schmerzursache Nr.1 in Deutschland und Österreich, können manchmal derart massive Auswirkungen haben, dass
nicht nur die Lebensqualität, sondern auch die Leistungsfähigkeit darunter leidet. Das Teufelsrad dreht sich umso
schneller, je älter man wird. Denn hat man das 30. Lebensjahr einmal überschritten, baut man jedes Jahr Muskulatur ab. Bis wir 70 sind, haben wir durchschnittlich bis zu
40% unserer ursprünglichen Muskelmasse eingebüßt. Es
sei denn, wir tun etwas dagegen. Die gute Nachricht: Wir
können selbst sehr viel beisteuern, um diesem Teufelskreis
zu entkommen oder gar nicht erst hineinzuschlittern. Man
kann in jedem Alter anfangen, etwas für die Muskulatur zu
tun, denn Muskeln sind ein Leben lang trainierbar. Manche
meiner Kunden haben erst mit 70 Jahren überhaupt angefangen zu trainieren und verfügten mit 80 über ein besseres
Muskelkorsett als mit 60. Natürlich ist dafür ein Schritt aus
der Komfortzone nötig, aber einer, der sich definitiv lohnt.

REFLEXION

Wie viel Zeit haben
Sie diese Woche schon
investiert, um etwas für
Ihre Kraft zu tun? Welchen
persönlichen Gewinn würde
Krafttraining für Ihr Leben
bedeuten?

Von nichts kommt nichts

In den Muskeln kommt es zu einer Leistungssteigerung, wenn man ihnen mehr zumutet, als sie gewohnt sind. Es geht also um einen ausreichend großen Trainingsreiz. Das heißt: Die immer gleiche Laufstrecke bei gleichbleibender Geschwindigkeit sorgt eher für Stillstand als für kontinuierliche Verbesserung. Ein lockerer Dauerlauf bringt also diesbezüglich weniger, eine Kniebeuge mit dem richtigen Trainingsgewicht wesentlich mehr. Außerdem haben es Muskeln gern abwechslungsreich, um in Schwung zu kommen. Es geht folglich um Variabilität und um kontinuierliche Anpassung. Puh, das klingt schon ein bisschen anstrengend. Aber von nichts kommt nichts. Trotzdem ist die Frage berechtigt, warum man sich Krafttraining antun sollte. Die Antwort liegt auf der Hand – weil Krafttraining ein Investment in die Zukunft ist, noch dazu ein höchst lohnenswertes. Das zeigt sich besonders anschaulich beim Thema Gewichtsregulation.

Krafttraining als lohnendes Investment

Muskeln sind neben dem Körpergewicht die einzige Variable unseres Grundumsatzes. Je höher der Anteil der Muskulatur, desto höher ist unser täglicher Kalorienverbrauch. Bei manchen durchtrainierten Sportlern ist dieser Effekt so stark, dass sie im Schlaf mehr Kalorien verbrauchen als eine untrainierte Frau während einer Laufeinheit. Daher sind Muskeln der beste Schutz vor dem Jo-Jo-Effekt, man könnte sogar von einem Anti-Jo-Jo-Effekt sprechen. Das Investment in die Muskulatur ist daher vor allem ein langfristiges und kein klassischer Quick Win. Hat man dieses Investment allerdings einmal getätigt, sitzt man relativ stabil im Sattel. Muskulöse Menschen können den Weihnachtsfeiertagen sehr gelassen entgegentreten, denn auch zwischenzeitliches Über-die-Stränge-Schlagen hinterlässt kaum Spuren. Wer dagegen behauptet, dass Abnehmen ohne Sport langfristig funktioniere, trifft keine seriöse Aussage.

Den langfristigen Effekt kann man auf sämtliche anderen Vorteile des Krafttrainings übertragen, egal ob es sich um ästhetische oder gesundheitliche Ziele handelt.

Wer wenig Zeit hat, trainiert Kraft

Mein Trainer Jörg sagte einmal im Spaß zu mir: »Ausdauertraining ist für Fleißige, Krafttraining für Faule.« Natürlich ist diese Aussage überspitzt und sportwissenschaftlich nicht korrekt, aber die Idee, die hinter dem saloppen Spruch steckt, ist folgende: Ausdauertraining hat – wie der Name schon sagt – etwas mit Ausdauer zu tun. Es geht also um eine länger andauernde Belastung. Das bedeutet: Für Ausdauertraining benötigen Sie Zeit. Wenn man ehrlich ist, muss man für eine Trainingseinheit mindestens 45 Minuten aufbringen. Da man beim Ausdauertraining in der Regel ziemlich schwitzt, ist der effektive Zeitaufwand inklusive Duschen, Haare waschen und Make-up zumindest für uns Frauen relativ hoch. Beim Krafttraining genügen – je nach Trainingsmethode – manchmal schon 20 Minuten. Selbst mit einem täglichen 10-minütigen Kurz-Workout kann man schon sehr gute Erfolge erzielen. Ein weiterer Zeitspareffekt kommt durch die schon erwähnte Erhöhung des Grundumsatzes, der durch die Zunahme von Muskelmasse entsteht, zustande. Außerdem ist der sogenannte Nachbrenneffekt, also der erhöhte Kalorienverbrauch unmittelbar nach dem Training, beim Krafttraining höher als beim Ausdauertraining.

In meinem Leben gab es immer wieder Phasen, in denen ich ein sehr knappes Zeitbudget hatte. Als meine Kinder noch klein waren, konnte ich mir nur wenig Zeit für ein Training freischaufeln. Damals trainierte ich ausschließlich Kraft und konnte diese Phase dadurch ohne größere körperliche Einbußen gut überbrücken.

KRAFTTRAININGS-TIPPS FÜR EIN KNAPPES ZEITBUDGET

- Fitnesscenter bieten inzwischen viele Möglichkeiten, um in nur 20 Minuten ein ganzheitliches Krafttraining durchzuführen. Besonders bewährt haben sich Trainingseinheiten mit Strom (EMS) oder Vibration, aber auch Zirkeltrainings oder hochintensive Intervall-Trainings (HIIT).

- Für ein Kurz-Workout zu Hause bieten sich Kniebeugen als absoluter Trainingsklassiker an. Sie funktionieren ohne Gewichte, z. B. schnell und langsam im Wechsel, oder auch mit dem Einsatz von Kurz- oder Langhanteln. Wichtig ist die korrekte Übungsausführung. Achten Sie vor allem auf einen geraden Rücken und eine korrekte Knie-Fuß-Einstellung. Im Internet finden Sie zahlreiche Anleitungen dazu.

- Auch der Unterarmstütz (Plank), Liegestütz in verschiedenen Ausführungen oder Crunches sind simple Übungen, die schnell durchzuführen sind, aber große Effekte erzielen.

- Je instabiler die Trainingsumgebung, desto besser wird auch unsere Körpermitte trainiert. Besonders spannend ist das sogenannte Schlingentraining. Eine Trainingsschlinge kostet nicht viel und kann in der Regel auch zu Hause problemlos installiert werden. Sie können damit ein komplettes Ganzkörpertraining durchführen. Übungsanleitungen werden in der Regel gleich mitgeliefert.

- Je besser Ihr Trainingsplan ist, desto schneller werden sich Erfolge einstellen. Daher macht es sehr viel Sinn, sich von einem Experten einen Plan erstellen zu lassen und diesen regelmäßig anzupassen, egal ob Sie in einem Studio oder zu Hause trainieren.

Das Core – unser Zentrum der Kraft

Es ist wichtig, den Körper immer ganzheitlich zu trainieren. Doch gibt es ein Zentrum der Kraft? Was genau ist es, was uns das innere Gefühl von Kraft und Stärke vermittelt? Das uns dabei unterstützt, dem ganzen Leben kraftvoll und mit Energie entgegenzutreten? Es ist die Kraft, die wortwörtlich aus unserer Mitte kommt, nämlich aus der Mitte des Körpers. Hier muss man nicht lange suchen: Das Zentrum unserer Kraft ist nachvollziehbarerweise der Bauch. Aus trainingswissenschaftlicher Sicht erstreckt sich die Leibesmitte auf den gesamten Rumpfbereich zwischen Hüften und Schultern, auch Core genannt. Trainieren wir unser Core, verbessert das automatisch unsere Körperhaltung. Der Körper richtet sich auf, wir fühlen uns präsenter und stärker und beugen Rückenschmerzen vor. Außerdem wird die tiefliegende Bauchmuskulatur gestärkt, was zu mehr Stabilität bei gleichzeitig verbesserter Beweglichkeit führt.

Mit dem Wackelbrett zu mehr Core-Stabilität

Für ein gutes Core-Training braucht man meistens kaum mehr als das eigene Körpergewicht. Es gibt jede Menge guter und einfacher Übungen, um den Rumpf zu trainieren. Je instabiler der Untergrund ist, desto größer ist der Trainingseffekt. Daher sind Wackelbretter (sog. Balance Boards), dicke Matten, Bälle, Schlingen oder auch Slacklines effiziente Trainingsgeräte, die oft unterschätzt werden. In der Physiotherapie werden Balance Boards schon sehr lange eingesetzt, im Fitnessbereich galten sie früher eher als uncool. Völlig zu Unrecht, denn so ein Balance-Training kann höchst anspruchsvoll werden. Es genügen einige Hanteln, um daraus ein forderndes Krafttraining zu machen.

Man muss dabei kein Fitnessstudio aufsuchen, Balance Boards gibt es in unterschiedlichen Schwierigkeitsstufen auch für zu Hause zu erschwinglichen Preisen zu kaufen. Im Internet findet man ein breites Spektrum an Übungsanleitungen und die Fortschritte machen sich schnell bemerkbar. Sobald Sie es schaffen, auf einem der Trainingsgeräte ohne Probleme die Balance zu halten, ist der Trainingseffekt nicht mehr so gut, wie er sein könnte. Dann ist es Zeit, auf einen noch instabileren Untergrund auszuweichen oder eine zusätzliche Schwierigkeit einzubauen. Daher gibt es bei Wackelbrettern oder Slacklines unterschiedliche Schwierigkeitsgrade. Balance Board-Übungen eignen sich übrigens prima als Pausenfüller. Zwischen zwei Trainingssätzen beim Krafttraining, während man wartet, bis das Nudelwasser kocht oder in der Werbepause beim Fernsehen. Auch Sportarten, die generell auf instabilem Untergrund ausgeübt werden, wie z. B. Reiten, Surfen oder Wasserski stärken übrigens das Core. Die im Sommer so beliebten Stand-up-Paddles (SUPs) bieten natürlich ebenfalls Trainingsmöglichkeiten. Es gibt sogar schon Yogakurse, die auf SUPs abgehalten werden. Auch hier gilt: je schmäler und instabiler das Board, desto größer der Effekt.

Wir können festhalten: Für eine Stärkung unseres Kraftzentrums – unseres Cores – ist es notwendig, aus der Balance gebracht zu werden, um letztlich Balance zu finden.

- Nutzen Sie Spaziergänge oder Laufrunden, um eine kurze Core-Einheit einzubauen. Hierfür eignen sich liegende Baumstämme, lose Steine oder ein sehr weicher Untergrund. Versuchen Sie, entweder die Balance einfach nur zu halten oder kleine Übungen wie beispielsweise Kniebeugen einzubauen.

- Erscheint Ihnen die Übung zu einfach, probieren Sie das Ganze auf einem Bein! Sie schulen damit gleichzeitig Ihre Achtsamkeit! Auch das Schließen der Augen kann die Übung verstärken.

- Bitten Sie eine Person, Sie aus der Balance zu bringen, und halten Sie dagegen. Auch hier gilt: je wackeliger der Untergrund desto besser.

- Nehmen Sie während einer Balance-Übung Gegenstände, z. B. Plastikwasserflaschen oder Jonglierbälle, in die Hand und experimentieren Sie: von einer Hand in die andere, hochwerfen und auffangen, die Hand heben und senken usw.

- Stellen Sie sich im Omnibus dorthin, wo es am wackeligsten ist. Das wird meistens das Gelenk des Busses sein. Versuchen Sie, sich nicht festzuhalten, sondern steuern Sie bewusst und achtsam den wirkenden Kräften entgegen.

Mein Geheimtipp für Kraft aus der Mitte: Body Art Training

»Der Mensch braucht für sich und sein Bewusstsein nichts außer sich selbst.« Dieses Zitat stammt von Robert Steinbacher, dem Entwickler des Body Art Trainings. Body Art ist eine geniale Trainingsmethode, die Yoga und Sportwissenschaft vereint. Robert entspricht so ganz und gar nicht der Vorstellung eines klassischen Yogatrainers. Er ist muskulös und athletisch. Man würde ihn eher in einem Bodybuilding Studio vermuten als auf der Yogamatte. Er hat erkannt, dass es vor allem unsere Körpermitte, unser Core, ist, die das Zentrum unserer Kraft bildet. Ausgehend von diesem Zentrum hat er ein ganzheitliches Training entwickelt, indem er ausgehend von den fließenden Bewegungen des Yoga unglaublich gute, sportwissenschaftlich fundierte Kraft-, Balance- und Stretch-Sequenzen entwickelt hat. Obwohl sie auf den ersten Blick harmlos wirken, fordern sie Körper und Geist. Viele Fitnessstudios bieten inzwischen Body Art Training in ihrem Kursprogramm an. Auf der Website www.bodyart-training.com kann man sich über Kursangebote in der Nähe informieren.

»Taking care of yourself is the key to freedom.«
— ROBERT STEINBACHER —

Mein Sparringspartner – der innere Schweinehund
Vielleicht konnte ich Ihnen schon etwas Lust auf das Krafttraining machen. Vielleicht kommt Ihnen aber auch einer der folgenden Gedanken in den Sinn:

- »Krafttraining macht mir einfach keinen Spaß.«
- »Das ist doch langweilig.«
- »Darauf habe ich einfach keine Lust.«
- »Viel zu anstrengend!«
- »Ich bewege mich sowieso schon genug im Alltag.«

Diese Sätze flüstert Ihnen Ihr innerer Schweinehund ins Ohr. Denn er redet einfach immer mit, ob wir wollen oder nicht. Er hasst es einfach, seine Komfortzone zu verlassen, und Veränderungen mag er schon gar nicht. Das geht mir nicht anders. Mein innerer Schweinehund fordert mich tagtäglich zu einem Kampf heraus. Man könnte sagen, er ist so eine Art Sparringspartner, mit dem ich mich jeden Tag auseinandersetzen muss. Inzwischen kann ich gut mit ihm umgehen. Daher verrate ich Ihnen noch ein paar meiner ganz persönlichen Motivations-Life-Hacks, die mir dabei helfen, mich im Alltag immer wieder neu für ein Training zu motivieren:

Seien Sie sich des Wunderwerks Körper bewusst
Muskeln bilden unser Körperkorsett und sind die Hauptakteure, wenn es um das Gefühl von Kraft, Stärke und Stabilität geht. Sie machen Ihren Körper zu einem wahren Wunderwerk. Das hat Beachtung verdient! Investieren Sie dafür täglich 10 Minuten oder 1,5 Stunden pro Woche. Machen Sie sich einen Plan und seien Sie konsequent in der Umsetzung.

Denken Sie an Ihren Profit

»Krafttraining macht mir einfach keinen Spaß!« Diesen Satz bekomme ich wahrlich oft zu hören. »Ich gehe lieber wandern«, heißt es dann. Wandern ist super, aber es ersetzt das Krafttraining nicht. Wissen Sie was? Mir macht Krafttraining auch nicht sonderlich Spaß. Oder sagen wir mal, ich könnte mir eine angenehmere Tätigkeit vorstellen. Das ist egal. Ich tue es, weil ich weiß, dass es mir in meinem Leben dadurch besser geht. Denken Sie immer daran, was Sie in Ihrem Leben gewinnen, wenn Sie Zeit und Anstrengungen in Ihr Training investieren.

Trainieren Sie nicht allein

Zu zweit schwitzt es sich leichter. Fitnessstudios wissen das und organisieren Kurse oder Small Group-Trainings. Schließen Sie sich so einer Gruppe an oder verabreden Sie sich mit einem Freund zum gemeinsamen Training. Ich trainiere zum Beispiel regelmäßig mit einem Personal Trainer. Nicht weil ich die Übungen nicht könnte, sondern weil er mein Training abwechslungsreich gestaltet, mich anspornt und motiviert. Dadurch freue ich mich jede Woche erneut auf dieses Training. Außerdem habe ich einen verbindlichen Termin. Der ist wichtig, denn Trainingstermine mit mir selbst halte ich nicht ein und das entscheidendste Kriterium für Trainingserfolg ist die Regelmäßigkeit. Ich nutze hier also die Macht des externen Drucks.

Mein Tipp: Teilen Sie sich von Zeit zu Zeit einen Personal Trainer mit Ihrem Trainingspartner und profitieren Sie dadurch doppelt: weniger Kosten, mehr Effizienz.

Öfter mal was Neues

Abwechslung ist wichtig, damit die Motivation auch über Jahre nicht nachlässt. Ergänzen Sie Ihr Krafttraining durch Ausdauersportarten, die Ihnen wirklich Spaß machen. Probieren Sie unterschiedliche Trainingsmethoden aus und finden Sie heraus, was am besten zu Ihnen passt. Wechseln Sie immer wieder einmal die Methoden, das fördert den Trainingserfolg und unterstützt Ihre langfristige Motivation. An dieser Stelle spreche ich mich – nicht nur berufsbedingt – ganz stark für ein Training im Fitnessstudio aus. Natürlich kann man mit guten Tutorials Kraft allein zu Hause trainieren, es erfordert jedoch ein Vielfaches an Eigenmotivation und Disziplin. Zudem sind die Möglichkeiten zu Hause am Ende des Tages immer begrenzt, während Ihnen im Studio eine Vielzahl an Trainingsmöglichkeiten unter fachkundiger Anleitung zur Verfügung stehen.

Nutzen Sie die Gunst der Stunde

Besorgen Sie sich ein Wackelbrett und nutzen Sie jede Gelegenheit, um für 5 Minuten auf das Brett zu steigen. Im Alltag gibt es viele weitere Möglichkeiten, die Rumpfstabilität zu trainieren, sei es in der Natur, im Bus oder in der Freizeit. Denken Sie daran: Je instabiler die Trainingsumgebung ist, desto größer der Trainingseffekt.

HARA – ein Hoch auf den Bauch

Die energetische Mitte des Menschen sitzt im Unterbauch unterhalb des Bauchnabels. In Japan bezeichnet man das Kraftzentrum als Hara. Ein starkes Hara zu haben bedeutet, in seiner Mitte zu sein und sich auf das Wesentliche im Leben auszurichten. Mittels einfacher Meditationsübungen kann jeder Mensch sein Hara trainieren, um die Kraft aus der Mitte zu aktivieren und im Alltag zu nutzen.

Es ist 4.55 Uhr morgens. Ich sitze im Meditationsraum des Zen-Klosters Buchenberg. Um mich herum eine Reihe von Führungskräften. Jeder auf der Suche nach mehr Klarheit, Fokussierung und Präsenz. Ich bin müde. Es ist der dritte Tag in Folge. Das Bett war eben noch kuschelig warm. Ich hadere etwas mit mir, wenngleich ich weiß, dass sich mein Zustand in zwei Stunden um 180 Grad gedreht haben wird. Der Meditationsleiter läutet die Meditation ein. Dann wird es still. Sehr still. Noch nicht einmal die Vögel sind wach, draußen ist es stockdunkel. Gestern bekam ich eine neue Übung – eine sogenannte Hara-Übung. Ich beobachte, wie der Atem in meinen Unterbauch fließt. Keine Sekunde lang darf meine Aufmerksamkeit weichen. So zumindest die Theorie. Denn natürlich schummelt sich der eine oder andere Gedanke dazwischen. Aber sie werden weniger, von Tag zu Tag. Die Stimmen im Kopf, die endlosen Selbstgespräche, das sich permanent drehende Gedankenkarussell werden leiser. Plötzlich ist sie da, diese Wahrnehmung der unbedingten Kraft in mir. Einer Kraft, die vollkommen unabhängig ist von allem, was da draußen geschieht. Als ob sie immer dagewesen wäre. Falsch. Sie ist immer dagewesen. Ich konnte sie nur nicht aktivieren, vor allem dann nicht, wenn ich sie am dringendsten benötigt hätte. Her mit dem Schwert, her mit allen Aufgaben, die auf mich warten. Ich bleibe sitzen. Es liegen noch einige Meditationsrunden vor mir und ich genieße sie. Als der Schlussgong den Beginn des Frühstücks ankündigt, bin ich hellwach. Keine Spur mehr von Müdigkeit. Dafür umso mehr Power.

Drei Stunden später halte ich Pfeil und Bogen in der Hand. All meine Konzentration gilt meiner Körpermitte, meinem Hara. Das Ziel, der schwarze Punkt auf der Scheibe, wird erst im allerletzten Moment anvisiert. Mit einem tiefen Atemzug spanne ich den Bogen und lasse im richtigen Moment los. Der Pfeil verfehlt die schwarze Mitte nur knapp. Bogenschießen ist ein so genannter Do, Meditation in Bewegung. Es geht darum, die in der Meditation generierte Energie auf die Straße zu bringen. Denn im Zen-Training kommt es nicht darauf an, besonders kunstvoll verknotet auf der Matte zu sitzen, sondern es geht darum, den eigenen Alltag kraftvoll, fokussiert und gelassen zu meistern. Der Do ist das Bindeglied zwischen dem Training in der Sitzmeditation und der Anwendung im täglichen Leben.

Drei Wochen später: Ich sitze im Meeting. Eine heftige Diskussion ist im Gange. Ich lege die Hände auf meinen Unterbauch, lasse den Atem hineinfließen und erinnere mich an die unbedingte Kraft und den Fokus auf das Wesentliche. Plötzlich kann ich erkennen, was hier wirklich vor sich geht, kann alle Standpunkte wahrnehmen und sehe trotzdem das Ziel klar vor Augen. Als ich zu sprechen beginne, klingt meine Stimme dunkel, kraftvoll und klar.

Die Kraft aus der Mitte

Bestimmt haben Sie das Gefühl von innerer Kraft und Stärke selbst schon einmal erlebt. Wir glauben dann oft, dass sich diese Stärke aus starken Gedanken ableitet. Spürt man jedoch in diesem Moment bewusst in den gesamten Körper hinein, aktiviert den schon früher erwähnten Felt Sense, so kann man deutlich wahrnehmen, dass das Gefühl von Kraft und Stärke aus der Mitte unseres Körpers kommt. Wir nennen das auch »im Lot sein«, also mittig ausgerichtet sein oder schlichtweg »in unserer Mitte« sein.

Im Osten bezeichnet man diese Form der Lebenskraft als Chi oder Ki, gern auch übersetzt mit Lebensenergie. Das körperliche Zentrum von Ki sitzt im Unterbauch, circa 2–3 Fingerbreit unterhalb des Bauchnabels. Die Japaner nennen diesen Bereich Hara, was übersetzt nichts anderes bedeutet als Bauch. Dort fließt alle Energie zusammen und wird von dort wieder verteilt, genau dorthin, wo sie gerade benötigt wird. Im Zuge der modernen Quantenphysik findet diese Form der Energie auch in der Wissenschaft zunehmend Beachtung. Die Auswirkungen dieses Energiezentrums auf unser Wohlbefinden sind gewaltig und sogar nach außen hin sichtbar. Im Zen sprechen wir manchmal vom »Zen-Gesicht«. Nach einer Woche intensiver Meditation verändern sich die Gesichter der Teilnehmer eines so genannten Sesshins auf faszinierende Art und Weise. Die Gesichtszüge werden klarer und entspannter und die Augen strahlender. Manche vergleichen ein Meditations-Seminar daher auch mit einer Verjüngungskur. Viele japanische Zen-Meister sehen auch im hohen Alter noch jung und vital aus und erreichen nicht selten ein Lebensalter von 100 Jahren oder mehr. Dieser Anti-Aging-Effekt ist unter anderem über die Telomerforschung zu erklären. Telomere, die Schutzkappen unserer Chromosomen, dienen als eine Art Gradmesser für die Beurteilung des biologischen Alters. Je länger sie sind, desto jünger und vitaler ist auch die Zelle. Menschen, die regelmäßig meditieren, verfügen über signifikant längere Telomere als Nicht-Meditierende.

Mit beiden Beinen auf dem Boden stehen

Eine starke Mitte gleicht einem starken Fundament. Je stabiler, desto besser. Ein Haus, das auf einem starken und sicheren Fundament erbaut wurde, trotzt allen Stürmen und Beben, genauso wie eine starke Mitte uns gegen alle Widrigkeiten des Lebens wappnet. Oft sprechen wir in diesem Zusammenhang von Erdung – mit beiden Beinen fest auf dem Boden zu stehen und von nichts und niemandem umgeworfen werden zu können.

Hara-Training bildet daher immer die Basis eines soliden Meditationstrainings. Es gibt hunderte Möglichkeiten zu meditieren und viele Meditationstechniken versprechen spirituelle Erleuchtung oder ähnlich tiefgreifende Erfahrungen. Fehlt es allerdings an Erdung, an Hara, besteht die Gefahr, den Boden unter den Füßen zu verlieren, den Halt zu verlieren oder gar sich selbst zu verlieren. Meditationslehrer tragen daher auch immer ein Stück Verantwortung. Ein labil veranlagter Mensch kann durch die falsche Meditationstechnik noch tiefer in den Dschungel der Nicht-Orientierung geraten. Dann fehlt es genau an dieser »geerdeten Mitte«, die notwendig ist, um zu Ruhe, Gelassenheit und innerer Kraft zu gelangen.

Fokussiert bleiben und liebevoll Nein sagen

Durch Hara entsteht Fokussierung. Es versetzt uns in die Lage, uns auf das Wesentliche im Leben auszurichten und uns von den Dingen abzugrenzen, die uns Kraft entziehen. Im Zen sagt man: »Suche das Heilsame und meide das Unheilsame«. Nach meinem ersten Meditations-Wochenende war ich höchst erstaunt darüber, wie klar und bestimmt ich gegenüber anderen Menschen diese Grenze ziehen konnte, ohne jemanden zu verletzen oder zu beleidigen. Im Gegenteil: Plötzlich war ich fähig, auf liebevolle und angemessene Art und Weise dort *Nein* zu sagen, wo es schon längst notwendig gewesen wäre. Das macht sich sogar in der Stimme bemerkbar. Sie wird durch die Hara-Aktivierung dunkler, wärmer und gehaltvoller.

Hara hilft uns dabei, die Balance im Leben auch dann nicht zu verlieren, wenn es wacklig wird. Hara und Körper hängen dabei sehr eng zusammen. Eine starke Bauchmuskulatur ist zwar keineswegs mit einem starken Hara gleichzusetzen, beides ergänzt sich jedoch optimal. Sie können das in einem kleinen Selbstversuch mit einem Balance Board oder Ähnlichem testen.

LIFEHACK TO GO — MEHR STABILITÄT DURCH HARA

Stellen Sie sich für 60 Sekunden auf ein Balance Board oder einen anderen instabilen Untergrund, alternativ einfach auf ein Bein. Beobachten Sie Ihre Fähigkeit, das Gleichgewicht zu behalten.

Steigen Sie wieder ab, schließen Sie Ihre Augen und konzentrieren Sie sich auf Ihren Unterbauch. Sie können dafür gern auch die Hände auflegen oder durch leichtes Anspannen die Unterbauchmuskulatur leicht aktivieren, um ein Gefühl für Ihr Hara zu bekommen. Nehmen Sie sich einige Atemzüge dafür Zeit. Mit jedem Atemzug die Konzentration auf Ihr Hara richten.

Öffnen Sie nun wieder Ihre Augen, ohne den Fokus zu verlieren. Steigen Sie nun wieder auf das Board und konzentrieren Sie sich weiterhin auf Ihr Hara. Können Sie einen Unterschied feststellen?

Hara lernt man nicht aus Büchern

Nehmen wir an, sie wollen eine neue Sportart erlernen, z. B. Skifahren. Sie können sich Filme über das Skifahren ansehen, ein Buch über die richtige Technik lesen oder Skirennen im Fernsehen verfolgen. Solange Sie nicht das erste Mal wirklich auf Skiern gestanden sind, haben Sie keine Ahnung vom Skifahren. Beim Meditieren ist das nichts anderes. Es ist ein Weg der Erfahrung und Hara ist eine Sache der Übung oder vielmehr des regelmäßigen Trainings. Man kann hier eine weitere wunderbare Parallele zum körperlichen Training ziehen. Wer mehr Muskeln haben möchte, muss regelmäßig Kraft trainieren, wer eine stärkere innere Mitte haben möchte, muss regelmäßig sein Hara und damit seinen Geist trainieren. Am besten täglich.

An dieser Stelle geben die ersten schon wieder auf. Zu mühsam klingt ein regelmäßiges Training, zu schwierig scheint es zu sein, die Gedanken abzuschalten. Meditation bedeutet nicht unbedingt, an nichts zu denken, sondern vielmehr, die Gedanken zu beobachten und zu entdecken, was zwischen den Gedanken passiert. Dieser Prozess kann höchst spannend sein.

Wenn man zum ersten Mal meditiert, erschrickt man fast, wie viele Gedanken jede Minute durch unseren Kopf sausen. Wir erinnern uns an Vergangenes, planen Zukünftiges oder führen Selbstgespräche. Je stiller es um uns herum wird, desto lauter die Stimmen in unserem Kopf. Mit jeder Meditation werden diese Stimmen jedoch leiser und unser Geist beginnt sich zu entspannen. Manchmal so stark, dass wir kurz einnicken. Deshalb ist die ideale Meditationshaltung eine sitzende Haltung, denn Meditation bedeutet Wachsein. Klar zu sein. Fokussiert zu sein.

Irgendwann verstummen die Stimmen in unserem Kopf komplett. Es ist einfach still, angenehm und friedlich. Diesen Zustand nennt man Samadhi, was so viel bedeutet wie Versenkung. Je öfter wir meditieren, desto schneller und einfacher lässt sich dieser Zustand herstellen. Aber wie so oft gilt: erst die Arbeit, dann das Vergnügen. Bevor man sich im Samadhi baden kann, bedarf es eines konzentrierten Übens, eines Fokussierens.

Hinsetzen und Klappe halten

Genau genommen ist die Meditation ein didaktischer Weg. Das bedeutet: Man muss weder besonders spirituell begabt oder talentiert sein, sondern man orientiert sich an einfachen Anleitungen. Schon Buddha stellte von Anfang an klar, dass geistige Erleuchtung weder von Bildung noch von einer bestimmten Herkunft abhängt, sondern von wirklich jedem erlernt werden kann. An dieser Stelle sei erwähnt, dass Meditation eine sehr individuelle Angelegenheit ist und die Zielsetzungen höchst unterschiedlich sein können. Während der eine lediglich nach Entspannung sucht, stehen für den anderen Fragen wie »Wo komme ich her? Wo gehe ich hin?« im Vordergrund. Beides ist okay. Wie in einem Supermarkt nimmt sich jeder das, was er oder sie braucht.

Am Anfang steht immer die Frage: Wie meditiert man richtig? Muss man es lernen oder genügt es einfach, sich hinzusetzen und die Klappe zu halten? Im Prinzip ist es genau das. Sich hinzusetzen und still zu sein. Gerade die Zen-Meditation besticht durch diese Einfachheit. Doch genau die Sache fällt vielen von uns sehr schwer. Zu sehr sind wir es gewohnt, permanent berieselt und bespaßt zu werden. Wir wollen Hilfsmittel und Tools, die uns die Sache leichter machen. In diesem Fall sind es weder Musik noch Wasserrauschen, sondern unser eigener Körper, der uns dabei hilft, in die Versenkung zu kommen. Das ist praktisch, denn schließlich haben wir unseren Körper immer dabei, egal wo wir uns gerade befinden.

Die beste Möglichkeit, um die Meditation zu erlernen,

ist, sich einen guten Meditationslehrer zu suchen, der im Idealfall in einer Gruppe unterrichtet. Ähnlich wie in einem Fitnesskurs macht es nicht nur mehr Spaß, in der Gruppe zu meditieren, sondern die Fortschritte sind auch wesentlich schneller spürbar. Ein Lehrer hilft einem auch bei der Wahl der perfekt abgestimmten Übung. Allein in der Daishin-Rinzai-Zen-Meditation, die Linie meines Zen-Meisters Hinnerk Polenski, gibt es 108 verschiedene Übungen zu den unterschiedlichsten Zielsetzungen und Problemstellungen. Je länger man meditiert, desto sinnvoller kann es sein, im One-to-one-Gespräch die passendste Übung herauszuarbeiten.

Anfangen können Sie jedoch sofort, in diesem Augenblick. Mit dieser kleinen Schritt-für-Schritt-Anleitung können Sie jetzt mit Ihrer ersten Meditationsrunde starten.

In drei Schritten zur ersten Hara-Meditation

Schritt 1: Sorgen Sie für ein ruhiges Umfeld

Je mehr Stille in Ihrer Umgebung ist, desto besser gelingt die Meditation. Schalten Sie Ihr Handy auf lautlos oder aktivieren Sie den Flugmodus. Sorgen Sie dafür, dass Sie von niemandem gestört werden. Auch laute Geräusche oder Gespräche im Nebenraum erschweren es Ihnen, in die Stille zu kommen. Besonders bewährt hat es sich, frühmorgens zu meditieren, wenn der Rest der Familie noch im Bett liegt. Ich plädiere immer für die Einrichtung eines Meditationsplatzes. Eine kleine Ecke in der Wohnung, die dem geistigen Training gewidmet ist. Eine kleine Blume, eine Kerze oder Räucherstäbchen können diesen Platz zu einem wichtigen Ankerpunkt machen. Vermeiden Sie es, im Bett zu meditieren. Unser Bett ist dem Schlaf gewidmet, während es in der Meditation um einen wachen und aufmerksamen Geisteszustand geht.

Wenn Sie schon etwas geübter sind, können Sie nahezu

überall meditieren. Am Anfang empfiehlt es sich jedoch, die Rahmenbedingungen so optimal wie möglich zu gestalten.

Schritt 2: Den Körper zur Ruhe bringen

Das Eintrittstor zu einer gelungenen Meditation ist Ihr Körper. Je stiller es in Ihrem Körper wird, desto stiller wird es in Ihrem Geist. Das bedeutet, dass Sie sich während der Meditation möglichst nicht bewegen sollten. Kein Ruckeln, kein Kratzen, kein Irgendwas. Einfach bewegungsloses Sitzen. Die richtige Sitzposition ist dafür die wichtigste Grundvoraussetzung. Denn nur, wenn Sie über eine längere Zeit richtig gut sitzen können, werden Sie langfristig Freude an der Meditation haben. Nehmen Sie sich Zeit, um die für Sie beste Position zu finden. Es gibt ein paar Dinge, die Sie dabei unbedingt beachten sollten:

LIFEHACK TO GO

DER RICHTIGE SITZ IN DER MEDITATION

- Lehnen Sie sich nicht an, sondern sitzen Sie gerade und aufrecht.
- Positionieren Sie Ihre Knie unterhalb des Beckens. Wenn Sie auf einem Stuhl sitzen, dann rutschen Sie bis an die Stuhlkante nach vorne und kreuzen Sie die Unterschenkel. Der Kontakt Ihrer Füße zum Boden erfolgt über die Fußaußenkanten.
- Heben Sie das Brustbein leicht an oder stellen Sie sich vor, dass an Ihrem Scheitel ein Faden befestigt ist, der Sie nach oben zieht. Sie richten dadurch Ihre Wirbelsäule auf, damit Ihre Atmung frei fließen kann.
- Entspannen Sie Ihre Schultern.
- Halten Sie den Kopf gerade. Achten Sie darauf, dass

der Kopf weder nach vorne noch nach hinten kippt. Damit beugen Sie Nackenschmerzen vor.

- Legen Sie Ihre Hände auf den Unterbauch, circa 2–3 Fingerbreit unterhalb Ihres Bauchnabels. Die linke Hand umgreift dabei die rechte. (Bei Linkshändern seitenverkehrt). Die Hände liegen jetzt direkt auf Ihrem Hara.

- Schließen Sie Ihre Augen oder halten Sie die Augen halbgeöffnet, indem Sie den Blick vor sich »ablegen«. Sie brauchen keinen bestimmten Punkt zu fixieren. Vielmehr ruht der Blick mühelos an einer Stelle.

Diese Position können Sie in fast allen Lebenslagen einnehmen: im Bus, am Flughafen oder im Büro. Sie eignet sich perfekt für eine Mini-Meditation zwischendurch. Wenn Sie regelmäßig meditieren, empfehle ich, eine geeignete Sitzunterlage anzuschaffen. Das kann ein spezielles Meditationsbänkchen oder ein Meditationskissen sein. Sie legen es auf eine Meditationsmatte, eine Decke oder eine Unterlage. Achten Sie darauf, dass der Untergrund weder zu hart noch zu weich ist.

Eine sehr beliebte Form des Sitzens ist der Seiza, der sogenannte Fersensitz. Dabei knien Sie mithilfe des Bänkchens oder dem Kissen. Je höher die Sitzunterlage, desto angenehmer ist es für Ihre Knie. Je tiefer die Sitzunterlage, desto leichter wird es Ihnen fallen, in eine tiefe Meditation zu kommen. Hier geht es darum, einen guten Mittelweg zu finden. Sie sollten auf keinen Fall Schmerzen bekommen! Wenn Ihnen während der Meditation die Beine einschlafen, ist das kein großes Drama. Ich verspreche Ihnen, sie wachen wieder auf. Am Anfang ist der Meditationssitz ungewohnt. Doch keine Sorge, je öfter Sie meditieren, desto mehr werden Sie diesen Sitz zu schätzen wissen. Falls Sie ein Meditationskissen verwenden, können Sie auch den sogenannten burmesischen Sitz ausprobieren. Es handelt sich dabei um eine Art Schneidersitz, wobei die Beine voreinander liegen und Sie auf dem Kissen so weit nach vorne rutschen, dass Ihre Knie wieder den Boden berühren.

»Seiza« (Fersensitz)   »Burmesischer Sitz«

Schritt 3: Konzentrieren Sie sich auf eine Übung

Wir sind es nicht gewöhnt, an nichts zu denken. Wir wissen eigentlich nicht einmal, wie das geht. Müssen wir auch nicht. Denn das Nicht-Denken kommt von ganz allein, wenn man zunächst die Aufmerksamkeit auf etwas ganz Bestimmtes lenkt. Auf eine einzige Sache. Wichtig ist nur, dass diese Sache im Jetzt stattfindet. Richten Sie Ihre Wahrnehmung auf etwas, was gerade in diesem Augenblick passiert. Um sich weder von äußeren Gegebenheiten noch von Personen abhängig zu machen, wählen Sie etwas, was immer da ist. Ihren Atem. Beobachten Sie Ihren Atem. Folgen Sie ihm mit Ihren Gedanken. Lassen Sie sich dabei vom natürlichen

Rhythmus Ihres Atems leiten. Tauchen Sie regelrecht in diesen Rhythmus ein. Bleiben Sie dabei konzentriert und fokussiert. Mit großer Wahrscheinlichkeit wird Ihnen das einige Minuten gut gelingen. Dann wird sich womöglich irgendein anderer Gedanke einschleichen. Sobald Ihnen das bewusst wird, lassen Sie den Gedanken weiterziehen und konzentrieren Sie sich wieder auf den Atem.

Mit der Zeit werden Sie merken, dass der Atem langsamer wird. Beobachten Sie das Langsamerwerden des Atems. Stellen Sie sich vor, wie Sie mit dem Einatmen Energie aufnehmen und wie Sie mit dem Ausatmen die Energie in Ihren Unterbauch, in Ihr Hara fließen lassen. Mit jedem Ausatmen Energie ins Hara fließen lassen. Immer und immer wieder.

Sie finden auf meiner Website www.conny-hoerl.at auch ein Video mit einer Anleitung für den perfekten Sitz sowie eine geführte Hara-Meditation!

Mit dem Ausatmen ins Hara

Was, das soll alles sein? Nur den Atem beobachten? Was auf den ersten Blick als eine fast langweilige Übung aussieht, ist in Wirklichkeit eine kraftvolle Meditationstechnik, die durchaus anspruchsvoll sein kann. Denn unser Geist ist ein lebhafter Geselle, der sich immer wieder dazwischen schummelt, um zu Wort zu kommen. Manchmal ist es sogar schier zum Verzweifeln, wenn die Gedanken während einer Meditationsrunde 10-, 15- oder 20-mal abdriften. In diesen Momenten hilft die Erkenntnis, dass man gerade 10-,15- oder 20-mal Achtsamkeit geübt hat. Dadurch gibt es weder »gute« noch »schlechte« Meditationsrunden. Vielmehr hat jede Runde ihren eigenen Wert auf unserem Weg zu mehr Gelassenheit, Ruhe und innerer Kraft. Apropos Runde: Wie lange dauert denn eigentlich so eine Meditationsrunde im Idealfall? Diese Frage sollte man nicht zu dogmatisch be-

antworten. In der Zen-Tradition meditiert man in der Regel
25 Minuten. Diese Zeitspanne ist lang genug, um beim Meditieren eine gewisse Tiefe zu erlangen, und kurz genug, um
im Alltag noch gut untergebracht werden zu können. Falls
Ihnen 25 Minuten unendlich lang vorkommen, dann starten Sie mit 10 Minuten und steigern täglich um eine Minute. Fordern Sie sich, aber überfordern Sie sich nicht. Wenn
die Zeit mal knapp wird, gilt: Lieber nur 10 Minuten meditieren als gar nicht. Für das richtige Timing stehen Ihnen
eine Reihe von Apps, so genannte »Meditationstimer« oder
»Zen Timer« zum Download zur Verfügung. Damit haben
Sie die Zeit im Griff, ohne abgelenkt zu werden. Je mehr
Sie sich in der Meditation auf das Ausatmen konzentrieren
und je langsamer der Atem dabei wird, desto tiefer können
Sie in die Meditation hineingleiten und desto stärker können
Sie Ihr Hara aktivieren. Die Energie folgt der Aufmerksamkeit vom überhitzten Kopf in den warmen Bauch. Lassen Sie
es dennoch langsam angehen und tasten Sie sich schrittweise vor. Meditation und Leistungsdruck passen nicht zusammen. Seien Sie immer gütig mit sich und bewahren Sie sich –
trotz aller Konzentration – eine gewisse Mühelosigkeit. Es
gibt nichts zu erreichen. Alles, was sie erreichen wollen, ist
eigentlich schon da.

Lassen Sie Ihre Meditationseinheit zum täglichen Ritual
werden. Dies gelingt am besten, wenn Sie jeden Tag zur sel-
ben Uhrzeit meditieren. Der beste Zeitpunkt ist derjenige,
der am besten zu Ihnen passt. Für Hara Meditationen bietet
sich der frühe Morgen an, denn Hara zu trainieren bedeutet, Power und Energie zu generieren. Vermeiden Sie daher
intensive Hara Meditationen kurz vor dem Einschlafen. Wer
täglich frühmorgens 25 Minuten Hara trainiert, kann den
ganzen Tag von den positiven Effekten profitieren.

- Nutzen Sie die Kraft der Meditation, um Ihr Hara zu stärken und um mehr innere Kraft zu entwickeln.
- Nehmen Sie sich jeden Tag 25 Minuten dafür Zeit. Die Regelmäßigkeit entscheidet. Im Ernstfall lieber nur 10 Minuten meditieren als gar nicht.
- Lernen Sie, richtig in der Meditation zu sitzen, denn eine gute Sitzhaltung und eine passende Übung sind das A und O einer gelungenen Meditation. Suchen Sie sich dafür ggf. einen guten Lehrer!

Mental Food! – Essen für die innere Balance

Es gibt Lebensmittel, die uns Energie rauben, und andere, die uns zu Energieschüben verhelfen. Manche machen uns krank, andere sorgen für Vitalität und Lebenskraft. Einige führen zu regelrechten Stimmungsschwankungen, andere sorgen für ein Gefühl der Ausgeglichenheit und Entspannung. Die Kunst besteht darin, die einen von den anderen zu unterscheiden. Je natürlicher und intuitiver wir im Alltag zu dem richtigen Lebensmittel greifen, desto besser.

Essen ist meine große Leidenschaft. Daher sah ich mich irgendwann gezwungen, mich intensiv damit auseinanderzusetzen. Anderenfalls würde ich wahrscheinlich heute 100 Kilo wiegen. Aus purem Interesse für gesunde Ernährung wurde eine leidenschaftliche Beziehung. Ich war zunehmend fasziniert von der Wirkung der unterschiedlichen Nährstoffe auf den Körper. Am liebsten hätte ich zusätzlich Medizin studiert, um noch tiefer in das Wunderwerk Mensch einzutauchen. Besonders faszinierend finde ich, dass jede Veränderung unseres Essverhaltens nahezu unmittelbar körperlich spürbar ist. Wir nehmen diese Veränderungen nur nicht bewusst genug war. Wir schieben die Nachmittagsmüdigkeit auf den schlechten Schlaf und unsere Antriebslosigkeit auf unseren inneren Schweinehund. Umgekehrt machen wir selten unser Essen dafür verantwortlich, dass wir an manchen Tagen besonders aktiv und kraftvoll sind oder eine gute Idee die nächste jagt. In Wirklichkeit sind es die Hormone und Neurotransmitter, die an solchen Tagen zur Höchstform auflaufen. Sie wiederum können nur produziert werden, wenn dem Körper bestimmte Nährstoffe zur Verfügung stehen.

In den ersten Jahren beschäftigte ich mich vorrangig mit Fragen rund um das Thema Gewicht und Figur. Auch heute noch ist der Wunsch nach dem Idealgewicht für viele meiner Kunden der Auslöser, um die eigene Ernährung zu überdenken. Diese Ausrichtung ist meistens mit Attributen wie Verzicht oder Disziplin verbunden und kann daher mühsam sein. Das schlechte Gewissen wird dann zum ständigen Begleiter. Sobald man jedoch Attribute wie »Wohlbefinden«, »Fitness«, »Kraft und Stärke« oder »Power« in den Mittelpunkt rückt, funktioniert die Sache gleich viel leichter und gelassener. Gesundes Essen wird plötzlich zum bewussten Genuss.

Auf das Wesentliche konzentrieren

Essen wird heute oft zur Glaubensfrage und löst heftige Diskussionen aus. Es sollen schon Freundschaften daran zugrunde gegangen sein. Wehe der Fleischliebhaber trifft auf den militanten Veganer. Da kann es schon einmal krachen. Ich bin ein Typ, der den Weg der Mitte sucht. Das gilt auch fürs Essen. Ich bin kein Veganer, nicht einmal Vegetarier. Ich vertrete keine spezielle Ernährungsform, sondern möchte dazu anregen, Gutes durch Besseres zu ersetzen. Gut ist, was gut schmeckt. Besser ist, was zusätzlich dem Körper guttut. Hierbei hilft der Blick fürs Wesentliche. Worauf kommt es wirklich an?

In diesem Kapitel möchte ich den Blick auf diejenigen Lebensmittel richten, die uns dabei helfen, in Balance zu kommen, die ausgleichend und stressreduzierend wirken.

Vom Don't zum Do: Essen für mehr Gleichgewicht

Es gibt einige Nährstoffe, auf die ich an dieser Stelle den Scheinwerfer richten möchte. Es sind die Nährstoffe, die uns dabei unterstützen, ein körperliches und seelisches Gleichgewicht herzustellen. Sie haben alle einen großen Einfluss auf unsere Stimmung und unsere Leistungsfähigkeit. Ich fasse sie unter dem Namen »Mental Food« zusammen. Es lohnt sich, sie auf die Bühne zu holen.

Tryptophan für Ausgeglichenheit und guten Schlaf

Eiweiß ist der Baustoff unseres Körpers schlechthin. Genaugenommen sind es die einzelnen Aminosäuren, die unsere physische Existenz sicherstellen. Ohne sie geht gar nichts. Sie sind Baustoff unserer Muskulatur, aber auch unserer Hormone und Neurotransmitter. Hormone sind die Stimmungsboten in unserem Körper. Sie entscheiden darüber, ob wir gut gelaunt sind und vor lauter Ideen nur so sprudeln oder ob miese Stimmung und Lustlosigkeit angesagt sind. Das als Glückshormon bekannte Serotonin wird zum Beispiel aus der Aminosäure Tryptophan gebildet. Serotonin sorgt für Ausgeglichenheit und verhilft uns zu mehr Souveränität. Für mich eines der wichtigsten Hormone, wenn es um Balance und Entspannung geht.

SO HOLEN SIE DAS BESTE AUS TRYPTOPHAN

Bei Schlafstörungen zeigt die Kombination von L-Tryptophan mit Vitamin B6 und Magnesium sehr gute Ergebnisse.[12] Vitamin B6 soll außerdem die Traumintensität erhöhen und dabei unterstützen, dass man sich hinterher besser an seine Träume erinnert. Diese spezielle Kombination lässt sich am einfachsten über Nahrungsergänzungen realisieren. Möchte man ausschließlich mit natürlichen Lebensmitteln arbeiten, so bietet sich z. B. ein Hühner-Wok (Tryptophan und B6) mit Brokkoli (B6) und Soja-Bohnen (Tryptophan) zum Abendessen an.

Wenn man Tryptophan gemeinsam mit Kohlenhydraten (z. B. in Form von Obst oder Fruchtsaft) konsumiert, verbessert das die Serotonin-Produktion im Gehirn.

Ein Großteil des Serotonins wird im Darm produziert. Daher immer auch auf die Darmgesundheit achten!

Magnesium für innere Balance

Magnesium steht für das Thema Entspannung. Sportler, aber auch Menschen, die beruflich stark gefordert sind, haben tagtäglich einen besonders hohen Bedarf an Magnesium, denn sie verbrauchen Unmengen davon. Daher passen auch magnesiumhaltige Speisen wie Vollkornprodukte, Nüsse oder Samen perfekt in den Ernährungsplan von Sportlern und Managern. Ich bezeichne Magnesium auch gern als Regenerationsmineral. Ein Mangel macht sich bemerkbar durch Verspannungen, nächtliche Wadenkrämpfe, häufigen Muskelkater, zuckende Augenlider, Schlafstörungen und erhöhte Nervosität. Bestimmte Medikamente, Cola-Getränke oder Alkohol können einen Mangel verstärken oder überhaupt erst auslösen. Da Magnesium zu einem Mengenmineral gehört, benötigen wir ziemlich viel davon, wobei der Bedarf mit steigendem Alter deutlich ansteigt. Als 48-jährige gesunde Frau sollte ich dafür sorgen, dass 300 mg täglich bei meinen Zellen ankommen.

Vitamin C gegen oxidativen Stress

Vitamin C zählt zu den Antioxidantien. Diese sind die Task Force beim Kampf gegen die sogenannten freien Radikale und sorgen für das oxidative Gleichgewicht im Körper. Ihre Mitkämpfer sind u. a. Polyphenole, Isoflavone, OPC, Coenzym Q10 oder Selen. Sie alle sind verantwortlich dafür, dass grüner Tee, Rotwein, dunkle Schokolade, lila Heidelbeeren oder orange Karotten als so gesund gelten. Ein Ungleichgewicht zwischen freien Radikalen und Antioxidantien führt zu oxidativem Stress. Unserem Körper macht dieser ziemlich zu schaffen. Permanent versucht er, dagegen anzukämpfen, und verbraucht dabei jede Menge an wichtigen Vitalstoffen. Eine geschwächte Immunabwehr, Erschöpfungszustände, mentale Schwäche oder vorzeitige Alterungsprozesse sind die unerwünschten Begleitumstände. Daher gilt: Vitamin C kann man nicht genug bekommen. Überschüssiges Vitamin C wird vom Körper wieder über die Niere entsorgt. Eine Gefahr von Überdosierung besteht daher nicht. Was viele nicht wissen: Das meiste Vitamin C steckt nicht in Zitrusfrüchten. Viel mehr davon findet sich in roter Paprika, Petersilie oder Sanddorn. Die Acerolakirsche führt die Liste der Top-10-Vitamin-C-Lieferanten an.

B-Vitamine

Spricht man von Vitamin B ist immer eine Ansammlung unterschiedlicher B-Vitamine gemeint, die mitunter auch unter völlig anderen Namen (wie z. B. Niacin, Biotin oder Folsäure) daherkommen. B-Vitamine sind bei fast allen Stoffwechselprozessen beteiligt und daher immer mitverantwortlich, dass bestimmte gewünschte Reaktionen überhaupt erst einmal in Gang kommen. So sind z. B. die B-Vitamine Niacin, Vitamin B1 und B6 unerlässlich für den erfolgreichen Ablauf der Serotoninsynthese. Darüber hinaus sind sie immer dann gefragt, wenn wir uns viel konzentrieren müssen und starke Nerven brauchen. Sie werden auch als »Anti-Stress-Vitamine« bezeichnet. An den B-Vitaminen sieht man wunderbar, dass es niemals nur um das *eine* Schlüsselvitamin oder -mineral geht, sondern dass in unserem Körper ein permanentes, perfektes Zusammenspiel von unterschiedlichsten Nährstoffen vonstattengeht. Ähnlich einer Fußballmannschaft oder einer Ballettchoreografie. Fehlt auch nur ein Mann oder eine Tänzerin, ist der Erfolg gefährdet.

Omega-3-Fettsäuren

Auch Fette können zu unserer psychischen Stabilität beitragen. Jeder, der schon einmal eine stark fettreduzierte Diät absolviert hat, kennt das Symptom: Man fühlt sich dünnhäutig, nervlich leicht angeschlagen und ist leicht reizbar. Verantwortlich für mentale Ausgeglichenheit ist unter anderem die Omega-3-Fettsäure EPA (Eicosapentaensäure), denn sie ist mitbeteiligt an der Bildung von Serotonin. Vor allem bei depressiven Verstimmungen wird gern mit Omega-3-Gaben gearbeitet. EPA gehört zu den essenziellen Nährstoffen. Das sind Nährstoffe, die unser Körper nicht selbst herstellen kann. Rein theoretisch wäre dies über eine andere Omega-3-Säure, die sogenannte Alpha-Linolen-Säure, die man vor allem in Leinöl findet, möglich. Die Fähigkeiten des Körpers, EPA über die Alpha-Linolen-Säure zu bilden, sind allerdings begrenzt. Daher empfehle ich Ihnen den direkten Konsum von EPA in Form von fettem Seefisch wie Lachs, Makrele oder Hering. Übrigens: Auch Weiderind und Wildfleisch enthalten einiges davon. Veganer haben hier eine weitaus geringere Auswahl. Bestimmte Mikro-Algen sind reich an EPA. Man kann sie in Form eines bestimmten Algenöls oder auch als Nahrungsergänzung zu sich nehmen. Allerdings sollten hier die Dosierungsempfehlungen der Hersteller beachtet werden.

Ginseng

Die Chinesen tun es schon seit vielen Jahrhunderten. Sie behandeln Stresssymptome mit Extrakten aus der Ginseng Wurzel. Denn Ginseng dürfte vor allem die Stresstoleranz erhöhen, indem er direkt im Zentralnervensystem andockt und damit die psychophysische Leistungsfähigkeit erhöht. Nervosität, chronische Erschöpfung, Schlafstörungen und sogar Burnout werden gern im Rahmen der Phytotherapie damit behandelt.

WISSEN TO GO

WO WAS DRIN IST

Tryptophan	Cashewkerne, Sonnenblumenkerne, Sojabohnen, Hühner-, Rind- und Kalbfleisch, Hühnerei
Magnesium	Weizenkleie, Sonnenblumenkerne, Kakao, Kürbiskerne, Leinsamen, Amarant, Quinoa, Nüsse und Hülsenfrüchte

Vitamin C	Acerolakirsche, Paprika, Kohl, Beeren, Zitrusfrüchte, Hagebutte, …
Omega-3	pflanzlich: Leinöl, Rapsöl, Walnüsse tierisch: fette Seefische wie Lachs, Makrele und Hering, Weiderind, Wildfleisch als Nahrungsergänzung: Fischöl, Krillöl
Ginseng	verarbeitet in Tee oder Suppen (v. a. in der asiatischen Küche, als Extrakt (flüssig) oder Schnaps)

Selbstverständlich gibt es noch unwahrscheinlich viele spannende Nährstoffe, die es verdient hätten, hier erwähnt zu werden. Unser Körper ist ein wahres Wunderwerk, wenn man bedenkt, wie viele kleine Schrauben zu einem funktionierenden Ganzen werden. Wie bei einer komplexen Maschine, ist es auch hier. Fehlt ein Schräubchen, passiert höchstwahrscheinlich noch nicht so viel. Vielleicht läuft nicht alles so geschmiert, wie es könnte. Doch die Maschine rennt. Je mehr lockere Schrauben es gibt, je mehr Mängel im Körper auftauchen, desto mehr werden sich die negativen Effekte bemerkbar machen. Ich kann daher jedem empfehlen, einmal jährlich ein Nährstoffprofil im Rahmen einer umfangreichen Blutanalyse erstellen zu lassen. Denn meistens zeigen sich Symptome körperlich erst dann, wenn der Mangel oder das Ungleichgewicht gravierend sind.

Achtung Energieräuber

Die erwähnten Nährstoffe zähle ich alle zu den Energiebringern. Sie bringen mir ein Mehr an Power, Fokus und Gelassenheit. Ich möchte an dieser Stelle nicht unerwähnt lassen, dass es auch Lebensmittel gibt, die uns jede Menge Energie rauben. Sie kennen diese Lebensmittel, allen voran Zucker, Weißmehl, Transfettsäuren oder Alkohol. Die meisten dieser Energieräuber stecken in Fertig- und Halbfertigprodukten. Je mehr Sie darauf verzichten, desto mehr Fliegen schlagen Sie mit einer Klappe. Denn in Industrieware finden wir auch die meisten Zusatzstoffe, die mit vielen E-Nummern gekennzeichnet sind und negative Auswirkungen auf den Körper haben können. Hierzu gibt es umfangreichende Literatur. In meinem Ratgeber »Genussvoll Abnehmen« finden Sie jede Menge Tipps, wie Sie es im Alltag schaffen, diesen Energieräubern, so gut es geht, aus dem Weg zu gehen.

LIFEHACK TO GO

DIE WUNDERBEERE VERWANDELT SAURES IN SÜSSES

Ich bin niemals für stoischen Verzicht. Vielmehr suche ich Möglichkeiten, um Genuss und Gesundheit auf einen Nenner zu bringen. Bei gelegentlicher Lust auf Süßes kann die sogenannte Wunderbeere, auch Mirakelfrucht, Abhilfe schaffen. Ihr Effekt grenzt tatsächlich fast an ein Wunder. Denn sie verändert die Wahrnehmungsfähigkeit unserer Geschmacksnerven für einen Zeitraum von circa 30 Minuten und verwandelt Saures in Süßes. Damit schmeckt eine saure Zitrone plötzlich wie Zitroneneis – ein faszinierendes Erlebnis, auch für Kinder! Die Wunderbeere gibt's getrocknet oder in gepresster Form. Sie ist vollkommen ungefährlich und legal, allerdings in der EU derzeit noch nicht als Lebensmittel zugelassen.

Nahrungsergänzung – Ja oder Nein?

Ob Nahrungsergänzungen sinnvoll sind oder nicht, hat sich innerhalb der Ernährungsexperten und Mediziner zur regelrechten Glaubensfrage entwickelt. Während das eine Lager fest davon überzeugt ist, dass eine gesunde, ausgewogene Ernährung vollkommen ausreicht, schwören die anderen auf eine ergänzende Vitalstoffgabe. Die Wissenschaft, die sich damit auseinandersetzt, ist die Orthomolekulare Medizin. Sie stützt sich vor allem auf die Forschungen des Nobelpreisträgers Linus Pauling.

Wichtig bei der Meinungsbildung sind zwei Aspekte: die Ausgangsposition und die individuellen Bedürfnisse. Eine genaue Anamnese klärt Ersteres. Neben dem Blutbild sind der aktuelle Gesundheits- und Fitnesszustand wichtig sowie das aktuelle Ernährungsverhalten. Folgende Fragen können dabei hilfreich sein:

Geeignete Fragen zur Analyse meines Ernährungsverhaltens:

- Esse ich 5 Portionen Obst oder Gemüse pro Tag?
- Achte ich auf kurze Lagerzeiten und schnellen Verzehr?
- Verzehre ich Gemüse ab und zu auch roh oder ausschließlich gekocht?
- Achte ich auf regionale Produkte und/oder Bioware?
- Enthält jede Mahlzeit zumindest einen Eiweißbestandteil?
- Esse ich ausreichend, d. h. mehr als 1500 kcal pro Tag?

Viele von uns überschätzen die tatsächliche Menge an frischem und hochwertigem Obst und Gemüse, die täglich (und nicht nur ab und zu) auf den Tisch kommt. Lagerzeiten und Hitze führen außerdem dazu, dass der Vitamingehalt von Lebensmitteln stetig abnimmt.

Können Sie aus voller Überzeugung jede der Fragen mit Ja beantworten? Dann lässt zumindest Ihr Ernährungsverhalten nicht darauf schließen, dass sie noch zusätzliche Vitalstoffe zuführen müssten, es sei denn Ihr individueller Bedarf ist höher als normal. Dann könnten diese Fragen hilfreich sein:

Fragen zu den individuellen Bedürfnissen:

- Arbeite ich in einem fordernden Beruf, wo der Stresspegel auch mal ansteigt?
- Ist mein privater Stresslevel höher als normal (z. B. durch familiäre Probleme)?
- Treibe ich mehrmals pro Woche Sport?
- Bin ich über 40 Jahre alt?
- Leide ich unter Schlafstörungen, Nervosität oder auffallend schlechter Laune?

Am Ende des Entscheidungsprozesses steht immer die höchst individuelle Frage: Fühle ich mich mit einer Extraportion Vitalstoffe besser, vitaler und ausgeglichener? Diese Frage lässt sich nicht von heute auf morgen beantworten, denn es dauert eine gewisse Zeit, bis sich die Vitalstoffspeicher im Körper anfüllen. Daher sollte man sich immer ein paar Monate Zeit geben, um den Effekt beurteilen zu können.

LIFEHACK TO GO

CHECKLISTE BEI DER AUSWAHL VON NAHRUNGSERGÄNZUNGEN

- Achten Sie auf möglichst natürliche Rohstoffe, da diese vom Körper offenbar besser aufgenommen werden als synthetische.
- Je weniger Zusatz- oder Füllstoffe, desto besser. Entscheidend ist immer die Menge an Wirkstoffen (also die Menge an Vitamin C oder B) in dem jeweili-

gen Produkt. Ein Vergleich unterschiedlicher Präparate lohnt sich. Damit lassen sich auch Preisunterschiede nachvollziehen.
● Immer auf Qualität achten! Gute Hersteller sind in der Regel auch ISO-zertifiziert.

Intuitiv essen lernen

Essen ist eine höchst individuelle Angelegenheit, die unglaublich viele Aspekte beinhaltet: Vorlieben, berufliche und private Rahmenbedingungen, Gesundheitszustand, Unverträglichkeiten und nicht zuletzt körperliche und mentale Ziele. Jeder Mensch ist einzigartig, kein Leben kann sich vergleichen mit einem anderen. Daher ist es nahezu eine absurde Vorstellung, dass es eine allgemeingültige Ernährungsweise geben sollte. Wenn wir ein gutes Gefühl für unseren Körper entwickeln, spüren wir sehr gut, welche Lebensmittel für uns die besten sind. Der Körper gibt uns unmittelbare Antworten darauf, ob etwas guttut oder nicht. Wir haben nur verlernt, diese Antworten wahrzunehmen und zu deuten. Das heißt nicht, dass wir das nicht wieder lernen könnten. Es bedarf ein bisschen Muße und einer Portion Ehrlichkeit. Hilfreich kann dabei das Führen eines Ernährungsprotokolls sein. Dabei genügen schon ein paar Tage. Ein Ernährungsprotokoll ist ein echter Augenöffner. Ich gebe zu, es kann auch ein schmerzhafter Prozess sein, schwarz auf weiß der Wahrheit ins Gesicht zu blicken. Wir können uns davon lösen, indem wir aufhören unser Ernährungsverhalten zu bewerten. Vielmehr sollten wir das Resultat einfach zur Kenntnis nehmen, um daraus Schlussfolgerungen zu ziehen.

Ein gutes Ernährungsprotokoll enthält nicht nur die tägliche konsumierte Menge an Essen und Trinken, sondern auch eine qualitative Auswertung mit Fragen wie: »Wie habe ich mich nach dem Essen gefühlt?« oder »In welcher Stimmung war ich beim Essen?« oder »Warum habe ich das gegessen?« Diese Fragen machen deutlich, dass Essen oft zur Befriedigung ganz anderer Bedürfnisse dient, wie z. B. dem Wunsch nach einer Pause, nach Belohnung oder nach Zugehörigkeit. Durch diese Reflexionsfragen lernen wir uns kennen und sind in der Lage, unser Verhalten zu reflektieren, um es beim nächsten Mal besser zu machen. Besser im Sinne eines guten Körpergefühls. An dieser Stelle möchte ich Sie zu einer wunderbaren Übung einladen. Ich nenne sie »Essen in Schweigen«.

LIFEHACK TO GO — ESSEN IN SCHWEIGEN

Man könnte die Übung auch »nur essen« nennen. Meistens sind wir während des Essens noch mit anderen Dingen beschäftigt. Wir unterhalten uns, lesen Zeitung oder scrollen sogar mal durch das Handy. Bei dieser Übung geht es darum, alle potentiellen Ablenkungen auszuschalten und nichts anderes zu tun, als zu essen. Für diese Übung sollten Sie sich immer an einen Tisch setzen und Ihre Mahlzeit ganz bewusst wahrnehmen. Handy, Zeitung und Fernsehen sind tabu und während des Essens wird nichts gesprochen. Besonders spannend – und anfangs sogar höchst befremdlich – ist »Essen in Schweigen« in Gesellschaft. Sie werden staunen, wie sich Ihre Wahrnehmung plötzlich schärft. Sie schmecken intensiver, merken schneller, wenn Sie satt sind und essen in der Regel deutlich langsamer. Dadurch können Sie besser in Ihren Körper und seine Bedürfnisse hineinspüren.

Als ich »Essen in Schweigen« zum ersten Mal im Zen-Kloster praktizierte, war es eine höchst ungewohnte Angelegenheit. Plötzlich wurde mir bewusst, dass wir eigentlich selten mit unserer Aufmerksamkeit zu 100 % beim Essen sind. Heute schätze ich diese Form der Nahrungsaufnahme sehr, wenngleich ich sie auch nur selten in dieser extremen Form umsetze. Es genügt jedoch, ab und zu diese bewusste Haltung während des Essens einzunehmen, um die Effekte deutlich zu spüren.

TAKE AWAY

- Setzen Sie alles daran, Ihr intuitives und natürliches Essverhalten wiederzufinden!
- Lernen Sie, auf Ihre Körpersignale zu achten! Geben Sie denjenigen Lebensmitteln den Vorzug, die Ihnen Energie bringen, anstatt sie zu rauben!
- Bauen Sie bewusst Mental-Food-Lieferanten in Ihre Ernährung ein: die Aminosäure Tryptophan, das Mineral Magnesium, B-Vitamine, Omega-3-Fettsäuren und Ginseng sollten die Stars Ihrer Balance-Küche sein.
- Ergänzen Sie Ihre natürliche Ernährung bei Bedarf mit zusätzlichen Vitalstoffen.
- Lassen Sie einmal im Jahr eine umfangreiche Blutanalyse erstellen, um Ihren individuellen Bedarf zu bestimmen!

Einmal -140 °C, bitte! – Kälte für mentale Stärke

Kältetraining ist nicht nur ein regelrechter Turbobooster für Immunsystem und Stoffwechsel, sondern auch eine einfache und effektive Methode, um die körperliche und mentale Stärke zu verbessern. Es verändert das Mindset und hilft dabei, Krisen besser zu überwinden.

Um das zu erkennen, war bei mir ein Schlüsselereignis notwendig, das meine Einstellung zu Kälte nachhaltig verändert hat:

Februar 2007. Ich bin in Kemi, im Norden von Finnland, am oberen Zipfel des Bottnischen Meerbusens. Die Außentemperatur tagsüber liegt bei minus 25 Grad. Das Wochenende am Eismeer ist ein Geburtstagsgeschenk meiner Schwester. Ich bin mir nicht sicher, ob ich dankbar oder verärgert über dieses Geschenk sein soll. Immerhin beschert es mir nachhaltige Erlebnisse. Eines davon ist die Fahrt mit einem alten Eisbrecher. Die Sonne scheint, der Himmel ist tiefblau und das riesige, behäbige Schiff bahnt sich den Weg durch die mehrere Meter dicke Eisschicht. Wir stehen an Deck und genießen die Aussicht. Nicht besonders lang, denn spätestens nach 10 Minuten drängen die eisigen Temperaturen uns wieder in den warmen Innenraum. Es ist einfach kalt. Richtig kalt. Plötzlich durchzuckt ein Ruck das Schiff und wir bleiben stehen. Man könne jetzt schwimmen gehen, heißt es. Echt jetzt? Das kann wohl nicht ernst gemeint sein. Doch, doch, meint einer der Besatzungsleute. Das wäre ein spezielles Highlight dieses Ausflugs. Ich schaue ihn ungläubig an. Er lacht und deutet mir an mitzukommen. Immerhin sind meine Neugier und meine Abenteuerlust geweckt. Mein Mann Christian zögert noch, lenkt aber auf mein Drängen hin ein und kommt mit. Das Schiff hat einen breiten Streifen offenes Wasser im zugefrorenen Eismeer hinterlassen. Dort könnten wir jetzt hineingehen. Immer noch leicht verwirrt finde ich mich kurze Zeit später in einer Umkleidekabine wieder. Die dicken Sachen sollten wir ausziehen, die Funktions-Unterwäsche könnten wir anlassen. Man reicht uns Trockenanzüge, in die wir hineinschlüpfen. Bewegen können wir uns darin kaum. Wie Astronauten wackeln wir über einen kleinen Steg, der vom Schiff aufs Eis gelassen wurde. Ich kann immer noch nicht glauben, was ich gleich machen werde. Die Luft ist so eisig, dass man kaum atmen kann, und ich soll jetzt auch noch ins Wasser. Zwei Besatzungsleute lassen mich ins schwarze Nichts hineingleiten. Ich halte kurz die Luft an. Allerdings nicht vor Kälte, sondern vor Erstaunen. Ich blicke in Christians Gesicht und sehe, dass es ihm nicht anders geht. Das Wasser fühlt sich warm an! Sofort setzt mein Verstand wieder ein und meine Panik vor der Kälte macht der Ratio Platz: Das Wasser ist mit knapp über o Grad wesentlich wärmer als die Luft und hat daher fast schon eine angenehme Temperatur. In diesem Moment wird mir klar, dass Kälte etwas höchst Relatives sein kann und dass es vor allem die Vorstellung von Kälte ist, die mir Angst gemacht hat. Nach 10 Minuten werden wir wieder herausgezogen. Der nasse Anzug verwandelt sich an der Luft innerhalb von Sekunden in ein gefrorenes Etwas, sodass wir erst mit heißem Wasser abgespritzt werden müssen, um uns wieder davon zu befreien. Noch Stunden später bin ich aufgedreht und sehr beeindruckt von dieser Erfahrung.

Keine Angst vor der Kälte

Erst viele Jahre später habe ich das Kältetraining für mich entdeckt, aber dieses Erlebnis in Finnland hat mir gezeigt, dass es oft unsere Gedanken, Ängste und Vorstellungen sind, die uns im Weg stehen. Ich hatte mich so gefürchtet vor dem kalten Wasser und es schien so unvorstellbar, dass sogar mein logischer Menschenverstand ausgesetzt hatte.

Ich bin nämlich ein ziemlicher Warmduscher. Immer

schon. Selbst als Kind ging unter 28 °C Wassertemperatur gar nichts. Auch heute noch liebe ich es, heiß zu duschen. Trotzdem drehe ich seit zwei Jahren das Wasser konsequent am Ende auf »Eiskalt«, bade regelmäßig in sehr kaltem Wasser oder lasse mich auf minus 140 Grad »einfrieren«. Ich habe im Kältetraining eine unschätzbar effektive Methode gefunden, um meinen Körper und meinen Geist zu stärken.

REFLEXION

Wie ist Ihr persönliches Verhältnis zu Kälte? Freund oder Feind? Gab es positive oder überraschende Erfahrungen mit Kälte?

Die erste Reaktion des Körpers ist immer eine Stressreaktion. Es ist der kurze Moment, in dem unser Überlebenstrieb zum Einsatz kommt. »Bloß raus hier« wäre der erste Reflex. Gedankenfetzen wie »Das überlebe ich nicht« oder »Ich schaffe das nicht« sausen durchs Gehirn. An dieser Stelle merke ich immer wieder, dass mein Geist in diesem Moment noch nicht daran glaubt, dass ich das kann. Immerhin reden wir von 10 Grad Wassertemperatur oder weniger. Es scheint schier unmöglich, dass der Körper das aushält. Tatsächlich ist es so, dass bei einem Normalsterblichen nach 60 bis 90 Minuten im Eiswasser der Erfrierungstod eintreten würde. Ganz so unbegründet ist die Angst nicht, denn schließlich weiß unser Körper nicht, wie lange wir beabsichtigen, uns im kalten Wasser aufzuhalten. In meinem Fall sind es maximal 3 Minuten und sehr viel länger würde ich es Ungeübten auch nicht raten. Der als »Iceman« bekannte Holländer Wim Hof schafft es, sich bis zu 2 Stunden in einem Eisbad ohne körperliche Folgen aufzuhalten. Dem ging jedoch ein jahrelanges, tägliches Training bevor.

Wie ein Holländer einen Kälte-Hype auslöst

Wim Hof war es auch, der einen wahren Kältetraining-Hype in den letzten Jahren auslöste. Seine spektakulären Aktionen faszinieren Millionen von Menschen auf der ganzen Welt. Er schwimmt im Eismeer so entspannt wie andere im Thermalbecken, besteigt den Kilimandscharo in Badeshorts oder verharrt stundenlang am Nordpol in Meditation. Immer mehr Menschen schließen sich – unter fachkundiger Anleitung – seinen Aktionen an und schwören inzwischen auf die Kraft der Kälte. Wir sprechen hier nicht von überaus trainierten Freaks. Die Wim Hof-Community umfasst ältere wie jüngere Menschen, Sportler genauso wie chronisch Kranke, Manager wie Yogis. Doch was treibt diese Menschen an, sich diesen Extrembedingungen auszusetzen?

Das Geheimnis der Kryotherapie

Leistungssportler haben die positiven Effekte von Kältetraining schon längst für sich entdeckt. Viele Profi-Mannschaften aus Fußball oder Eishockey besuchen nach einem harten Training die Kältekammer. Denn Kälte reduziert Entzündungen und damit den anstehenden Muskelkater. Im Leistungssport wird Kälte für eine bessere Regeneration nach dem Sport eingesetzt. Inzwischen besuche ich selbst regelmäßig die Kryosauna, eine Art mannshoher Zylinder, in den man sich mit Unterwäsche hineinstellt. 3 Minuten dauert der Aufenthalt bei minus 140 °C, Kopf und Hände bleiben übrigens draußen, die sind erfahrungsgemäß etwas empfindlicher. Die Füße stecken in warmen Woll-Pantoffeln. Spätestens nach zwei Minuten prickelt die ganze Haut. Die Atmung wird schneller. Manchmal ist es easy, manchmal bin ich eher ein Weichei. Kaum bin ich wieder in meinen Bademantel geschlüpft, hüpfe ich wie ein Gummiball durch den Raum. Mein Energieniveau ist in diesem Moment auf einem High Level. Dieses euphorische Gefühl nach einem Kältetraining ist wissenschaftlich zwar eher dürftig, dafür durch zahlreiche Erfahrungsberichte belegt. Es ist eine Mischung aus körperlicher Ekstase und Stolz, ausgelöst durch einen wahren Hormoncocktail, vermutlich aus Dopamin und Serotonin. Je nach Jahreszeit hält dieser Effekt mehrere Stunden lang an. Manchmal nutze ich bewusst die Mittagspause für eine Kryo-Einheit, um mental gestärkt in den Nachmittag zu starten.

Körperliche Effekte des Kältetrainings

Viele gesundheitlichen Effekte des Kältetrainings sind inzwischen wissenschaftlich erforscht, sodass die Kryotherapie Einzug in zahlreiche Reha-Konzepte gehalten hat. Vor allem Rheumapatienten werden heutzutage erfolgreich damit behandelt. Der Grund: Kälte hat eine entzündungshemmende Wirkung.

Entzündungshemmung: Wir kennen das vom Kühlen einer Sportverletzung. Was im Akutfall hilft, kann es auch im Falle chronischer Entzündungen. Das können der ewige Schulterschmerz, die nie ausheilende Knieverletzung oder sogar Darmerkrankungen wie Morbus Crohn sein. Wann immer eine Entzündung dahintersteckt, kann Kälte ein probates Mittel der Wahl sein. Chronische Schmerzen – selbst, wenn sie nur sehr latent sind – können unsere Lebensqualität enorm schmälern. Ich selbst litt jahrelang unter Schulterschmerzen, die nie ganz verschwanden und mir viele schlaflose Nächte bescherten. Heute ist davon nichts mehr zu spüren.

Ein *besseres Immunsystem*: Je seltener wir krank sind, desto besser können wir den Herausforderungen des Lebens entgegentreten. Dafür brauchen wir ein schlagkräftiges Immunsystem. Beim Kältetraining werden bestimmte Botenstoffe ausgeschüttet, die die Bildung von weißen Blutkörperchen und damit unser Immunsystem stimulieren.

Besseres Schlafverhalten: Kälte hat einen positiven Einfluss auf unser Schlafverhalten. Das hat mit unserem autonomen Nervensystem zu tun. Denn Kälte aktiviert den Parasympathikus, der für das Thema Entspannung zuständig ist. Interessant dabei ist die Tatsache, dass der Parasympathikus vor allem über Kälte im Gesicht aktiviert wird. Das spräche dafür, sich das kalte Wasser auch mal über den Kopf fließen zu lassen, einzutauchen oder sich mit dem Gesicht in kaltes Wasser zu legen. Auch der Aufenthalt an der kalten Luft oder in einer Kältekammer hat diesen Effekt. Wir kennen das von langen Winterspaziergängen. In der Regel fühlen wir uns nach einem Spaziergang bei Minusgraden, bei dem vor allem unser Gesicht den kalten Temperaturen ausgesetzt ist, angenehm entspannt und gelassen.

Kälte für ein gutes Mindset

Neben den rein körperlichen Effekten gibt es noch eine Reihe von psychischen und energetischen Auswirkungen der Kryotherapie. Man kann sein Mindset positiv über Kälte beeinflussen. Denn sowohl unser zentrales als auch unser autonomes Nervensystem werden durch sie direkt aktiviert.

Training für den Stressmuskel: Die ersten Sekunden in

eiskaltem Wasser oder in der Kryosauna stellen einen intensiven Stressreiz dar. Durch ein paar hilfreiche Maßnahmen, wie z. B. die richtige Atmung, zeigen wir Körper und Geist, wie wir trotzdem entspannen können und es auch wirklich tun. Wir lernen erfolgreich, mit diesem Stressreiz umzugehen. Man könnte sagen, wir trainieren unseren Stressmuskel. Das führt dazu, dass wir auch mit anderen herausfordernden Situationen entspannter umgehen lernen.

Stärkung der Willenskraft: Der Schritt ins kalte Wasser erfordert nicht nur ein bisschen Mut, sondern fordert auch ein ganzes Stück Willenskraft. Ich gebe zu, auch für mich ist es ein permanenter Kampf mit dem inneren Schweinehund. Doch jedes Mal der Selbstüberwindung macht mich stärker. Ich bin immer wieder stolz, wenn ich aus dem Wasser oder aus der Kryosauna komme, so ganz nach dem Motto: Wenn ich das geschafft habe, kann ich noch ganz andere Dinge schaffen.

Ein klarer Kopf: Jim Kwik ist einer der bekanntesten amerikanischen Gedächtnistrainer. Viele Hollywoodgrößen schwören auf sein Know-how, wenn es darum geht, sich lange Texte zu merken. Seiner Meinung nach ist eine der wichtigsten Maßnahmen für einen klaren Geist eine gute Morgenroutine. Er schwört in diesem Zusammenhang auf die kalte Dusche am Morgen. Innerhalb weniger Sekunden ist die morgendliche Müdigkeit verschwunden, der Geist ist wach, fokussiert und einsatzbereit. Auch der berühmte Erfolgs- und Persönlichkeitstrainer Anthony Robbins setzt auf die Kraft der Kälte. Er absolviert zwölfstündige Vortragstage vor tausenden Menschen – ohne eine einzige Pause! Vor jedem dieser Tage springt er in ein 6 °C kaltes Wasserbecken, um sich zu fokussieren. Im Vortragsraum herrscht eine konstante Temperatur von 16 °C. Er ist davon überzeugt, dass der Geist nur bei diesen Temperaturen optimal arbeiten kann.

Im Hier und Jetzt sein: Kälte zwingt uns ins Hier und

Jetzt. Immer wenn ich ins kalte Wasser steige, meine Beine kribbeln oder sogar zu schmerzen beginnen, der Atem kurz stockt, immer dann bin ich komplett im Augenblick. Im Augenblick zu sein, ist nichts Selbstverständliches, denn meistens sind wir mit unseren Gedanken ganz woanders. Der Körper ist eine wunderbare Eintrittstür ins Hier und Jetzt. Je intensiver die Körpererfahrung, desto leichter fällt es uns, alle unwesentlichen Gedanken beiseitezuschieben, um den Moment voll und ganz zu erleben. Das macht Kältetraining zu einer höchst meditativen Angelegenheit.

»Wer ins kalte Wasser springt,
taucht ins Meer der Möglichkeiten.«

— FINNISCHES SPRICHWORT —

Kältetraining – Einstieg für Warmduscher

An dieser Stelle kann ich Sie beruhigen. Sie müssen kein Iceman werden, um die Vorteile des Kältetrainings für sich nutzen zu können. Meistens haben schon einfache Maßnahmen wie eine kalte Dusche oder ein Eisbad der Arme beeindruckende Effekte. Trotzdem möchte ich die Gelegenheit ergreifen, Ihnen ein paar Tricks zu verraten, wie Sie sich auch etwas größeren Herausforderungen nähern können. Die entscheidenden zwei Aspekte sind Meditation und Atmung.

Mit ein paar meditativen Übungen können Sie sich mental auf das kalte Wasser oder die kalte Luft vorbereiten. Mit der richtigen Atmung sorgen Sie dafür, dass sich Körper und Geist während des Trainings beruhigen und sich ein Gefühl des inneren Friedens einstellt. Allein diese zwei Maßnahmen sorgen dafür, dass Sie über sich hinauswachsen können. Es kann sehr gut sein, dass Sie keines davon benötigen, um eine höchst positive Kälteerfahrung zu machen. Als ich das erste Mal in einem 13 Grad kalten See baden ging, nutzte ich einfach die Kraft der Gruppe, schloss mich einer Freundesrunde an und ging als begeisterte Kaltbaderin daraus hervor.

Meditieren und richtig atmen

Es gibt kaum eine bessere Möglichkeit, um Körper und Psyche schnell und unmittelbar zu beeinflussen als über den Atem. Je ruhiger man atmet, desto langsamer wird die Herzfrequenz, man wird automatisch ruhiger. In der Meditation führt uns der Atem in die Stille und stärkt unsere innere Kraft. Wenn wir uns mit plötzlicher Kälte konfrontiert sehen, stockt uns in der Regel der Atem. Das ist ein natürlicher Reflex, der signalisiert: »Irgendetwas stimmt nicht! Aufpassen!« Es kommt zu einer Adrenalinausschüttung. Der Körper empfindet Stress angesichts der unsicheren Situation. Jetzt heißt es, ihm zu zeigen: »Alles in Ordnung!« Der Schlüssel liegt im Ausatmen. Wenn wir uns trotz der außergewöhnlichen Situation zwingen, langsam und ruhig zu atmen, und uns speziell auf unseren Ausatem konzentrieren, stellt sich automatisch eine innere Ruhe und Gelassenheit ein. Die Kälte ist plötzlich nicht mehr unser Feind, sondern sie ist einfach. Wir können uns nun ganz auf das einlassen, was passiert. Und das kann höchst spannend sein.

Lust auf Ihre erste Kälteerfahrung? Nutzen Sie die zahlreichen Tutorials im Internet, um Ihre ersten Schritte ins eiskalte Wasser zu wagen. Auch auf meinem YouTube-Kanal »ConnyPure« finden Sie hier eine hilfreiche Anleitung.

TUMMO-MEDITATION DER TIBETISCHEN MÖNCHE

Im 11. Jahrhundert entdeckten tibetische Mönche eine Meditationsform, die es ihnen erlaubte, stundenlang oberkörperfrei bei eisigen Temperaturen zu meditieren. Angeblich waren sie sogar fähig, nasse Kleidungsstücke trocknen zu lassen. In der Tat ist es inzwischen belegt, dass eine bestimmte Meditationsform, die sogenannte Tummo-Meditation, in der Lage ist, die Körpertemperatur ansteigen zu lassen. Es geht dabei um eine Entfachung eines inneren Feuers, indem sich der Meditierende eine Art Feuerball unterhalb des Nabels (im Bereich des Hara) vorstellt, während gleichzeitig tief ein- und ausgeatmet wird. Der Atem fungiert dabei als eine Art Blasebalg, durch den das Feuer immer stärker entfacht wird. Am Ende hält der Übende die Luft kurz an, um daraufhin ganz langsam und sacht auszuatmen, während der Feuerball den Körper mit Wärme flutet.

Auf Kontraindikationen achten

Auch wenn Kältetraining enorm viele Vorteile hat und bei zahlreichen Therapien eingesetzt wird, gibt es Fälle, in denen es *nicht* ratsam ist, ein Kältetraining unter -110 °C zu absolvieren. Vor allem bei Kryo-Anwendungen in Kältesauna oder -kammer gibt es Kontraindikationen, die eine Behandlung ausschließen. Dazu zählen z. B. diverse Herzerkrankungen, Herzschrittmacher, akute Infekte, Schwangerschaft oder auch Alkohol- und Drogeneinfluss. Ein seriöser Anbieter wird daher immer erst ein Aufklärungsgespräch mit Ihnen machen. Ganz generell gilt immer: langsam an die Kälte gewöhnen und nicht übertreiben.

DIE BESTEN MÖGLICHKEITEN, KÄLTE ZU TRAINIEREN

- Kalt duschen: Der Vorteil daran ist, dass es immer und überall geht. Sie können sich langsam an die Kälte gewöhnen. Viele Kältetrainer empfehlen, sich über die Extremitäten anzunähern: erst die Beine und Arme, dann Bauch und Brust und schließlich Rücken und ggf. Kopf. Ich nähere mich der Kälte schrittweise, indem ich den Hahn sukzessive kälter drehe. Finden Sie heraus, welche Methode Ihnen besser zusagt!

- Kalter See, Meer oder Fluss: Kältetraining und Naturerlebnis in einem. Für mich die absolute Königsdisziplin. Die Herausforderung liegt in den Minuten vorher, vor allem wenn Sie zwischen Oktober und April kalt baden gehen. Das Ausziehen in der Kälte, die befremdlichen Blicke anderer und die ersten Schritte ins Wasser empfinde ich als höchst seltsam. Gleichzeitig motivieren diese Situationen. Ist man einmal »drin«, ist das Erlebnis dafür umso beeindruckender.

- Kältesauna: Der Vorteil davon ist, dass es wesentlich weniger Überwindung kostet. Es handelt sich um eine trockene Kälte, sodass selbst -140 °C gut auszuhalten sind. Die Behandlung dauert maximal 3 Minuten. Kurz und schmerzlos, aber mit großem Effekt. Der Nachteil jedoch ist, dass die Sache aufgrund des benötigten Stickstoffs nicht ganz billig ist.

- Kältekammer: Leider ist der Besuch in einer Kältekammer für Normalsterbliche eher aufwendig, denn in der Regel bieten nur Reha-Zentren im Rahmen von Kuren diese Therapieform an. Vorteil ist, dass auch das Gesicht und damit die Wirkung auf den Parasympathikus miteinbezogen wird. Der Entspannungseffekt ist daher wesentlich größer als bei der Kryosauna.

- In Eiswürfeln baden: Sich ein ganzes Vollbad in Eiswürfeln zu gönnen, ist eine eher aufwendige Angelegenheit. Einfacher ist ein Teilbad oder ein kaltes Armbad. Dazu eine kleine Wanne mit kaltem Wasser füllen, einige Eiswürfel oder Cool-Packs mit ins Wasser geben. Selbst wenn nur ein kleines Körperteil betroffen ist, ist ein Effekt spürbar. Um einen Entspannungseffekt zu erzielen, ist auch ein Gesichtsbad in eiskaltem Wasser zu empfehlen.
- Barfuß im Schnee: In den Wintermonaten kann man auch ab und zu barfuß im Schnee spazieren gehen. Nicht übertreiben, ein paar Minuten reichen.

So überwinden Sie sich leichter

Ich gebe zu, dass ich früher Menschen, die im Winter Eis aufklopfen, um baden zu gehen, eher skeptisch gegenübergetreten bin. Von »Nicht meine Welt« über »Das könnte ich nie« bis hin zu »Solche Freaks ...« waren so ziemlich alle Gedanken dabei, die man sich zu diesem Thema vorstellen kann. Einzig meine Neugier hat mich veranlasst, mich dem Thema zu nähern. Im Herzen bin ich immer noch Warmduscher. Doch die positiven Erfahrungen des zeitweiligen Kältetrainings wirken als echter Motivator. Trotzdem braucht es immer wieder Parolen an meinen inneren Schweinehund, um ihn zu motivieren, wie z. B. »Denk an das coole Gefühl danach!«

- Nutzen Sie regelmäßiges Kältetraining, um Ihr Mindset zu stärken und sich widerstandsfähiger gegen Stress zu machen.
- Duschen Sie täglich für ein paar Minuten kalt und bereiten Sie sich damit optimal auf den Tag vor.
- Bauen Sie gelegentliche »Kältehighlights« wie das Baden in einem kalten See ein, um den meditativen Charakter des Kältetrainings zu nutzen.
- Fokussieren Sie sich beim Kältetraining immer wieder auf den Atem und nutzen Sie ihn, um sich zur Ruhe zu bringen und ganz im Augenblick anzukommen.

GELASSENHEIT – STAY COOL!
Die Kunst des gelassenen Seins

Gelassenheit ist die Fähigkeit, auch dann bei sich zu bleiben, wenn es stürmisch wird. Gelassenes Sein ist ein Zustand, den man üben und trainieren kann. Atmung und Körper sind dabei wichtige Schlüsselfaktoren. Sie helfen uns dabei, Gelassenheitshindernisse aus dem Weg zu räumen und in herausfordernden Lebenssituationen angemessen zu handeln. Sehen wir uns ein Beispiel an.

Im März 2020 passierte das, womit wir eigentlich schon gerechnet hatten, was aber niemand von uns glauben wollte. Deutschland und Österreich sowie auch viele andere Länder beschließen, das wirtschaftliche und gesellschaftliche Leben herunterzufahren. Komplett. Lockdown. Eine Pandemie namens Corona überrollt die ganze Welt. In immer mehr Ländern schließen Geschäfte, Restaurants, Sporteinrichtungen und sogar Schulen und Industriebetriebe. Keiner weiß genau, für wie lange. Zunächst zwei Wochen heißt es zum Beispiel in Österreich. Eher unglaubwürdig. Die Menschen kaufen Klopapier und Nudeln. Manche sogar Gaskocher. Man wisse ja nie. Für Working Mums sind die kommenden Wochen ein Albtraum. Das Homeschooling funktioniert schlecht bis gar nicht – parallel dazu im Homeoffice Leistung zu bringen, erscheint schier unmöglich. Dazu kommt die Ungewissheit über die Zukunft. Wird mein Betrieb überleben? Werde ich bald arbeitslos? Was, wenn die Situation nicht bald im Griff ist? Gleichzeitig liegt ein bisschen Abenteuerfeeling in der Luft. Manche beginnen, die Situation zu genießen, andere verfallen in eine Depression oder sind am Rande der Erschöpfung. Kalt lässt die Situation niemanden. Das Gebot der Stunde? Ein klarer Kopf und eine gute Portion Gelassenheit. Aber wie geht das eigentlich mit der Gelassenheit? Hat man sie oder hat man sie nicht? Kann man sie üben? Sie trainieren?

Gelassenheit ist erlernbar

Die gute Nachricht vorneweg. Auch wenn es Menschen gibt, die von Haus aus gelassen sind, ist Gelassenheit alles andere als ein Talent. Es ist eine Fähigkeit, die von jedem von uns erlern- und entwickelbar ist. Selbst als notorischer Choleriker kann man Gelassenheit üben. Wikipedia bezeichnet Gelassenheit als das Gegenteil von Unruhe, Nervosität und Stress. Der Hirnforscher und Neurobiologe Gerald Hüther bringt den Begriff der Kohärenz ins Spiel. Inkohärenz bedeutet, dass wir das Gefühl haben, dass »irgendetwas nicht stimmt«. Das können unlogische Gedankengänge oder unbefriedigende Umstände sein. Ein inkohärenter Zustand stresst uns. Wird dieser Zustand aufgelöst und es stellt sich Kohärenz ein, empfinden wir Glück und Gelassenheit.

Für mich hat Gelassenheit etwas mit Einstellung, innerer Haltung und angemessenem Handeln zu tun. Verwechseln Sie Gelassenheit niemals mit Gleichgültigkeit! Denn Gleichgültigkeit führt zu Nicht-Handeln oder zu nicht reflektiertem Handeln. Gelassenheit hat auch nichts mit »Sichgehen-Lassen« gemein.

Marie von Ebner-Eschenbach bezeichnet Gelassenheit als eine »anmutige Form des Selbstbewusstseins«. Diese Umschreibung gefällt mir ausgesprochen gut, das hat etwas von weiblicher Souveränität. Wer gelassen in sich ruht, strahlt automatisch eine gewisse Form von Souveränität aus. Dieser Zustand ist übrigens über den Serotonin-Spiegel messbar. Der Botenstoff Serotonin macht Ausgeglichenheit und einen Zustand des gelassenen Seins überhaupt erst möglich. Interessanterweise verfügen viele Führungspersonen über ausgesprochen hohe Serotoninspiegel, was diesem Neurotransmitter zur Bezeichnung »Chefhormon« verholfen hat. Offensichtlich fühlen wir uns von Personen, die Gelassenheit ausstrahlen, angezogen. Wir lassen uns viel lieber von ihnen führen als von solchen, die gern einmal die Nerven wegschmeißen.

Der Buddhismus fügt einen weiteren Aspekt hinzu. Er sieht Gelassenheit als eine Qualität des Herzens an. Upheka (= gelassenes Sein) ist einer der vier sogenannten Brahma Viharas, der himmlischen Verweilzustände. Dazu zählen auch Herzqualitäten wie Güte, Mitgefühl oder selbstlose Freude. In der Tat handelt es sich bei Gelassenheit eher um eine emotionale Qualität als um eine rationale. Sobald der Verstand ins Spiel kommt, spricht man eher von Besonnenheit.

Natürlich gibt es im Leben immer wieder Situationen, in denen es nicht ratsam ist, gelassen zu reagieren. Im Gegenteil: Manchmal ist es überlebenswichtig, schnell und impulsiv zu handeln. Wenn ein Auto vor uns überraschend bremst oder wenn der zweijährige Nachwuchs schnurstracks auf den Pool zumarschiert, dann müssen wir einfach nur tun. Schnell und instinktiv. Die Amygdala tritt in Aktion. Sie ist Teil des schon erwähnten limbischen Systems und so etwas wie die Angstzentrale in unserem Gehirn. Bei einer gefährlichen Situation setzt sie eine Stressreaktion in Gang, um die Kampf- und Fluchtreaktion zu aktivieren, und es kommt zu einer Adrenalinausschüttung. Doch diese Art von Stress können wir viel leichter wegstecken und verarbeiten. Denn erstens kommen wir sofort in eine körperliche Reaktion, für die das Adrenalin schließlich vorgesehen ist. Zweitens sind wir in diesem Moment unweigerlich im Hier und Jetzt. Kein Grübeln, einfach tun. Ist die stressige Situation vorbei, kann sich unser Körper auch schnell wieder davon erholen. Derjenige Stress hingegen, der uns im normalen Alltag so belastet, entsteht oft in unseren Gedanken, indem wir uns Sorgen machen, uns ärgern oder über die immer gleichen Themen grübeln. Indem wir uns in Dinge hineinsteigern, die sich vor allem in unserem Kopf und nicht in der Realität abspielen.

Was der Gelassenheit im Weg steht

Warum fällt es uns manchmal so schwer, gelassen in uns zu ruhen? Warum reagieren wir nicht einfach gelassen auf Situationen, obwohl es uns offensichtlich guttut und auch noch unserer Karriere förderlich sein dürfte?

Das Festhalten an Glaubenssätzen

Während unseres ganzen Lebens werden wir bombardiert mit den Meinungen, Glaubenssätzen und Werten anderer Menschen. Ohne es zu bemerken, übernehmen wir einige davon und lassen sie zu unseren eigenen werden. Einer dieser Glaubenssätze könnte sein: »Man muss viel arbeiten, um erfolgreich zu werden.« Dieser Glaubenssatz konkurriert mit dem Wunsch nach Gelassenheit. Denn eigentlich schließen sich »viel arbeiten« und »gelassenes Sein« doch offensichtlich aus, oder? Und auch das ist schon wieder ein Glaubenssatz, nämlich: »Wenn ich viel arbeite, kann ich nicht gelassen sein.«

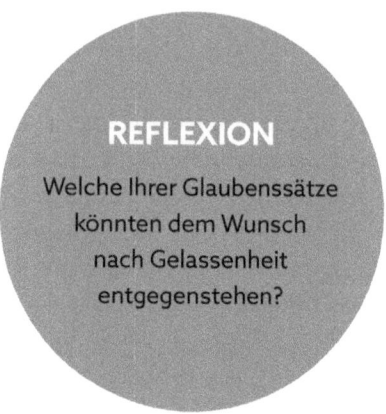

REFLEXION

Welche Ihrer Glaubenssätze
könnten dem Wunsch
nach Gelassenheit
entgegenstehen?

Wenn Sie anfangen, Ihre Glaubenssätze zu identifizieren, werden Sie feststellen, dass Glaubenssätze sogar sehr oft miteinander konkurrieren. In Folge kommt es zu einem inneren Konflikt. Je fester Sie nun an Ihren Meinungen festhalten, desto größer der Konflikt, der sich zu einem ausgewachsenen Kampf entwickeln kann. Kämpfe, die Sie gegen sich selbst führen, können nur verloren werden. Je besser Sie sich daher von einschränkenden Glaubenssätzen lösen können, desto eher nähern Sie sich der Gelassenheit.

Erwartungen an uns selbst

Auch unsere Erwartungen können der Gelassenheit im Wege stehen. Erwartungen, die wir an andere Menschen oder auch an Situationen stellen, aber auch diejenigen an uns selbst. Erwartungen, die wir an uns selbst stellen, erzeugen inneren Druck. Dieser wird umso stärker, je perfektionistischer wir veranlagt sind. Der Anspruch »perfekt« oder zumindest »gut«, aber auf jeden Fall »erfolgreich« zu sein, führt zu Anspannung. Das muss nicht per se schlecht sein. Denn schließlich muss auch ein Bogen erst einmal gespannt werden, bevor man den Pfeil loslassen und er mit aller Kraft zu seinem Ziel sausen kann. Wird die Anspannung aber zu groß, ist sie nicht mehr heilsam, sondern sogar kontraproduktiv. Selbstverständlich sind es nicht nur wir selbst, die den Druck erzeugen, sondern auch viele Menschen in unserem Umfeld: der Chef, der Ehemann, die Ehefrau, die Kinder, die Freunde oder die Kollegen. Jeder von ihnen hat eine gewisse Erwartungshaltung an uns. Verstärkend kommt oft ein Zeitdruck dazu. Das Projekt, das zur Deadline fertig werden muss, oder die Kindergärtnerin, die erwartet, dass wir den Kleinsten ja pünktlich abholen. Bis zu einem gewissen Grad können diese Erwartungen anspornen und motivieren. Fühlen wir uns Ihnen allerdings nicht mehr gewachsen, entsteht Stress, Unzufriedenheit und ein schlechtes Gewissen.

Erwartungen an andere

Stellen Sie sich folgende Situation vor: Ihr Kollege kommt jeden Morgen 15 Minuten zu spät zur Arbeit. Auf Ihre eigene Arbeit hat das so gut wie keinen Einfluss. Trotzdem ärgern Sie sich. Sie empfinden es als frech, unverschämt und ungerecht. Sie regen sich innerlich auf. Jeden Tag ein bisschen mehr. Irgendwann warten Sie regelrecht darauf, dass er zu spät kommt, um sich noch ein bisschen mehr aufregen zu können. Das alles hat Einfluss auf Ihren Zustand und damit auf Ihr Verhalten. Ihr Ärger schlägt sich auf Ihre Produktivität nieder und kostet Sie verdammt viel Energie. Stellen Sie sich vor, der gleiche Kollege arbeitet im Homeoffice. Es ist anzunehmen, dass er auch in diesem Fall später als vorgesehen zu arbeiten beginnt. Der Unterschied: Sie bekommen es gar nicht mit und regen sich wahrscheinlich auch nicht auf. Die Realität ist in beiden Fällen die gleiche. Lediglich Ihre Bewertung der Situation ist eine andere. Der Stress hat sich ausschließlich in Ihrem Kopf abgespielt.

Erfüllen andere Personen oder Situationen nicht unsere Erwartungen, dann ärgern wir uns. Wir sind enttäuscht oder sogar wütend: Das ersehnte Urlaubsdomizil ist anders, als wir es uns vorgestellt haben, oder das Wetter macht dem geplanten Outdoor-Event einen Strich durch die Rechnung.

Der Stress entsteht nicht dadurch, dass die Dinge sind, wie sie sind, sondern weil wir anfangen, sie zu bewerten. Indem wir aufhören, Dinge zu bewerten, werden wir automatisch gelassener und können besser in uns ruhen.

Ungeduld
Ungeduld ist eigentlich nichts anderes als unerfüllte Erwartungen hinsichtlich eines zeitlichen Ziels. Selbst wenn dieses Ziel nicht genau definiert ist oder wir sogar rational wissen, dass manche Dinge nicht schneller vonstattengehen, können wir Ungeduld empfinden.

IN DIE BEOBACHTERROLLE GEHEN

Situationen wie der zu spät kommende Kollege sind wunderbare Möglichkeiten, um im Alltag Gelassenheit zu üben. Wenn Sie das nächste Mal bemerken, dass Sie sich über eine andere Person aufregen, schlage ich folgenden 3-Schritte-Plan vor:

Schritt 1: Erkennen

Die Situation (»Kollege kommt zu spät«) tritt ein. Ärger und Unmut darüber werden spürbar. Sobald Sie dies bemerken, gehen Sie in die Beobachterrolle. Sie können die Augen schließen oder geöffnet lassen. Fragen Sie sich:

- Welche Gedanken kommen in mir auf? (»Schon wieder zu spät. Typisch.«)
- Welche Gefühle kann ich wahrnehmen? (Ärger, Frust, etc.)
- Was genau ist es, was mich ärgert? (z. B. Ungerechtigkeit, dass der Kollege mit seinem Verhalten immer wieder »durchkommt«?)
- Hat die Situation real Einfluss auf meine eigene Situation? (z. B. der Kollege behindert mich mit seinem Zuspätkommen am Fortschritt meiner eigenen Arbeit)

Wenn Sie selber betroffen sind, dann sollten Sie jetzt ins Handeln kommen. (z. B. Kollegen darauf ansprechen).

Wenn es Ihnen an dieser Stelle gelingt, den Blickwinkel des anderen einzunehmen, dann könnte es sein, dass die Situation eine überraschende Wendung nimmt (z. B. durch die Erkenntnis, dass der Kollege in der Früh sein Kind beim Kindergarten abliefern muss und dieser nicht früher aufsperrt. Daher erledigt er einige berufliche Telefonate schon vom Auto aus.)

Hat die Situation KEINEN Einfluss auf Ihre eigene Arbeit, dann können Sie jetzt das Loslassen üben, indem Sie zunächst erkennen, dass Ihr Ärger nur dadurch entsteht, dass Sie in den Bewertungsmodus gegangen sind.

Schritt 2: Atmen
Atmen Sie einige Male durch. Fokussieren Sie sich dabei aufs Ausatmen. Lassen Sie mit jedem Mal Ausatmen ein wenig mehr von Ihren Bewertungen los. Versuchen Sie, die Essenz der Situation zu erkennen (z. B. Kollege erscheint 15 Minuten nach offiziellem Arbeitsbeginn. Punkt) und diese Erkenntnis einfach stehen zu lassen. Lassen Sie den Atem einige Minuten lang achtsam fließen.

Schritt 3: Beobachten und abhaken
Beobachten Sie, was mit Ihren Gefühlen und Gedanken passiert. Verändert sich etwas? Lässt Ihr Ärger schon etwas nach?
Atmen Sie dreimal tief ein und ebenso tief wieder aus. Öffnen Sie die Augen. Haken Sie die Situation ab. Der Neurowissenschaftler Prof. Stefan Kölsch nennt diesen Schritt auch »mentales Entrümpeln«[13]. Es bringt an dieser Stelle nichts mehr, sich weiter damit zu beschäftigen.

Es kann gut sein, dass der gewünschte Effekt nicht gleich beim ersten Mal eintritt. Auch hier ist Geduld gefragt. Je öfter Sie in diese kleine Übung gehen, desto besser wird es funktionieren.

Wodurch sich Gelassenheit auszeichnet

Möglicherweise bekommen Sie schon eine gewisse Idee davon, was hinter dem Geheimnis der Gelassenheit stecken könnte. Wir werden etwas später beleuchten, wie wir genau dorthin kommen. Lassen Sie mich Ihnen an dieser Stelle einen kleinen Ausblick auf Ihr zukünftiges gelassenes Ich geben.

Leichtigkeit durch Loslassen

Gelassenes Sein fühlt sich leicht und frei von Anspannungen an. Das Herz ist offen und wir empfinden Güte und Mitgefühl für uns und unsere Mitmenschen. Wir klammern uns weder an unsere Glaubenssätze noch an unsere Meinungen und können mühelos den Blickwinkel der anderen einnehmen. Dadurch haben wir den Kampfmodus hinter uns gelassen und können die Situation so nehmen, wie sie ist, und entsprechend reagieren. Uns fällt es leicht, unsere Erwartungen loszulassen, wenn sie nicht erfüllt werden können. Das bedeutet nicht, dass wir keine Erwartungen haben oder uns welche setzen sollten. Es bedeutet auch nicht, dass wir immer alles gutheißen müssen. Es bedeutet, dass wir die Dinge so akzeptieren, wie sie kommen. Dies gilt vor allem dann, wenn wir keine Möglichkeit haben, sie zu ändern. Man könnte daher Gelassenheit auch als die Kunst, die Dinge so zu nehmen, wie sie sind, bezeichnen.

Angemessenes Reagieren und Handeln

Zwischen Reiz und Reaktion liegt ein Raum, eine Zeitspanne. Manchmal ist sie sehr kurz, manchmal haben wir die Möglichkeit, sie auszudehnen, um kurz zu reflektieren und uns bewusst zu werden, was es in diesem Augenblick bedeutet, angemessen zu handeln. Angemessenes Handeln ist Teil eines gelassenen Seins – sowohl in negativen als auch in positiven Situationen. Wenn es sich nicht gerade um einen unbewussten Reflex handelt, haben wir immer die Möglichkeit, unsere Reaktion auf etwas zu wählen. Müssen wir unseren Kollegen gleich schräg von der Seite anreden, wenn er einen Fehler gemacht hat? Oder können wir uns für einen kurzen Augenblick in seine Lage versetzen, um zu erkennen, dass er aufgrund seines zwei Monate alten Babys letzte Nacht kaum ein Auge zugemacht hat? Um mit verständnisvollen, aber klaren Worten zu antworten, um den restlichen Arbeitstag für alle entspannter und gleichzeitig produktiver zu gestalten? In einem Klima der Anspannung und der schlechten Stimmung kann der Mensch keine gute Leistung erbringen, geschweige denn kreativ sein. Indem wir angemessen handeln, verbreiten wir in unserem Umfeld eine Atmosphäre des produktiven Schaffens.

In sich ruhen

Gelassenes Sein bedeutet, in sich zu ruhen, auch wenn der Sturm tobt. Aus dieser inneren Ruhe heraus entsteht Klarheit. Der Blick für alle zur Verfügung stehenden Lösungen und Wege öffnet sich. Ein Unternehmer, der in sich ruht, wird auch in Krisenzeiten die besseren und überlegteren Entscheidungen treffen und sein Team besser durch die Krise lenken können. Dies gilt für den Familienvater genauso wie für die alleinerziehende Mutter oder die Schuldirektorin.
In sich zu ruhen bedeutet auch, geduldig zu sein, wenn Geduld gefragt ist. Die legendäre britische Verhaltensforscherin Dr. Jane Goodall verharrte oft tagelang in der gleichen Position, um zu ihren bahnbrechenden Erkenntnissen zu Schimpansen zu gelangen. Eine ihrer größten Kernkompetenzen war eine unvergleichliche Geduld und die Fähigkeit, in ent-

scheidenden Situationen die Ruhe zu bewahren. Geduld ist das Gegenteil von Getriebensein. Hätte Jane Goodall nur daran gedacht, schnelle Ergebnisse zu erhalten, wäre sie niemals zu einer der erfolgreichsten Verhaltensforscherinnen unserer Zeit geworden.

Die Wege zur Gelassenheit

Sie haben im Kapitel über die Kraft gelernt, was es bedeutet, Hara zu haben oder im Hara zu sein. Der Weg dorthin ist die Meditation. Vielleicht meditieren Sie ja schon regelmäßig. Dann werden Sie merken, dass sich durch die Meditation Gelassenheit ganz automatisch entwickelt. Sie müssen gar nichts mehr dafür tun.

Die Hara-Meditation dient dazu, innere Kraft zu entwickeln. Aus ihr entsteht – wenn Sie intensiv genug üben – der Zustand des Samadhi, der inneren Versenkung. Es öffnen sich Aspekte wie innerer Frieden und Gedankenstille. Wenn Sie jetzt weiter dranbleiben, dann erschließen Sie den Weg zur Herzebene (Metta) und damit verbunden zu den vier Herzqualitäten. Dazu zählen Güte, Mitgefühl, selbstlose Freude und tiefe Gelassenheit. Gelassenheit stellt sich also ganz von selbst ein. Der Schlüssel ist die tägliche Hara-Meditation. Ich finde Gelassenheit ist einer der besten Nebeneffekte der Meditation und unmittelbar im Alltag wahrnehmbar. Anfangs war ich überrascht darüber, dass mich kaum etwas aus der Ruhe bringen konnte. Mit der Zeit begann ich, diesen Effekt sehr zu schätzen.

Wenn sich Hara (Kraft) und Metta (Herz) verbinden, entsteht ein Zustand, der uns mit enormer Energie versorgt. Wir sprechen dann vom »geerdeten Herz«. Dieser Begriff stammt von meinem Zen-Meister Hinnerk Polenski. Es war die Antwort auf die Frage, was man unter »weiblicher Intuition« versteht. Die durch das Haratraining entstandene Erdung führt zu Kraft und Fokussierung, das geöffnete Herz zu Empathie und Gelassenheit.

Lassen Sie uns die einzelnen Aspekte beleuchten, die Gelassenheit in uns wachsen lassen:

- *Mit dem Atem loslassen:* Wir können in fast allen brenzligen Situationen den Atem dazu nutzen, um unseren Zustand zu verbessern. Wenn wir nervös sind, wenn wir in eiskaltes Wasser steigen, wenn wir uns innerhalb von wenigen Sekunden »runterbringen« müssen. Der Schlüsselmoment ist der des Ausatmens. Auch um Gelassenheit zu üben, hilft uns der Ausatem, denn er ist die natürlichste Form, um loszulassen. »Mit jedem Ausatmen ein Stück weit mehr loslassen« ist ein Mantra, mit dem es sich wunderbar meditieren lässt. Verkürzt genügt auch »Einfach loslassen«. Das Wort Loslassen begleitet dabei das Ausatmen. Damit können Sie üben, von Ihren Glaubenssätzen, Meinungen und Erwartungen oder auch einfach von Ihrem Ärger oder Ihrer Wut loszulassen. Je länger Sie Ihren Ausatem dabei fließen lassen können, desto besser. Die Ausatem-Verlängerung geschieht dabei ganz automatisch. Sie brauchen nichts anderes zu tun, als den Atem achtsam zu beobachten und sich ganz dem Ausatmen hinzugeben.
- *Den Körper von Anspannungen loslassen:* Viele unserer Anspannungen stecken in unserem Körper fest. Sie zeigen sich in Schulter- oder Nackenschmerzen, in Bauchschmerzen oder auch in nervösen Reaktionen, wie z. B. Zucken der Augenlider, leichtes Zittern oder generell dem Gefühl einer gewissen körperlichen Spannung. Um diese körperlichen Anspannungen loszulassen, gibt es verschiedenste Möglichkeiten. Angefangen bei bestimmten Entspannungstechniken, wie z. B. der Progressiven Muskelentspannung, bis hin zu sportlichen Betätigungen. Welche Technik für Sie geeignet ist,

ist sehr individuell. Ich kenne viele Menschen, die beim Joggen oder Bergsteigen entspannen, andere schwören auf Kampfsportarten, wieder andere auf Yoga, Tanzen oder Pilates. Das entscheidende Kriterium ist, dass Sie sich hinterher leichter und unbeschwerter fühlen als vorher. Auch bestimmte Therapieformen wie Thai Massage und Shiatsu können dabei helfen. Neben angenehmen Dehnungseffekten, wird dabei mit bestimmten Akkupressurpunkten gearbeitet, die Verspannungen lösen können und helfen, in einen körperlichen Flow zu kommen.

Dinge so nehmen, wie sie sind

Enttäuschung entsteht, wenn meine Erwartungen nicht erfüllt werden. Das Hotel bietet nicht den gewünschten Komfort, der Mitarbeiter erledigt nicht die ihm übertragenen Aufgaben oder mein Partner übersieht unseren Kennenlerntag. Was folgt ist innerer Stress.

Manche Dinge kann man ändern, andere nicht. Wenn man sie ändern kann, dann sollte man das auch tun. Ich kann das Hotel wechseln, ich kann meinen Mitarbeiter coachen oder ich kann ein ernstes Gespräch mit meinem Partner führen. Es gibt jedoch viele Fälle, in denen ich nichts ändern kann. Ich kann das Wetter nicht ändern und in der Regel auch nicht meinen Chef. In diesen Fällen kann ich nur meine Einstellung dazu ändern. Das heißt nicht, dass ich die Situation gut finden muss. Aber ich muss sie auch nicht schlecht finden. Ich kann sie einfach so nehmen, wie sie ist. Mein Mantra dazu lautet: »Es ist, wie es ist.«

Ganz klar, das ist nicht einfach. Aber man kann es trainieren. Zum Beispiel mit dieser meditativen Übung hier.

Stellen Sie sich eine Situation vor, die von äußeren Umständen abhängt. Vom Wetter, vom Verkehr, von der Reaktion anderer Menschen, usw.

Schritt 1: Visualisieren des Best Case
Schließen Sie die Augen und versetzen Sie sich in diese bestimmte Situation. Zunächst visualisieren Sie den Best Case. Das Wetter ist traumhaft, die Autobahn leer, die Reaktionen Ihrer Mitarbeiter oder Kollegen vorbildhaft. Gehen Sie den gesamten Ablauf Stück für Stück durch. Spüren Sie jetzt in sich hinein. Sie können hier wieder Ihren Felt Sense zu Hilfe nehmen. Öffnen Sie nun die Augen. Blinzeln Sie einige Male, stehen Sie auf, schütteln Sie sich ein bisschen.

Schritt 2: Visualisieren des Worst Case
Schließen Sie nun wieder die Augen und stellen Sie sich die gleiche Situation vor. Diesmal läuft es nicht so wie gewünscht. Es regnet, die Autobahn ist verstopft, Ihre Mitarbeiter oder Kollegen liefern einfach nicht ab. Nehmen Sie wieder Ihre Reaktion detailliert wahr. Welche Gedanken schießen Ihnen durch den Kopf, welche Gefühle kommen hoch, wie machen sich Ihre Gefühle körperlich bemerkbar? Nehmen Sie einfach nur wahr, was ist, ohne sich dabei über sich selbst zu ärgern. Augen auf und kurz schütteln.

Schritt 3: Beobachterrolle einnehmen
Im nächsten Schritt treten Sie gedanklich einen Schritt zurück. Sie gehen quasi in die Hubschrauberperspektive und sehen sich die Angelegenheit mit etwas Abstand

an. Als externer Beobachter. Versuchen Sie jetzt, einen positiven Aspekt an dieser Situation zu finden. Dafür müssen Sie vielleicht etwas in Ihren vergangenen Erfahrungen kramen. Sind die verregneten Partys nicht oft sogar die lustigsten? Bietet mir der Stau endlich die Möglichkeit, das Hörbuch zu Ende zu hören? Sind die Reaktionen meiner Mitarbeiter oder Kollegen vielleicht ein Ansporn, um die Präsentation noch mal zu überarbeiten, um sie auf ein höheres Level zu heben? Vielleicht finden Sie sogar einen lustigen Aspekt an der Situation. Sie sind immer noch in der Beobachterrolle.

Schritt 4: »Es ist, wie es ist.«
Jetzt dürfen Sie von der Beobachterrolle wieder in Ihren Körper schlüpfen. Wenn Sie möchten, können Sie sich an dieser Stelle das Mantra »Es ist, wie es ist« vorsagen. Gern so oft Sie möchten. Spüren Sie mit all den Erkenntnissen, die sie gewonnen haben, noch einmal in Ihren Körper hinein. Hat sich etwas verändert?

Atmen Sie einige Male ruhig ein und aus und wiederholen Sie zum Abschluss das Mantra. »Es ist wie es ist.«

Diese Übung können Sie vor wichtigen Ereignissen anwenden oder einfach einmal zwischendurch. Sie werden merken, dass Sie mit der Zeit immer gelassener auf Situationen reagieren werden.

In unterschiedlichsten Situationen gelassen zu bleiben und angemessen zu handeln ist eine Kompetenz, die von jedem von uns erlernbar und entwickelbar ist:

- Werden Sie ein Detektiv in eigener Sache. Fragen Sie sich, was Ihrer Gelassenheit im Weg steht! Sind es Ihre Glaubenssätze, Ihre Erwartungen an sich selbst oder an die der anderen?
- Hören Sie auf, ständig Dinge zu bewerten! Üben Sie sich darin, Dinge zu nehmen, wie sie sind.
- Setzen Sie immer wieder Ihren Atem ein, um im Alltag Gelassenheit zu üben!
- Meditieren Sie weiterhin täglich, bis sich der Zustand des Gelassenenseins automatisch von selbst einstellt.

Wer überall sein will, ist nirgends – Raus aus dem schlechten Gewissen!

Der Spagat zwischen Job, Familie, Beziehung und Freunden scheint oft eine unlösbare Aufgabe zu sein, nicht selten verbunden mit einer guten Portion schlechtem Gewissen. Ein schlechtes Gewissen entsteht, wenn wir etwas tun, was wir eigentlich für falsch halten. Manche bezeichnen das Gewissen als moralischen Kompass, andere als Spielverderber. Es gilt zu unterscheiden, wann ein schlechtes Gewissen sinnvoll ist und Handlungsschritte erfordert, und wann es uns behindert, gelassen und ausgeglichen durchs Leben zu gehen.

Montag, 7.55 Uhr: Mist, schon wieder etwas knapp dran. Schnell den Jungs Schuhe und Jacken anziehen und ab in den Kindergarten. Gott sei Dank sind es nur ein paar Hundert Meter dorthin. Warum trödeln die nur so? Zack, zack sollte das gehen. Endlich raus aus der Tür. Nach 50 Metern bleibt mein Kleinster stehen. Eine Schnecke bahnt sich ihren Weg über den Gehsteig. »Mama, schau mal!« – »Ja, ja, ich weiß, aber jetzt weiter.« Mein Größerer will »Häschen hüpf« spielen. »Später. Jetzt geht's in den Kindergarten.« Ich beginne, die Jungs sanft, aber bestimmt in Richtung Kindergarten zu ziehen. Endlich angekommen. Schnell die Hausschuhe anziehen, ein Küsschen und ab zur Arbeit. Dort komme ich schließlich um 8.30 Uhr an. Eine halbe Stunde später, als ich es mir vorgenommen hatte. Das schlechte Gewissen meldet sich leise, aber bestimmt. Um 12.30 Uhr meldet sich mein Alarm. Abholzeit im Kindergarten ist 13 Uhr. Just in time komme ich dort an. Jetzt noch schnell Mittagessen machen, damit die Jungs etwas Gesundes bekommen. Natürlich frisch gekocht. Etwas anderes kommt nicht infrage. Mein Handy klingelt. Es ist die Redakteurin, der ich noch einen Artikel für die nächste Ausgabe schulde. Ob sich der heute noch ausgehe, will sie wissen. Sicher doch. Ich hasse es, im Verzug zu sein, und verspreche, pünktlich um 17 Uhr abzuliefern. Nur noch schnell die Jungs zum Fußballtraining bringen. Zurück im Büro schnell den Text schreiben und den Vortrag für heute Abend fertig vorbereiten. Gott sei Dank springen die Schwiegereltern ein und holen die Jungs ab. Der Vortrag läuft super. Im Anschluss plaudere ich noch mit einem der Teilnehmer. »Sag mal, deine Kinder sehen dich aber auch nicht oft, oder?« Wumm, das hat gesessen. Und da ist es wieder: das schlechte Gewissen.

Alltag einer Working Mum

Kommt Ihnen das Szenario bekannt vor? Dann sind Sie vielleicht auch eine Working Mum wie ich. Das ist heute nichts Ungewöhnliches, fast jede Mutter ist das. Bei der Geburt meines ersten Sohnes war das noch anders. Damals erntete ich noch abschätzende Blicke, als ich schon bald nach der Geburt wieder angefangen hatte zu arbeiten. Ich entwickelte gerade mein erstes Ernährungsprogramm und schrieb mein erstes Buch. Gleichzeitig beschloss ich, meinen ersten Halb-Marathon in Angriff zu nehmen. Plötzlich befand ich mich in einem Spagat zwischen meiner Arbeit, die mir große Freude bereitete, und meinen zwei kleinen Jungs, denen ich eine gute Mutter sein wollte. Ich steckte fest. Mit einem Fuß in diesem Fass voller schlechtem Gewissen. Egal, was ich tat, ob ich im Büro war oder zu Hause bei den Jungs. Ich hatte permanent das Gefühl, ich müsste woanders sein. Mehr tun für die Karriere, oder mehr tun für die Kids. Ich denke, viele Frauen kennen das und wahrscheinlich auch ein paar Männer.

Innerlich fühlte ich mich zerrissen, versuchte mich mal da, mal dort zu rechtfertigen. Einmal vor den Mitarbeitern, wenn ich mittags schnell nach Hause düste, um zu kochen. Einmal vor der Kindergärtnerin, weil ich schon wieder ein bisschen zu spät dran war. Ein permanentes Gefühl von Getriebensein. Schnell, schnell. Nicht trödeln. Keine Zeit verlieren. Das Skurrile an der Situation: Weder meinem Beruf noch meinen Kindern nutzte es etwas, wenn *ich* ein schlechtes Gewissen hatte.

Wenn ich etwas bedauere, dann die Tatsache, dass ich meinen Kindern zu selten die Zeit gelassen habe, auf dem Weg in den Kindergarten die Blumen am Rand zu betrachten oder die spannende Pfütze zu ergründen. Es hätte für meine Karriere keinen Unterschied gemacht. Natürlich gibt es viele Berufe, wo man um Punkt auf der Matte stehen muss. Im Zeitalter des New Work entstehen andererseits gerade wesentlich mehr Möglichkeiten für Flexibilität und Vereinbarkeit von Beruf und Familie.

Schlechtes Gewissen – ein Konstrukt unseres Gehirns?

Wir alle kennen das mulmige Gefühl, wenn wir etwas vermeintlich falsch gemacht haben. Etwas gesagt haben, was wir bereuen. Etwas getan haben, was nicht unseren Vorstellungen von Moral, Ethik oder Disziplin entspricht. Der Kuchen, den wir uns eigentlich verkneifen wollten. Der Freund, dem wir eigentlich beim Umzug helfen wollten. Die Eltern, die wir eigentlich besuchen wollten. Die Diskrepanz zwischen unserem Verhalten und unseren persönlichen Wertvorstellungen macht sich als schlechtes Gewissen bemerkbar. In der Regel fühlen wir uns gut, wenn wir nach unserem Gewissen handeln. Handeln wir dagegen, entsteht ein subjektiv schlechtes Gefühl. Man könnte diesen Zustand auch als fehlende Harmonie im Bewusstsein beschreiben.

Die zugrunde liegenden Wertvorstellungen werden dabei meistens von außen geprägt. Zunächst über unsere Eltern, später über unsere Freunde und über die Gesellschaft. Unser Leben lang hören wir von anderen, was richtig und was falsch ist. Über die Jahre entstehen bei uns bestimmte Glaubenssätze, wie man sich zu verhalten habe. In der Psychologie nennt man sie auch »innere Antreiber«. Man kann sich diese Antreiber als kleine Einflüsterer vorstellen. Sie sitzen auf unseren Schultern und sagen uns Dinge wie »Beeil dich!«, »Sei perfekt!«, »Sei nett!«, »Sei stark!« oder auch »Streng dich an!«

Das Problem: Manchmal konkurrieren verschiedene moralische Forderungen miteinander. Das heißt dann Pflichtenkollision. In unserem Alltag ist dieser Zustand gewissermaßen an der Tagesordnung. Es ist nahezu unmöglich, all unseren Pflichten die gleiche Aufmerksamkeit zu widmen.

Die gute Seite des schlechten Gewissens

Ohne die Fähigkeit, das eigene Handeln zu reflektieren und gegebenenfalls infrage zu stellen, wäre ein menschliches Miteinander nicht möglich. Unser Gewissen sorgt dafür, dass wir uns ethisch und moralisch angemessen verhalten. Der Mensch hätte sich wohl selbst ausgerottet, wenn er nicht über ein Gewissen verfügen würde. Es gäbe Chaos, Streit und Kriege. Unser Gewissen unterscheidet uns vom Psychopathen. Daher ist es durchaus angebracht, eigene Fehler zu erkennen, um daraufhin angemessen zu handeln, indem wir uns entschuldigen oder versuchen, den Fehler wiedergutzumachen. Wichtig ist es jedoch, zu erkennen, wann ein schlechtes Gewissen angebracht ist und wann es nur aufgrund unseres Glaubenssystems entsteht.

REFLEXION

Was genau löst bei Ihnen ein schlechtes Gewissen aus?

Wie man sich von schlechtem Gewissen befreit

Ein schlechtes Gewissen fühlt sich schwer und bedrückend an, selbst dann, wenn es nur ganz latent vor sich hinschlummert. Sobald wir uns davon befreien können, empfinden wir Leichtigkeit. Doch wie funktioniert das?

Zunächst gilt es zu hinterfragen, ob das schlechte Gewissen auf ein echtes Fehlverhalten unsererseits zurückzuführen ist. Haben wir jemanden beleidigt oder verletzt? Haben wir etwas beschädigt oder gar geklaut? Sprich, haben wir einen Menschen oder auch eine Gruppe von Menschen in irgendeiner Form in ihren Persönlichkeitsrechten verletzt? Wenn ja, dann sollten wir handeln. Eine Entschuldigung, eine Wiedergutmachung, ist angesagt. Sobald wir das erledigt haben, können wir es abhaken und loslassen.

Einschränkende Glaubenssätze erkennen und loslassen

Etwas anderes ist es, wenn das schlechte Gewissen lediglich ein Konstrukt unseres Gehirns ist. Wenn einschränkende und womöglich überholte Glaubenssätze das schlechte Gewissen hervorrufen. In diesem Fall gilt es herauszufinden, um welche Glaubenssätze es sich handelt. Und damit ist sogar der wichtigste Schritt getan.

Als mein ältester Sohn in den Kindergarten kam, hatte ich den Glaubenssatz, dass ich als gute Mutter das Mittagessen für ihn unbedingt selbst zubereiten müsste. Ich hetzte dafür vom Büro in den Kindergarten, um ihn rechtzeitig abzuholen. Die Kindergartenregeln sahen vor, dass Kinder, die nicht dort essen, pünktlich um 12.30 Uhr abzuholen seien. Meistens schaffte ich das so gerade. Sohnemann hatte natürlich schon Hunger, sodass wir uns beeilten, nach Hause zu kommen. In Windeseile versuchte ich ein einigermaßen gesundes Essen zuzubereiten, während der Dreijährige quengelnd und schon sichtlich müde an meinem Rockzipfel klebte. Gefühlter Stresslevel: eher im oberen Bereich mit Potenzial nach oben. Nämlich dann, wenn der Nachwuchs mit meinen Kochkünsten auch noch unzufrieden war. Nach einem halben Jahr war ich erschöpft und unzufrieden. Meine Arbeitsleistung litt, weil ich ständig unter Zeitdruck war und das Gefühl hatte, nicht alles ordentlich erledigen zu können. Als Mutter fühlte ich mich als Versager, schließlich hatte ich mir das alles immer so nett vorgestellt mit dem gemeinsamen Mittagessen. Stattdessen waren alle genervt.

Irgendwann begann ich, die Situation zu hinterfragen, und ich erkannte, dass die einzige Person, die von mir erwartet hatte, mittags zu Hause zu sein, ich selbst war. Ich meldete Lukas zum Mittagessen im Kindergarten an. Er liebte es, mit den anderen Kindern zu essen. Kurz darauf beschloss ich, ihn auch das Mittagsschläfchen mit den anderen machen zu lassen und ihn erst um 15 Uhr abzuholen. Das Ergebnis: ein gut gelaunter, ausgeschlafener Sohn und eine zufriedene Mutter. Win-Win statt Lose-Lose.

Das Identifizieren einschränkender Glaubenssätze ist ein wichtiger erster Schritt, um sich vom schlechten Gewissen zu befreien. Es gilt zu hinterfragen, ob diese Glaubenssätze noch eine Berechtigung haben, oder ob sie schlichtweg überholt oder nicht mehr zeitgemäß sind. Sätze wie »Ist das wirklich so?« oder »Wer entscheidet, ob das so ist?« können dabei helfen. Alte Glaubenssätze loszulassen und im Idealfall durch neue zu ersetzen, ist ein längerer Prozess. Seien Sie geduldig mit sich!

Glaubenssätze, die ein schlechtes Gewissen auslösen können:

- Eine gute Mutter / ein guter Vater muss immer für die Kinder da sein.
- Nur wer hart arbeitet, hat Erfolg.
- Nur wenn ich erfolgreich bin, werde ich anerkannt.
- Der Kuchen fürs Kindergartenfest muss selbst gebacken sein.
- Wenn ich viel arbeite, bin ich etwas wert.
- Kinder sollten immer von den Eltern ins Bett gebracht werden.
- Kinder sollten nicht zu lange im Kindergarten sein.

Ich bin mir sicher, Ihnen fallen noch einige mehr ein, die auf Sie zutreffen. Der Einfluss der Gesellschaft auf unser Glaubenssystem ist dabei enorm. Die Vorstellung der Gesellschaft, was es bedeutet, eine »gute Mutter« zu sein, hat viele von uns geprägt. Das geht so weit, dass sich Frauen sogar untereinander einen großen Druck machen, anstatt sich gegenseitig zu unterstützen. Das Wetteifern um die spektakulärste Geburtstagsparty für den Nachwuchs oder die strafenden Blicke, wenn der Geburtstagskuchen aus dem Supermarkt statt aus dem eigenen Backofen kommt.

Abgrenzen und delegieren

Wir tendieren dazu, unsere eigenen Glaubenssätze auch auf andere zu übertragen und diese entsprechend zu kommunizieren. Entsprechend müssen wir auch mit den Glaubenssätzen unserer Mitmenschen leben. Das können die Glaubenssätze der Schwiegermutter, der Freundin oder der Kollegen sein. Hinterfragen Sie auch hier immer wieder: »Ist es wirklich so?« Haben Sie den Mut, sich von den Meinungen der anderen abzugrenzen. Eine gesunde Form der Abgrenzung und ein offenes Wort können ungemein entlastend wirken. Am Ende entscheiden immer Sie selbst, was gut für Sie ist. Aufgrund der Erwartungshaltung anderer lassen wir uns auch immer wieder dazu hinreißen, zusätzliche Aufgaben zu übernehmen. Hier lohnt es sich durchaus, sich ein liebevolles *Nein* anzueignen. Auch das will geübt sein. Mir ist es früher sehr schwergefallen, Anfragen abzulehnen. Seit ich regelmäßig mein Hara trainiere und täglich meditiere, fällt mir das wesentlich leichter.

Auch das Delegieren von Aufgaben kann viel von der Last nehmen. Sobald ich »ganz offiziell« die Mittagsbetreuung meiner Kinder in die Hände der Kindergärtnerin gelegt hatte, ging es bergauf.

Fehler zulassen und Mitgefühl kultivieren

Wir alle machen Fehler. Jeden Tag. Manche sind groß, die meisten allerdings eher klein. Trotzdem gehen wir oft ziemlich streng mit uns ins Gericht. Unsere eigenen Fehler zu akzeptieren, ist gar nicht so einfach. Dabei dürften wir ruhig etwas mitfühlender mit uns selbst sein. Vielen von uns fällt es viel leichter, anderen gegenüber mitfühlend zu sein als uns selbst gegenüber. Doch überlegen Sie einmal: Ist es nicht ein Wahnsinn, was Sie alles so tagtäglich bewerkstelligen? Was Sie alles schaffen müssen? Wie vielen Erwartungen Sie ausgesetzt sind?

Dafür dürfen Sie sich selbst gegenüber nicht nur Anerkennung zollen, sondern auch eine gute Portion Mitgefühl. Mitgefühl ist – ähnlich wie Gelassenheit – eine Qualität des Herzens. Denken Sie beispielsweise an die Liebe einer Mutter zu ihrem Kind: fürsorglich, besänftigend und verständnisvoll. Verwechseln Sie Mitgefühl niemals mit Mitleid. Wenn ich Mitleid mit jemandem habe, stelle ich mich immer über diese Person, während Mitgefühl auf Augenhöhe stattfindet. Mitleid bedeutet außerdem »mit der anderen Person zu leiden«, während Mitgefühl eher die Qualität von »ich sehe dich«, »ich erkenne dein Problem«, »ich anerkenne, was du tust« hat. Mitgefühl ist bestärkend, Mitleid schwächend. Diese Unterscheidung ist sehr wichtig, wenn ich Mitgefühl mir selbst gegenüber zeigen möchte. Denn schließlich möchte ich einen Zustand von Stärke und Gelassenheit erreichen und nicht einen von Schwäche.

Da Mitgefühl etwas Emotionales ist, tun wir uns sehr schwer, hier mit unserer Ratio zu arbeiten. Wir brauchen einen Zugang zu unserem Unbewussten und zu unserem Herzen. Dafür bietet es sich an, sich in einen meditativen Zustand zu versetzen.

LIFEHACK TO GO — MITGEFÜHL KULTIVIEREN IN DER MEDITATION

Nehmen Sie eine Meditationshaltung ein und bringen Sie Ihren Körper in Stille.

Nur wahrnehmen, nicht bewerten
Schließen Sie die Augen und nehmen Sie Ihren Körper wahr. Achten Sie auf alles, was gerade da ist. Vermeiden Sie jede Art von Bewertung. Selbst wenn Ihnen gerade das Knie weh tut, nehmen Sie es einfach nur wahr. Sonst nichts.

Alles ist okay
Nehmen Sie auch Ihren Atem wahr, wie der gleichmäßig vor sich hin fließt, ohne irgendetwas an Ihrem Atem verändern zu wollen. Alles ist okay so, wie es ist. Sitzen Sie einfach nur da in diesem Bewusstsein, dass alles okay ist. Sie sind okay, die Situation ist okay.

Sich erden
Nehmen Sie jetzt ganz bewusst den Boden unter Ihnen wahr. Die Verbindung von Ihren Beinen zum Boden, von Ihrem Becken und Sitzbeinknochen zur Sitzunterlage. Lassen Sie sich mit Ihrem ganzen Gewicht in Ihre Sitzunterlage hineinsinken. Dieser Schritt ist sehr wichtig, um Ihnen das Gefühl von Erdung und Kraft zu geben.

Mitgefühls-Mantra
Jetzt möchte ich Ihnen ein mächtiges »Mitgefühls-Mantra« an die Hand geben, das Sie sich nun vorsagen können. Es stammt von meinem Zen-Meister Hinnerk Polenski und ist wunderbar befreiend:

»So grenzenlos wie der Himmel soll mein Mitgefühl mit mir selbst sein.«

Sie können sich dieses Mantra so oft vorsagen, wie Sie möchten. Entweder laut oder einfach in Ihren Gedanken. Das macht keinen Unterschied.

Lassen Sie das Mantra auf sich wirken, ohne irgendetwas zu tun. Manchmal kann es sein, dass ein paar Tränen fließen. Sollten Sie sich davon überwältigt fühlen, dann können Sie jederzeit die Augen öffnen und sich wieder auf den Kontakt zum Boden konzentrieren. Bleiben Sie aber so lange sitzen, bis sich Ihr Zustand wieder komplett beruhigt hat und Sie einfach nur dasitzen und auf Ihren Atem achten.

Sie können die Mitgefühls-Meditation so oft durchführen, wie Sie möchten. Manchmal meditiere ich einfach 25 Minuten mit der Übung »Atembetrachtung« und baue zum Schluss dieses Mantra mit ein. Manchmal sage ich es mir aber auch untertags vor, vor allem dann, wenn ich das Gefühl habe, mich selbst aufmuntern zu wollen.

Anderen gegenüber Mitgefühl zeigen

Wenn Sie im Flugzeug sitzen, werden Sie zu Beginn des Flugs mit den Sicherheitsvorschriften vertraut gemacht. Denken Sie an die Stelle, an der die Sauerstoffmasken von der Decke fallen. Die Crew wird Sie anweisen, zunächst sich selbst die Maske überzuziehen und erst dann Kindern und älteren Menschen zu helfen. Dieser Schritt leuchtet uns allen ein, denn wenn wir ohnmächtig werden, können wir niemandem mehr helfen. Ich habe immer wieder festgestellt, dass das im Leben nicht anders ist. Nur wenn es uns selbst gut geht, können wir für andere da sein. Das hat nichts mit Egoismus zu tun, sondern mit Selbstmanagement und Leadership. Daher sollten wir immer erst mit uns selbst mitfühlend sein. Nichtsdestotrotz kommt irgendwann der Punkt, an dem wir unser Mitgefühl ausdehnen können und auch sollten. Unseren Mitmenschen gegenüber Mitgefühl entgegenzubringen, kann sehr heilsam sein und ein guter Schritt in Richtung Gelassenheit.

Am einfachsten fällt uns das gegenüber Familie und Freunden. Ein bisschen schwerer gegenüber Kollegen oder

Fremden, ziemlich schwer gegenüber den Menschen, die wir nicht so mögen. Denken Sie an den nervenden Nachbarn, den fordernden Chef oder den (in unseren Augen) unfähigen Politiker. Sobald Sie es schaffen, auch diesen Menschen gegenüber Mitgefühl zu empfinden, wird sich unmittelbar ein Gefühl des Friedens einstellen. Anstatt sich aufzuregen, können Sie den Handlungen und Aktionen der anderen mit Gelassenheit und klarem Kopf begegnen. Falls Sie diesen Schritt im Rahmen der »Mitgefühls-Meditation« üben möchten, können Sie das Mantra erweitern um den Satz: »So grenzenlos wie der Himmel, soll mein Mitgefühl mit allen Wesen sein.«

TAKE AWAY

Ein permanent schlechtes Gewissen zu haben, kann als dauerhafte Belastung wahrgenommen werden. Da schlechtes Gewissen vor allem im Kopf entsteht, können wir es auch selbst bearbeiten, um uns davon zu befreien:

- Hinterfragen Sie, was genau bei Ihnen ein schlechtes Gewissen auslöst. Haben Sie wirklich einen Fehler begangen oder glauben Sie es nur? Lassen Sie veraltete Glaubenssätze los!
- Machen Sie echte Fehler schnell wieder gut! Manchmal reicht ein Wort der Entschuldigung.
- Trauen Sie sich, Dinge auch einmal abzugeben. Lernen Sie auch einmal NEIN zu sagen. Liebevoll, aber bestimmt.
- Seien Sie mitfühlend mit sich selbst! Seien Sie mitfühlend mit anderen.

Adieu Perfektionismus! – Nach dem Pareto-Prinzip leben

20 % unserer Arbeitsleistung führen zu 80 % unseres Outputs. Eigentlich ein höchst ökonomisches Prinzip. Perfektionisten sehen das anders. Sie wollen 100 %. Perfektionismus kann zu Höchstleistungen anspornen oder ins Burnout führen. Der Grat dazwischen ist schmal. Denn der geborene Perfektionist geht gern einmal über seine Grenzen und verliert dabei die Balance.

Die Präsentation ist eigentlich schon fertig. Aber irgendetwas gefällt mir noch nicht. Sind es die Bilder? Vielleicht die Schriften? Zuviel Text oder zu wenig? Genau, der Zeilenabstand ist nicht ganz einheitlich! Wie konnte das passieren? Seite für Seite Powerpoint-Präsentation muss jetzt daran glauben. Einheitlichkeit ist einfach wichtig. Bei der Gelegenheit könnte ich doch noch einmal das eine oder andere Bild austauschen. Es gibt bestimmt noch ein besseres. Ein kurzer Blick auf die Uhr. Mist, schon so spät. Powerpoint-Präsentationen sind einfach Zeitfresser. Dabei muss ich noch einkaufen. Für die Einladung heute Abend. Ich brauche unbedingt noch frischen Rosmarin und ein paar Blumen für die Deko. Habe ich überhaupt die passenden Servietten zu Hause? Vielleicht sollte ich noch mal schnell welche besorgen? Was, wenn es keinen frischen Rosmarin im Supermarkt mehr gibt? Dann müsste ich noch schnell zum Gartenmarkt. Getrockneter kommt einfach nicht infrage …

Ich gebe zu, ich bin ein bisschen perfektionistisch veranlagt. Nicht, dass ich ein ausgewachsener Perfektionist wäre. Wer will das schon sein? So ein bisschen ist okay, das hat mehr mit Ehrgeiz zu tun, finde ich. Trotzdem hat mich diese Veranlagung schon öfter an den Rand meiner Kapazitätsgrenze gebracht und mein Wackelbrett gehörig kippen lassen. Grund genug, die Sache zu hinterfragen.

Was einen Perfektionisten auszeichnet

Den Perfektionisten zeichnen Ehrgeiz und eine starke Zielorientierung aus. Wir wollen immer ein bisschen mehr, ein bisschen besser werden (oder am liebsten schon sein) und ein bisschen schneller ans Ziel kommen. Meistens erstreckt sich Perfektionismus auf alle Lebensbereiche. Wer im Job perfekt sein will, strebt auch beim Marathon eine gute Zeit an. Gleichzeitig soll das Essen hochwertig sein und das äußere Erscheinungsbild muss zumindest fototauglich sein.

Wir haben hohe Standards und Ansprüche an uns selbst. Manchmal zu hohe. Wir greifen nach den Sternen und wollen immer alles zu 150 % machen. Manchmal denken wir dabei in Schwarz-Weiß. Nur wenn das Ziel zu voller Zufriedenheit erreicht wird, ist es ein Erfolg. Teilziele lassen wir ungern gelten.

Der Perfektionist

- *... will keine Fehler machen:* Was wir gar nicht mögen, ist es, Fehler zu machen. Genau genommen hassen wir es, Fehler zu machen, und stehen uns dabei selbst im Weg. Denn schließlich sind es genau die Fehler, die uns dabei helfen, besser zu werden. Viele Erfindungen unserer Zeit, aber auch große Entdeckungen sind durch Fehler entstanden. Thomas Alva Edison beteuerte immer wieder, dass er 1000 Fehlversuche benötigte, um die Glühbirne zu erfinden, Christopher Kolumbus entdeckte Amerika durch einen Navigationsfehler. Fehler, die wir einmal gemacht haben, werden wir in der Regel nicht mehr wiederholen. Das nennt man Lernprozess und dadurch entwickeln wir uns weiter. Trotzdem tun sich Perfektionisten extrem schwer damit, Fehler zu machen.

- *... ist ungeduldig:* Geduld ist definitiv nicht unsere Stärke. Den Perfektionisten geht alles immer ein bisschen zu langsam. Vor allem empfinden wir unser eigenes Handeln, unsere Fortschritte und damit unsere Leistung als zu langsam. Manchmal übertragen wir das auch auf unsere Mitmenschen und Kollegen, was für diese mitunter anstrengend sein kann.

- … *bewertet und nörgelt gern.* Egal ob im schönsten Hotel oder auf der Berghütte auf 2000 m. Irgendetwas passt immer nicht. Entweder das Essen, der Ausblick oder im Zweifel das Wetter. Der typische Nörgler hat oft auch perfektionistische Tendenzen. Viele Perfektionisten sind zwar mit anderen Menschen immer noch nachsichtiger als mit sich selbst, haben aber durchaus auch hohe Erwartungen an die anderen.
- … *will immer alles selbst machen.* Das führt dazu, dass der Perfektionist immer alles selbst machen möchte. Weil es die anderen einfach nicht so gut können. Keiner kann so schön den Tisch decken, keiner macht die Präsentation so übersichtlich, keiner die Buchhaltung so ordentlich. Das bringt den Perfektionisten stets an seine Belastungsgrenze und nicht selten findet er sich in einem immer schneller drehenden Hamsterrad wieder.

Eine ewige Jagd nach dem besten Ergebnis. Manchmal ohne Rücksicht auf Verluste. Warum ist das so? Warum verlieren wir manchmal den Blick für effizientes Handeln?

REFLEXION

Sind Sie ein Perfektionist?

Warum wir unbedingt perfekt sein wollen

Das mit dem Perfektionismus ist so eine Sache. So hundertprozentig sicher sind wir uns ja nicht, ob wir ihn gut finden sollen oder nicht. Einerseits entspricht er dem uns bekannten und durchaus vertrauten Leistungsprinzip. Gerade in Deutschland wurden schließlich Tugenden wie Fleiß, Disziplin, Ausdauer, Genauigkeit und Pünktlichkeit viele Jahre lang verherrlicht. Laisser faire liegt uns einfach nicht. Dazu wurden wir über zu viele Generationen hinweg dazu getrimmt, fleißig, diszipliniert und strebsam zu sein. Die deutsche Wirtschaft verdankt diesen Tugenden den enormen Aufschwung der Nachkriegsjahre. Perfektionismus passt da nur allzu gut ins Bild. Schließlich geht es um das Bemühen, etwas ganz besonders gut machen zu wollen. Ist ja per se keine schlechte Eigenschaft. Und selbst wenn man Perfektionismus skeptisch gegenübersteht, so kokettiert man auch gern damit. Es ist nicht unüblich, im Bewerbungsgespräch auf die Frage nach den eigenen Schwächen zu antworten mit: »Könnte sein, dass ich etwas perfektionistisch bin.« Damit stellt man Perfektionismus vordergründig zwar als eine Schwäche hin, hofft aber insgeheim, dass diese vermeintliche Schwäche eine eigentliche Stärke betont.

Perfektionisten werden durch die Social Media-Welt noch gehörig befeuert. Wer traut sich heute noch ein ungefiltertes, unbearbeitetes Bild zu veröffentlichen? Wir tragen unseren Perfektionismus durch Instagram & Co konsequent nach außen. Der perfekt gestählte Körper, das perfekt inszenierte Essen oder das perfekte Lächeln unserer Kids. Auch wenn das System langsam kippt, der Ruf nach mehr Realität im Internet immer größer wird, so kostet es einem Perfektionisten wahrlich Überwindung ein suboptimales Posting zu veröffentlichen.

Andererseits hat Perfektionismus in den letzten Jahren mit einem massiven Image-Problem zu kämpfen. Erschöpfung, Überlastung und Burnout werden damit in Verbindung gebracht. Medien werden nicht müde, uns zu versichern, dass Perfektionismus schädlich sei. Perfekte Menschen seien darüber hinaus langweilig, weil ja jede Macke, jede kleine Schwäche, sympathisch macht. Ist es so einfach? Ich denke nicht.

Ein perfektionistisch orientierter Mensch will seine Sache in erster Linie mal gut machen. Welcher Beweggrund dahintersteht, ist eine höchst individuelle Angelegenheit. Es sind zum einen die im letzten Kapitel angesprochenen inneren Antreiber, die dahinterstecken: Glaubenssätze, die wir uns angeeignet haben, weil sie sich in der Vergangenheit als hilfreich erwiesen haben. Immerhin hat uns der Antreiber »Sei perfekt!« dazu verholfen, schon einige Erfolge im Leben zu realisieren. Dazu kommt unser Streben nach Anerkennung. Die wiederum ist die kleine Schwester vom Bedürfnis nach Liebe, Zuneigung und Zugehörigkeit. Die (noch relativ junge) Forschung zum Thema Perfektionismus unterscheidet Perfektionisten unter anderem nach der Art des Motivs. Die als »gesund« oder »positiv« bezeichneten Perfektionisten weisen meistens eine deutliche »Hin-zu-Motivation« auf. Ihr Antrieb ist der Wunsch, Großes zu erreichen, einen Beitrag zu leisten oder exzellente Leistungen zu erzielen. Sie befriedigen sich aus dem Gefühl, es geschafft zu haben. Die »neurotischen« oder »negativen« Perfektionisten zeichnen sich dagegen durch eine »Weg-von-Motivation« aus. Ihr Fokus liegt auf dem Wunsch, Fehler zu vermeiden, keine Misserfolge einzufahren und auf der Angst zu versagen. Sie knüpfen ihren Wert als Mensch unmittelbar an ihre eigene Leistung, ganz nach dem Motto: Wenn ich eine schlechte Performance abliefere, bin ich auch als Mensch nichts wert. Entsprechend nehmen sie Fehler viel ausgeprägter wahr als Erfolge.

Viel Spielraum für Perfektionismus bietet übrigens Weihnachten. Gerade am Heiligabend ist der Wunsch nach Liebe und Zuneigung besonders groß und wir tun alles, um ihn zu befriedigen: die perfekte Deko, der perfekte Baum, das perfekte Essen, die perfekte Bescherung. Gott sei Dank, machen uns hier unsere Kids (oder manchmal auch der Rest der Familie) einen Strich durch die Rechnung. Die Deko geht gern mal zu Bruch, der Baum kippt um, während des Essens schreit jemand nach Pommes, und wenn ein heiß ersehntes Geschenk nicht unterm Baum liegt, kann es schon mal Tränen geben. Alles schon erlebt. Gott sei Dank nicht alles auf einmal. Ich bin nämlich auch Perfektionistin. Vor allem an Wcihnachten.

Warum es manchmal gut ist, perfekt zu sein

Es gibt Situationen im Leben, in denen Perfektion definitiv gefragt ist. Denken Sie an Piloten. Eine Laisser-faire-Einstellung ist hier fehl am Platz und könnte im Zweifel Menschenleben gefährden. Bei einem Chirurgen ist ebenso Präzision gefragt, wenn z. B. am offenen Herzen operiert wird.

Eine bestimmte Tätigkeit bis zur Perfektion zu erlernen, um dadurch höchste Präzision an den Tag zu legen, ist definitiv ein möglicher Schlüssel zum Erfolg. Denn Perfektionismus kann uns zu außergewöhnlichen Leistungen antreiben. Michael Jordan, »His Airness«, ist der erfolgreichste Basketballstar aller Zeiten. Er galt nicht nur als talentiert, sondern auch als nahezu fanatischer Perfektionist, der sich und sein Team immer wieder zu Höchstleistungen anspornte. Er perfektionierte seine Wurftechnik bis aufs Äußerste und wurde damit zur Legende. Was ihn von einem negativen Perfektionisten unterschied, war sein Mindset. Er betrachtete Fehler nicht als Misserfolg, sondern als Teil seines Erfolgs. Jeden Fehlpass, jeden misslungenen Wurf auf den Korb, wertete er als wichtigen Schritt, um am Ende zur Basketballlegende zu werden.

KODAWARI – DIE JAPANISCHE FORM VON PERFEKTIONISMUS

Japan könnte als Hochburg der Perfektionisten bezeichnet werden. Kodawari – das Bestreben, eine Sache bis zur Perfektion zu beherrschen – ist fest im Mindset vieler Japaner verankert. Es bezeichnet ein bestimmtes Niveau der Qualität, das ein Einzelner erzielen kann. Jiro Ono gilt als der berühmteste Sushi-Koch der Welt und mit 94 Jahren bis vor Kurzem als der älteste Sternekoch überhaupt. Die drei Michelin Sterne wurden ihm 2019 aberkannt, da es praktisch unmöglich ist, in seinem Restaurant Sukiyabashi zu reservieren. Lediglich auf Empfehlung eines Japaners hat man eine Chance einen der 10 Sitzplätze zu ergattern. Immerhin hat es 2015 Barack Obama geschafft und Onos Sushi als »das beste Sushi, das er je gegessen hat«, bezeichnet. Jori Ono praktiziert seine Leidenschaft für Sushi, seit er 7 Jahre alt ist in nahezu vollkommener Perfektion. Wer bei ihm speisen will, muss pünktlichst erscheinen, denn das Essen gleicht einer perfekt inszenierten Choreografie. Die Temperatur der Teller, die Garzeit des Sushi-Reis, die Zeit zwischen dem ersten Messerschnitt und dem Moment, in dem das Nigiri im Mund landet. Es darf weder gesprochen noch starkes Parfum aufgetragen werden. Ono beschäftigt sich immer noch unablässig mit kulinarischen Techniken und dem Erzielen allerhöchster Qualität. Kodawari ist sein ständiger Begleiter. Was Kodawari so besonders macht, ist die Intention, die dahintersteckt. Japaner streben nicht nach Perfektion, weil sie Anerkennung erhaschen wollen oder gar Angst vor Misserfolgen haben. Es geht ihnen um die Sache selbst. Es ist eine Art persönlicher Stolz auf das, was man tut. Japaner empfinden es als Erfüllung, das perfekte Gericht, das einzigartige Kunstwerk oder die

atemberaubende Architektur zu erschaffen. Dabei ist es
völlig unerheblich, ob Aufwand und Nutzen in einem an-
gemessenen Verhältnis stehen.

Wann uns der Perfektionismus im Weg steht

Das System kippt, wenn wir uns durch Perfektionismus
zu stark unter Druck gesetzt fühlen. Wenn wir es tatsächlich nicht mehr schaffen, alle Dinge so zu erledigen, dass
sie unseren eigenen Ansprüchen genügen. Wenn wir uns als
Mensch infrage stellen, sobald wir Fehler machen. Wenn wir
durch unseren Perfektionismus ausbrennen, statt weiter Gas
geben zu können.

Heißt das, dass wir unsere Ansprüche heruntersetzen
müssen, um der Perfektionismusfalle zu entkommen? Vielleicht. Es kann aber auch sein, dass wir unsere Ziele falsch
formuliert haben: zu unrealistisch, zu vage, zu wenig messbar oder nicht unserem Wertesystem entsprechend. In den
allermeisten Fällen bin ich dagegen, Ansprüche herunter-
zuschrauben, aber manchmal gibt es Situationen im Leben,
in denen unsere (übertriebenen) Ansprüche einfach zu
viel Energie kosten. Es sind die Situationen, in denen Aufwand und Nutzen in keinem passenden Verhältnis mehr
zueinanderstehen.

Wir Perfektionisten missachten meistens konsequent
das Pareto-Prinzip. Dass mit 20 % Aufwand 80 % Ergebnis
erzielt werden. Wir verbeißen uns in die letzten 20 %, weil
wir unbedingt 100 % Ergebnis wollen. Das Problem: Wir
verlieren enorm viel Energie auf den letzten Metern.

Noch das größere Problem: Wenn wir vor lauter Perfektionismus gar nicht zum Zug kommen. Die Präsentation muss perfekt werden. Das dauert. Das dauert so lange,

bis uns der Kollege zuvorkommt, indem er die gleiche Idee schon einige Tage früher präsentiert. Natürlich nicht so perfekt wie man selbst, aber er war der Erste. Jetzt wird man immer nur die Kopie sein.

Gesunder Perfektionismus führt zu Erfolg, übertriebener nicht

Es klingt wie ein Paradoxon. Perfektionismus ist gut, weil er uns antreibt, gute Leistungen zu erbringen, und schlecht, weil wir Gefahr laufen, auszubrennen, enttäuscht zu werden oder vor lauter Detailverliebtheit auf halber Strecke zu verhungern. Ich plädiere an dieser Stelle für einen »gesunden Perfektionismus«, der das Pareto-Prinzip beachtet und den Blick für das große Ganze behält. Im Zen würden wir sagen: Perfektionismus, der heilsam und nicht unheilsam ist.

Für einen Perfektionisten ist es schwer, von den letzten 20 % abzulassen. Für alle Perfektionisten unter Ihnen: Bedenken Sie, was Sie gewinnen, wenn Sie einen Gang zurückschalten. Sie gewinnen jede Menge Zeit, die Sie in andere Projekte oder in Ihre Familie investieren können. Oder die Sie in sich selbst investieren können: in Ihren Körper, eine Ausbildung oder einfach in Ihr Wohlbefinden. Es handelt sich um ein höchst ökonomisches Prinzip, das man auf alle Lebenslagen anwenden kann, sogar auf die Ernährung. Um Ihr Wohlfühlgewicht zu halten, genügt es, wenn Ihr Ernährungsverhalten zu 80 % passt. Die restlichen 20 % sind der Spaßfaktor, die dem reinen Genuss und der Lebensfreude dienen. Die allgemeine Marschrichtung muss passen, alles andere kommt von selbst. Es geht um den Blick für das große Ganze. Stellen Sie sich immer wieder die Frage, worum es in Ihrem Leben eigentlich geht. Nehmen Sie den Blickwinkel von der Hubschrauberperspektive aus ein. Denken Sie an Weihnachten. Geht es um den perfekten Baum? Nein. Geht es um das perfekte Weihnachtsmenü? Sicher nicht. Es geht darum, gemeinsam mit Ihren Lieben eine tolle, harmonische Zeit zu verbringen. Um nichts anderes. Die Weihnachtsabende, die uns in Erinnerung bleiben, sind am Ende die, an denen irgendetwas schiefging. Rechnen Sie immer damit, dass mal was danebengeht und sagen Sie sich »So what!« Das trägt unglaublich zur Entspannung bei.

REFLEXION

Wann in Ihrem Leben verlief etwas so gar nicht nach Ihren Vorstellungen und erwies sich im Nachhinein als besonders wertvoll, lustig oder bereichernd?

Ich habe viele Gartenpartys in meinem Leben gegeben, die lustigsten fanden unter der Regenmarkise statt. Trauen Sie sich, auch mit unfertigen Lösungen und Dingen rauszugehen. Das Essen muss nicht schon fertig sein, wenn die Gäste kommen. Viele lieben es, wenn Sie der Gastgeberin beim Kochen zusehen. Nicht umsonst ist die Küche der beliebteste Ort auf jeder Party.

Es gibt Wege aus der Perfektionismusfalle. Ein paar meiner persönlichen Tipps möchte ich Ihnen an dieser Stelle verraten:

Entwickeln Sie eine Fehlerkultur

Am besten Sie fangen damit an, mit Fehlern anderer gelassener umzugehen. Mehr noch: Ermutigen Sie Ihre Mitarbeiter, Kollegen oder Kinder, Fehler zu machen, um daraus zu lernen. Das erlaubt Ihnen, mit eigenen Fehlern mitfühlender und lockerer umzugehen.

Entwickeln Sie Mitgefühl

Seien Sie mitfühlend mit sich selbst, was Ihre Leistungen angeht. Es ist vollkommen okay, nicht perfekt zu sein. Sie haben in Ihrem Leben schon so viele Dinge bewerkstelligt, auf die Sie stolz sein können.

Lassen Sie von Bewertungen ab

Der Mensch bewertet permanent. Äußere Umstände, andere Menschen oder die eigenen Leistungen. Diese Bewertungen helfen uns dabei, uns in dieser Welt zu orientieren. Manchmal tut es aber auch ganz gut, Dinge einfach einmal so sein zu lassen, wie sie sind.

Geben Sie auch mal etwas ab

Der Versuch, immer alles selbst machen zu wollen, ist ein sicherer Weg in einen chronischen Erschöpfungszustand. Lernen Sie, Dinge abzugeben. Damit ermöglichen Sie Ihren Mitmenschen, selbst Fehler zu machen und sich weiterzuentwickeln. Gleichzeitig üben Sie sich in einer wichtigen Voraussetzung für Gelassenheit: dem Loslassen.

Überdenken Sie Ihre Ziele

Es ist nicht unbedingt notwendig, dass Sie Ihre Ziele herunterschrauben. Prüfen Sie Ihre Ziele jedoch hinsichtlich folgender Kriterien: bewältigbar, realistisch, präzise, positiv formuliert, messbar? Ergründen Sie Ihre Motivation hinter den Zielen! Was treibt Sie an? Ist es die Vorfreude auf den Erfolg oder die Angst zu versagen? Richten Sie Ihre Gedanken auf die positive Seite der Medaille. Nutzen Sie dazu Visualisierungstechniken! Ich habe eine wunderschöne geführte Meditation dazu aufgenommen. Ich nenne sie »Traumreise«, Sie finden Sie auf meiner Webseite https://www.conny-hoerl.at/healthy-lifestyle/.

Soll ich Ihnen etwas verraten? Ich versuche trotzdem immer, mein Bestmögliches zu geben. Ich akzeptiere aber auch, wenn Aufwand und Nutzen in keinem Verhältnis stehen. Denn manchmal bin ich während der Tätigkeit einfach im Flow und genieße den Zustand des Tuns.

Die Kunst des »gesunden Perfektionismus« will gelernt sein. Dabei braucht es ein Stück weit Selbstreflexion, eine befriedigende Fehlerkultur und die Fähigkeit, auch mal andere machen zu lassen.

- Prüfen Sie, welches Motiv hinter Ihren Zielen steckt! Ist es die Freude an zukünftigen Erfolgen oder die Angst zu versagen?
- Sind Ihre Ziele überhaupt realistisch und zu bewältigen? Verschriftlichen Sie Ihre Ziele und fügen Sie Teilziele ein, an denen Sie sich erfreuen können.
- Lassen Sie Fehler zu, bei sich und bei anderen. Kultivieren Sie weiterhin Mitgefühl!

Pure nature! – Die Natur als Lehrmeister für Gelassenheit

Die Natur ist eine der größten universellen Kraftquellen, die uns zur Verfügung steht. In der Natur können wir körperlich und mental auftanken. Sie lehrt uns Gelassenheit und Achtsamkeit und hilft uns dabei, mit Stress besser klarzukommen. Nutzen wir die Natur als nahezu perfekte Übungsspielwiese fürs Leben.

Es ist der 20. März. Eigentlich ist heute Frühlingsbeginn. Draußen hat es tagelang dicke Flocken geschneit. Heute ist der Tag für ein neues Ersterlebnis. Die Besteigung des Untersbergs mit Tourenski. Die Salzburger können zwei wunderbare Berge ihr Eigen nennen. Den familienfreundlichen

Gaisberg und den sagenumwobenen Untersberg (den die Salzburger sich allerdings mit dem benachbarten Berchtesgadener Land teilen müssen). In seinem Inneren soll der Legende nach Karl der Große schlafen. Tatsächlich verfügt der Untersberg über ein schier unendliches Netz an Höhlen und gefährlichen Spalten. Regelmäßig fallen Menschen diesen zum Opfer und schon so manche spektakuläre Rettungsaktion beschäftigte Bergrettung und Medien. Einige der Höhlen sollen sogar Zeitlöcher sein, in denen die Zeit auf wundersame Weise anders vergeht oder sogar Zeitreisen möglich seien. Egal ob man daran glaubt oder nicht, bei einer Sache sind sich die meisten Salzburger sicher: Der Untersberg ist ein Kraftberg und taucht als solches seit Jahrhunderten in der Literatur auf. Noch heute findet man viele Kraftplätze rund um das Bergmassiv. Anlässlich seines Salzburgbesuches 1992 bezeichnete der Dalai Lama den Berg sogar als das »Herzchakra Europas«. Ich bin immer wieder fasziniert von der Aura, die dieser Berg ausstrahlt. Für jeden sportbegeisterten Salzburger ist es ein *Muss,* einmal diesen Berg bestiegen zu haben. Mit fast 2000 Metern und seinem hochalpinen Gelände stellt der Berg eine sportliche Herausforderung dar. Während der Sommermonate schaffe ich eine Besteigung ein- oder zweimal. Ich lebe seit über 20 Jahren in Salzburg, aber in den letzten 20 Jahren ist es mir nie gelungen, den Aufstieg mit Skiern zu bewältigen. Die Bedingungen müssen dafür ideal sein und irgendwie kam immer etwas dazwischen. Heute sollte es so weit sein. Es hat aufgehört zu schneien und die Bedingungen scheinen perfekt. Als wir den ersten Anstieg in Angriff nehmen, kämpft sich die Sonne durch die Wolken und verzaubert die sowieso schon grandiose Winterlandschaft in eine richtige Märchenwelt. Ich stelle mir vor, dass die verschneiten Tannen verwunschene Wesen sind, und bin glücklich. Sport in der Natur ist für mich eines der schönsten Erlebnisse überhaupt. Die Begeisterung dafür weiterzugeben ist Teil meines ganz persönlichen

Ikigais. Es erfüllt mich zutiefst, wenn ich diese Leidenschaft anderen Menschen näherbringen und mit ihnen teilen kann. Irgendwann kommt uns eine etwas ältere Frau entgegen, die im Tiefschnee elegant ihre Schwünge zieht. »Ist das schee!«, jauchzt sie mir zu und strahlt über das ganze Gesicht. Ich staune immer wieder, wie viele ältere Menschen mir am Berg begegnen. Jeder von ihnen strahlt eine Lebensfreude, eine Kraft und gleichzeitig einen inneren Frieden aus, sodass ich mir nicht selten denke: »So möchte ich auch einmal werden!« Auch heute sind die meisten Sportler älter als ich und genießen meine tiefste Bewunderung. Denn der Aufstieg ist anstrengend. Sehr sogar. Doch das ist das Schöne am Bergsport. Du musst dich komplett auf dich und den Moment konzentrieren. Deine Atmung, dein Schritt, deine Technik. Keine Zeit für Gedankenreisen. Nur der Moment zählt. Das macht das Bergsteigen zu einer höchst meditativen Angelegenheit. In der Zen-Kultur spricht man auch vom Do, Meditation in Bewegung. Do ist *das* Bindeglied zwischen der Sitzmeditation und dem Alltag. Nach den ersten 800 Höhenmetern zieht es zu und es beginnt zu schneien. Die Bäume weichen schroffen Felswänden und irgendwann ist alles nur noch weiß. Wir sind eingehüllt in pure Natur. Die Sicht reicht aus, um einen sicheren Aufstieg und eine ebenso sichere Abfahrt zu gewährleisten. Sicherheit ist schließlich oberstes Gebot am Berg. Eines hat mich der Berg gelehrt. Jedes Mal, wenn ich diese Herausforderung meistere, komme ich noch stärker unten an. Eine Bergbesteigung wie heute ist fast wie das Leben. Es gibt schöne Momente und nicht so schöne Momente. Die Sonne kann scheinen, aber es kann auch der Wind pfeifen. Je mehr ich mich gegen die widrigen Bedingungen sträube, indem ich sie bewerte, desto mehr Kraft kostet das. Es gilt Herausforderungen zu meistern und Ausdauer an den Tag zu legen. Es gibt Komfortzonen, die verlassen werden müssen. Belohnt wirst du mit Erfolg und einem inneren Gefühl der Zufriedenheit. So wie heute. Am

Gipfel stürmt es und die Schneeflocken bedecken inzwischen Kleidung und Haare. Doch gleich werde ich mit einer Tiefschnee-Abfahrt belohnt. Auch die ist anstrengend, aber trotz brennender Oberschenkel empfinde ich ein tiefes Gefühl der Erfüllung. Wenn ich das schaffe, kann ich alles schaffen. In der Tat bin ich davon überzeugt, dass sportliche Herausforderungen nichts anderes sind als perfekte Trainingssituationen für den Alltag. Sie stärken das Selbstvertrauen in unsere Fähigkeiten, in unseren Willen und in unsere Durchhaltekraft. Die Natur bietet uns dabei eine ideale Trainingswiese.

REFLEXION

Wie oft haben Sie sich in der vergangenen Woche in der Natur aufgehalten und innegehalten?

Du gehst in den Wald und keiner ist mehr da

Dieser Zen-Spruch bezeichnet den Zustand des Samadhi. Samadhi bedeutet totale Versenkung. Ein Zustand, in dem weder Gedanken noch Gefühle existieren, ein Zustand, in dem Raum und Zeit an Bedeutung verloren haben, und ein Zustand des vollkommenen Einsseins mit der Welt. Man könnte ihn auch als selbstvergessen bezeichnen. Die Natur bietet ein unglaubliches Potential für Samadhi-Erfahrungen. Es ist ein ziemlich einzigartiger Zustand. Man könnte nahezu süchtig danach werden. Einmal erlebt, möchte man ihn immer wieder haben. Ich kann mich gut an einen meiner kraftvollsten Samadhi-Momente erinnern. Es war in der namibischen Wüste nahe des Fish River Canyon, dem zweitgrößten Canyon der Erde. Kurz vor Sonnenuntergang bestiegen wir einen kleinen Berg. Oben angekommen, setzte ich mich auf einen Felsen und blickte über die karge, steinige, sandige, namibische Wüste. Die Abendsonne tauchte die unendliche Weite in ein rot-goldenes Licht. Plötzlich war alles weg. Alle Probleme, alle Gedanken, alle Wehwehchen dieser Welt. Nur sein. Noch heute denke ich oft an diesen Moment zurück. Im Zen nennt man das Cosmic Samadhi. Das Andocken an die unendliche kosmische Energie. Es gibt viele Möglichkeiten, Cosmic Samadhi zu erleben: bei einem Sonnenuntergang am Meer, einem Sommergewitter oder beim Betrachten des Vollmondes, der sich im Wasser spiegelt. Das Einzige, was Sie tun müssen, um aus diesem Moment eine Samadhi-Erfahrung zu machen, ist *innezuhalten*. Immer wieder einmal innezuhalten und den Augenblick wahrzunehmen, um Kraft, Gelassenheit und Zuversicht für Alltag und Leben zu tanken.

WISSEN TO GO

15-MINÜTIGES WALDBADEN SENKT CORTISOL UM MEHR ALS 15 %

Shinrin Yoku heißt übersetzt »Waldbaden« und hat in Japan eine lange Tradition. Der japanische Waldtherapie-Forscher Prof. Yoshifumi Miyazaki gilt heute als der weltführende Shinrin-Yoku-Experte und untersucht die körperlichen Auswirkungen von Naturerfahrungen. Es gibt unterschiedliche Ansätze, um Stress im Körper zu messen. Neben der Aktivität des vegetativen Nervensystems (z. B. über die Messung der Herzfrequenzvariabilität HRV) kann die Hirnaktivität oder die Immunaktivität gemessen werden. Auch der Speichel bietet Analysemöglichkeiten, indem bestimmte Stressparameter, wie z. B. das Stresshormon Cortisol, gemessen werden können. Auf Basis dieser Messungen konnte Miyazahki im Rahmen eines Forschungsprojekts der Universität Chiba feststellen, dass allein ein 15-minütiger Waldspaziergang die Aktivität des Parasympathikus (= Entspannung) mehr als verdoppelt (+ 102,0 %) und die Cortisolkonzentration im Speichel um 15,8 % (= Stressreduktion) abnimmt. Das alleinige Sitzen im Wald erhöht die Parasympathikus-Aktivität »nur« um 56,0 %. Die zusätzliche Bewegung unterstützt offensichtlich den Entspannungseffekt. [14]

Wie die Natur zum Lehrmeister für Gelassenheit wird

Abseits der messbaren Effekte auf Körper und Psyche, halte ich die Natur für ein wunderbares Übungsfeld für gelassenes Sein. Sie konfrontiert uns einerseits immer wieder mit dem Prinzip der Vergänglichkeit und zwingt uns andererseits dazu, uns mit der Tatsache abzufinden, dass wir nicht alles kontrollieren können.

Ich bin eine leidenschaftliche Heimgärtnerin. Es gibt zwei Dinge in meinem Garten, die man als meine natürlichen Feinde betrachten könnte: Unkraut und Schnecken. Beides kann ich nicht oder nur bedingt kontrollieren. Eine Woche keine Gartenarbeit und ich werde gnadenlos mit abgefressenen Blütenköpfen bestraft. Das macht mich manchmal ein bisschen demütig, aber im Laufe der Jahre inzwischen gelassener. Auch das Wetter können wir nicht kontrollieren.

Wenn es regnet, regnet es. Punkt. Ich kann nichts dagegen tun.

Gleichzeitig hilft mir die Natur, mich in Geduld zu üben. Die Tomate wird einfach nicht schneller reif, nur weil ich das gern möchte. Und die Hecke wächst auch nicht schneller. Im Gegenteil: Ich muss mich zwischendurch sogar wieder im Loslassen üben, wenn die Hecke geschnitten werden muss, um schön dicht zu werden.

Die Natur lehrt uns auch in der Tatsache, dass alles vergänglich ist. Im negativen, aber auch im positiven Sinne. Wenn Sie auf Ihr Leben zurückblicken, dann gab es wahrscheinlich gute und schlechte Zeiten. Vielleicht gab es sogar richtige Krisen, in denen Ihnen der Wind des Lebens ordentlich ins Gesicht pfiff. Im Rückblick können wir immer sagen: Alles geht vorbei. Egal wie groß die Krise aussah, irgendwann war sie vorbei. Genauso wie jeder Sturm oder jedes noch so schlimme Gewitter irgendwann vorbei ist. Auch die schönen Momente gehen vorbei. Das ist das Prinzip der Vergänglichkeit. Manchmal ist das für uns beruhigend und erleichternd, manchmal aber auch mit ein bisschen Wehmut verbunden. Buddhisten üben sich darin, das Prinzip der Vergänglichkeit anzunehmen und mit ihm zu leben, um einen Zustand von Freiheit und Gelassenheit zu erreichen.

Wenn wir mit der Natur leben, dann erfahren wir jeden Tag dieses Prinzip. Alles ist permanent im Wandel. Auf den erwachenden Frühling folgt der blühende Sommer, ihm wiederum der Herbst, der von Reife und Fülle, aber schließlich auch von Verfall und Absterben geprägt ist. Es folgt der Winter, die Zeit, in der die Natur selbst innehält. Schnee fällt und schmilzt wieder, um dem Frühling wieder Raum für neuerliches Wachstum zu geben. Wir können den Prozess weder anhalten noch beschleunigen oder gar beeinflussen. Viele von uns lieben den Sommer und fürchten sich regelrecht vor dem Winter. Andere sehnen den ersten Schnee herbei. Wenn wir uns einmal der Tatsache bewusst geworden sind, dass alles irgendwann vorbei ist und im Rahmen eines nie endenden Kreislaufs irgendwann wieder von vorne beginnt, können wir den Tag einfach so nehmen, wie er ist. Und entspannen. Wir können die ersten wärmenden Sonnenstrahlen im Frühjahr genießen, den kühlenden Schatten der Bäume im Sommer, die farbenprächtigen Wälder im Herbst und die magische Stille einer Winternacht.

Positives Samadhi erleben

Es gibt unterschiedliche Ausprägungen von Samadhi. Cosmic Samadhi, also sich in das kosmische große Ganze einzuklinken und darin zu versenken, ist nur eines davon. Eine andere Art von Versenkung haben Sie sicherlich schon einmal erlebt. Es ist das so genannte positive Samadhi, das am ehesten dem vom ungarischen Psychologen und Glücksforscher Mihaly Csikszentmihaly beschriebenen »Flow-Zustand« entspricht. Dieser stellt sich ein, wenn wir in eine Tätigkeit komplett versunken sind, so bei der Sache sind, dass wir die Zeit vollkommen vergessen. Das kann bei einer Sportart wie Klettern der Fall sein, aber auch bei einer handwerklichen Tätigkeit, beim Lösen eines Kreuzworträtsels oder beim Unkrautzupfen. Man könnte positives Samadhi auch als eine gewisse Art von Glückseligkeit bezeichnen. Voraussetzung ist die kompromisslose Konzentration auf eben diese eine Tätigkeit. Im Zen kultiviert man positives Samadhi unter anderem durch die sogenannte Samu-Arbeit. Samu sind Tätigkeiten, wie z. B. Staub saugen, Boden wischen oder Gemüse schneiden. Tätigkeiten, die ich im vollen Bewusstsein dieser Tätigkeit ausführe. Also »nur« Staub saugen. An nichts anderes Denken als an Staubsaugen. Meine Lieblings-Samu-Arbeit ist tatsächlich Unkraut zupfen. Es unterstützt die komplette Entspannung des Geistes. Denn es verknüpft den Flow-Zustand mit der Kraft der Natur.

Nehmen Sie sich ein bestimmtes Projekt vor, z. B. Unkraut jäten, Pflanzen umtopfen, Setzlinge setzen, Sträucher schneiden, Himbeeren suchen, Kastanien sammeln, Rasen mähen oder einfach ein paar schöne Steine sammeln.

- Setzen Sie sich jetzt einen festen Zeitrahmen, maximal eine Stunde. Es kann auch nur eine halbe Stunde sein. WICHTIG: Danach hören Sie auf, egal ob Sie fertig sind oder nicht.
- Konzentrieren Sie sich auf die Arbeit an sich und nicht auf das Ergebnis. Es geht nicht um Schnelligkeit. Befreien Sie sich von jeglicher Art des Leistungsdrucks.
- Arbeiten Sie in Schweigen und eliminieren Sie Ablenkungen (Handy, Musik etc.)
- Halten Sie zwischendurch immer wieder einmal inne, um den aktuellen Augenblick wahrzunehmen.
- Belohnen Sie sich im Anschluss. Das kann ein Kaffee, eine Tasse Tee oder ein Stück Obst sein. Reflektieren Sie, wie Sie sich fühlen.

Kraftplätze finden und nutzen

Es gibt Plätze, die über ein besonders hohes energetisches Potenzial verfügen. Das lässt sich sogar messen. Geomanten beschäftigen sich damit und erkennen immer wieder, dass diese Orte über ganz spezielle, energetische Schwingungen verfügen. Sie sprechen von einer Art Energienetz, das diese Gegenden umspannt. Nicht nur sensible, achtsame Menschen spüren deutlich diese Energie, jeder von uns kann die Auswirkungen bewusst oder unbewusst wahrnehmen.

Kraftplätze findet man fast überall. Ab und zu entdeckt man so einen Kraftplatz auch zufällig. Bei einer Wanderung oder bei einem Spaziergang. Ich habe es mir zur Angewohnheit gemacht, möglichst oft die mir bekannten Kraftplätze aufzusuchen und mich dort für einige Zeit aufzuhalten. Manchmal sind es nur zehn Minuten, manchmal eine Stunde. Entweder ich meditiere oder sitze einfach nur da und lasse die positive Energie des Platzes auf mich wirken. Wenn Sie wissen wollen, wo es bekannte Kraftplätze in Ihrer Gegend gibt, finden Sie im Internet zahlreiche Quellen und Karten. Ich möchte Ihnen jedoch ans Herz legen, Ihre eigenen, ganz persönlichen Kraftplätze zu finden.

Es gibt Tausende Kraftplätze auf dieser Erde. Viele davon sind so berühmt, dass sie zu wahren Touristenmagneten geworden sind. Sie zeichnen sich oft durch bestimmte Naturformationen wie Wasserfälle, auffällige Steine oder verschlungene Äste und Wurzeln aus. Aber auch Überreste von menschlichen Kultstätten oder Statuen können ein Hinweis auf einen besonderen Kraftplatz sein. Einige von ihnen haben es zu weltweiter Bekanntheit geschafft:

- Stonehenge in England
- Große Pyramide von Gizeh, Ägypten
- Ayers Rock (Uluru) in Australien
- Machu Picchu in Peru
- Osterinseln im Pazifik
- Rila in Bulgarien
- Alletschgletscher im Wallis, Schweiz
- Mount Kilimanjaro in Afrika
- Tafelberg in Südafrika

Einige meiner persönlichen Kraftplätze in Salzburg und Umgebung:

- Einsiedelei in Saalfelden
- St. Peter Friedhof in Salzburg
- Stoissengraben im Salzburger Land
- Krimmler Wasserfälle im Salzburger Land
- Untersberg

Zwei Fliegen auf einen Schlag: Sport im Freien

Sie haben sich vielleicht gewundert, dass ich im Kapitel »Kraft« das Thema Ausdauertraining außen vor gelassen habe. Das bedeutet nicht, dass Ausdauertraining nicht wichtig ist, im Gegenteil: Ausdauertraining versorgt unseren Körper mit einer Extra-Portion Sauerstoff und trainiert unser Herz-Kreislauf-System. Um diese Effekte zu verstärken, halte ich es nahezu für essenziell, Ausdauertraining in die Natur zu verlegen. Sie verknüpfen damit alle Vorzüge des »Waldbadens« mit denen des Trainings und treffen damit zwei Fliegen auf einen Schlag. Dabei ist es egal, ob Sie einen Berg erklimmen, joggen gehen oder in einem See schwimmen. Lassen Sie sich nicht vom schlechten Wetter davon abhalten, Sport im Freien zu machen. Eine Laufrunde bei Regen kann unglaublich erfrischend und energetisierend sein. Manchmal können gerade widrige Bedingungen dazu führen, dass Sie in den Flow-Zustand kommen.

Ein besonderes Naturerlebnis ist das Tauchen, denn Tauchen hat eine hoch-meditative Komponente. Man muss zu 100 % konzentriert sein, um seine und die Sicherheit der Mittaucher nicht zu gefährden. Durch das bewusste und gleichmäßige Atmen beruhigt sich automatisch das gesamte Nervensystem. Außer dem eigenen Atem und dem Blubbern ist nichts zu hören, keiner spricht. Nicht zuletzt ist es das

Ab- und Eintauchen in die fremdartige Unterwasserwelt, die viele Taucher fasziniert. Man ist für einen kurzen Zeitraum Teil dieser außergewöhnlichen Natur. In 15 Meter Tiefe ist es nahezu nicht möglich, nicht im Hier und Jetzt zu sein.

TAKE AWAY

Die Natur dient uns nicht nur als enorme Kraftquelle, sondern auch als Lehrmeister für Gelassenheit. Nutzen Sie die positiven Effekte der Natur auf Ihre Psyche und Ihren Körper!

- Halten Sie sich, sooft es geht, in der Natur auf. Im Idealfall 30 Minuten pro Tag.
- Nutzen Sie den Aufenthalt, um immer wieder einmal innezuhalten, sei es durch eine kurze Meditation oder durch das bewusste Wahrnehmen des Augenblicks.
- Finden Sie Ihren persönlichen Kraftplatz in der Natur und nutzen Sie diesen, um immer wieder aufzutanken!
- Trainieren Sie Ihre Ausdauer im Freien, egal bei welchem Wetter!

Sei dort, wo dein Körper ist – die Faszination des Augenblicks

Der Weg zur Gelassenheit beginnt im Hier und Jetzt. Sobald wir es schaffen, im Augenblick zu verweilen, das Hier und Jetzt bewusst wahrzunehmen, stellt sich automatisch Gelassenheit ein. Denn im Augenblick sind die Dinge einfach. Im Jetzt gibt es weder Probleme noch Ängste oder Sorgen. Gleichzeitig wird der Blick für das Wesentliche frei und wir sehen den nächsten Schritt klar und deutlich vor uns.

Ich habe die Angewohnheit, viele Dinge parallel zu tun. In der Regel laufen bei mir immer mehrere Projekte gleichzeitig ab. Viele davon sind beruflicher Natur, manche privater. Man könnte durchaus sagen, ich tanze gern auf mehreren Hochzeiten. Aktuell habe ich tatsächlich die Geschäftsführung von sechs verschiedenen Firmen inne, bin in mehreren Aufsichtsräten vertreten und bei über 20 Firmen beteiligt. Ich lese immer mehrere Bücher gleichzeitig, je nach Stimmung und Verfassung. Mindestens drei davon liegen neben der Badewanne, gleich viele neben meinem Bett, eines auf dem Sofa oder an meinem Meditationsplatz. Fachliteratur liegt auf dem Schreibtisch. Wie jeder andere Mensch auch, springe ich den ganzen Tag zwischen verschiedenen Rollen hin und her. Mal CEO, mal Mutter, mal Ehefrau, mal Coach, mal Freundin. Ein permanenter Wechsel der einzelnen Lebenshüte.

Ich finde das per se nicht schlimm, da Abwechslung ein wichtiger Bestandteil meiner Lebensphilosophie ist. Für mich gibt es nichts Schlimmeres als Routine.

Trotzdem hat die Sache einen Haken. Es besteht die Gefahr, den Fokus zu verlieren und irgendwann im Chaos zu versinken. Am Ende leidet die Produktivität, weil man nichts mehr ordentlich macht, sondern alles nur so ein bisschen. Außerdem führt das äußere Chaos auch zu einem inneren Chaos. Wir werden nervös, wissen nicht mehr, was wir zu-

177

erst machen sollen. Erst noch schnell das E-Mail an den Lieferanten schreiben oder vorher noch den Kunden anrufen? Eigentlich müsste auch der Pressetext gleich mal raus und die Seminaranmeldung muss auch noch gemacht werden. Ein E-Mail mit einem verlockenden Angebot kommt rein und gleichzeitig steckt eine Mitarbeiterin den Kopf zur Tür herein und hätte »nur mal eine schnelle Frage«.

Kommt Ihnen das bekannt vor? Zumindest so ein bisschen? In diesen Momenten werde ich manchmal nervös und merke, wie die Hin-und-Hergerissenheit dazu führt, dass mein Geist nicht mehr so klar und leistungsfähig arbeitet. Das Gefühl gleicht einem Strudel, dem ich in diesem Moment nicht entkommen kann.

Die Illusion vom Multitasking

Wir Frauen rühmen uns gern mit unserer angeblichen Fähigkeit zum Multitasking. Leider hat sich diese Annahme in der Wissenschaft nicht bestätigt. Im Gegenteil: Immer mehr Studien deuten darauf hin, dass es produktives Multitasking schlichtweg nicht gibt. Unser Gehirn ist offensichtlich nicht in der Lage, mehrere Dinge gleichzeitig zu erfassen, zumindest nicht mit der gleichen Aufmerksamkeit. Man nennt das in der Fachsprache Parallelverarbeitungskapazität des Gehirns und das funktioniert so:

Unser Arbeitsgedächtnis (worum es in diesem Fall geht) verfügt über eine selektive Aufmerksamkeit. Diese erlaubt es ihm, sich auf eine Aufgabe zu konzentrieren, während andere Sinnesinformationen oder ablenkende Gedanken einfach abgeblockt werden. Dieses Abblocken verbraucht jedoch kognitive Energie, was wiederum dazu führt, dass die eigentliche Aufgabe ebenfalls darunter leidet und die Leistungsfähigkeit abnimmt. Die französischen Neurowissenschaftler Sylvain Charon und Etienne Koechlin konnten mit einem bildgebenden Verfahren zeigen, dass die Informationsverarbeitung im Gehirn wesentlich effektiver abläuft, wenn wir nur eine Aufgabe erledigen. Was macht das Gehirn, wenn zwei oder mehr Aufgaben gleichzeitig anstehen? Es widmet sich immer der Aufgabe, deren Lösung es für am wahrscheinlichsten hält und überlässt die Lösung der zweiten oder dritten Aufgabe mehr oder weniger dem Zufall.[15] Das ist natürlich eine ernüchternde Erkenntnis. Immerhin dürfte es tatsächlich einen kleinen Unterschied zwischen Frauen und Männern geben. Bei Frauen dürfte die Parallelverarbeitungskapazität im sprachlichen Bereich, bei Männern im Bereich der räumlichen Vorstellung etwas besser ausgeprägt sein. Unterm Strich kommt es aber auf dasselbe Ergebnis heraus. Wer effizient und produktiv arbeiten will, muss sich fokussieren. Übersetzt bedeutet das: immer ein Schritt nach dem anderen. Das gilt übrigens ganz besonders dann, wenn wir neue Dinge erlernen wollen. Das Erfolgsgeheimnis für nachhaltiges Lernen ist das komplette Eintauchen in die Materie. Während des Lernprozesses gibt es nur das und nichts anderes. Immer dann, wenn wir uns ausschließlich einer einzigen Aufgabe widmen können und ganz und gar darin aufgehen, treten wir unweigerlich in den Zustand des schon erwähnten *Flow* ein.

Sie haben es wahrscheinlich schon längst geahnt und beim Lesen der letzten Kapitel mehr als vermutet: Es geht um das Erleben und Wahrnehmen des aktuellen Augenblicks. Ich gebe zu, das »Leben im Hier und Jetzt« klingt schon etwas abgedroschen. Der Ausdruck wurde in letzter Zeit dramatisch überstrapaziert und hat dadurch leider etwas an Kraft verloren. Nichtsdestotrotz gibt es einige Aspekte, die – neben dem beschriebenen Flow-Zustand – ausschlaggebend dafür sind, dass uns das Verweilen im Augenblick nicht nur glücklich, sondern auch gelassen macht.

Im Augenblick liegt die Freiheit

Dieser Satz ist auf den ersten Blick schwer zu greifen. Denn Freiheit hat schließlich mit Rechten und Möglichkeiten zu tun. Je mehr Sie jedoch in das Wesen des *Jetzt* eintauchen, desto mehr können Sie erkennen, dass das der einzige Weg zur Freiheit ist. An dieser Stelle bleibt es nicht aus, einen der ganz großen spirituellen Lehrer unserer Zeit zu erwähnen: Eckart Tolle. In seinem Buch »JETZT!« beschreibt er wunderbar die Faszination des Augenblicks. Eine der wichtigsten Erkenntnisse, die ich aus seinem Buch mitnehmen konnte, war die Tatsache, dass es im *Jetzt* keine Probleme gibt und damit auch nichts, worüber wir uns aufregen oder sorgen müssten. Probleme entstehen Großteils in unserem Kopf, indem wir über mögliche Entwicklungen in der Zukunft nachdenken. Die Zukunft ist jedoch niemals echt und real, sondern vielmehr eine Illusion, eine Fiktion in unserem Kopf. Eckart Tolle bezeichnet die Zukunft als eine »Vorstellung von einem zukünftigen Jetzt«, also eine reine Projektion des Verstandes. Die Vergangenheit ist demnach eine »aufbewahrte Erinnerung an ein früheres Jetzt«, also genauso wenig real. Wenn wir folglich über Probleme nachdenken (z. B. was der Chef sagen wird, wenn das Projekt nicht fertig wird), ist das niemals etwas Reales, sondern immer etwas Fiktives. Probleme werden von unserem Verstand erschaffen.

REFLEXION

Fragen Sie sich jetzt, in diesem Augenblick, welches Problem gerade jetzt da ist!

Meistens wird es genau jetzt keines geben. Sobald wir fähig sind, unsere Gedanken über Vergangenheit und Zukunft zu kontrollieren und uns auf den aktuellen Augenblick zu fokussieren, entsteht automatisch Gelassenheit.

> »Die Herrschaft über den Augenblick ist
> die Herrschaft über das Leben.«
>
> — MARIE VON EBNER-ESCHENBACH —

Im Ernstfall wird gehandelt, nicht gegrübelt

Sie werden bestimmt an Situationen denken, in denen wir sehr wohl im Hier und Jetzt und trotzdem nicht gelassen sind, ja es nicht einmal sein dürfen. Was, wenn das Baby gerade vom Wickeltisch gefallen ist, das Auto vor uns eine Vollbremsung hinlegt oder nachts ein Fenster zerschellt? In diesen Momenten schießt Adrenalin durch unser Blut. Von Gelassenheit keine Spur. Das wäre auch fatal. Das Überleben der Menschheit wurde überhaupt erst dadurch gesichert, dass wir in diesen Situationen eben nicht gelassen bleiben, sondern in maximale Leistungsbereitschaft versetzt werden. Doch nehmen wir dieses Ereignis als Problem wahr? In der Regel hat unser Verstand in diesem Moment keine Zeit, um sich über dieses »Problem« Gedanken zu machen. Vielmehr müssen wir in diesen Situationen einfach handeln. Meistens tun wir das sogar erstaunlich gut. Wie viele Berichte über Menschen gibt es, die plötzlich über sich hinauswachsen und übermenschliche Leistungen vollbringen? Es ist, als ob irgendeine Kraft in uns die Führung übernimmt, um die Situation zu meistern. Vielleicht sollten wir ein bisschen mehr darauf vertrauen, dass wir diese Kraft einfach abrufen können, wenn wir sie brauchen, und uns bis dahin vergegenwärtigen, dass jedes weitere Grübeln ein unnötiger Energieverlust ist.

Es sind niemals die Ausnahmesituationen, die uns nachhaltig aus der Balance bringen. Wirklich belastend sind die Situationen, die wir immer und immer wieder in Gedanken durchspielen. Der Kollege, der uns zur Weißglut bringt, oder die Schwiegermutter, die sich neulich über das unaufgeräumte Wohnzimmer aufgeregt hat. Doch genau dann sind wir eben nicht im Hier und Jetzt, sondern regen uns über Vergangenes oder Zukünftiges auf.

Sobald wir es schaffen, mit unserem Körper, mit all unseren Gedanken und Gefühlen im Hier und Jetzt zu verweilen, gibt es nichts, worüber wir uns aufregen müssten. Wir können gelassen bleiben und die Dinge auf uns zukommen lassen.

LIFEHACK TO GO — DIE SOS-ÜBUNG

Diese Zen-Übung kann durchaus herausfordernd sein. Dafür dauert sie nicht besonders lange. Ich wende sie an, wenn es wirklich brenzlig wird. Wenn ich mich außerordentlich aufrege. Nach einem Streitgespräch oder auch bei einer aufwühlenden Nachricht. Oder wenn ich einfach wütend bin. Wenn es in mir brodelt und kocht und sich die Gedanken zu überschlagen scheinen.

Schritt 1: (Unbequeme) Sitzhaltung einnehmen

Setzen Sie sich auf den Boden in den Fersensitz, d. h. Sie knien sich hin und legen das Gesäß und das Gewicht auf den Fersen ab. Ja, diese Position ist unbequem. Es ist in diesem Fall durchaus gewollt, dass Sie Ihren Körper sehr intensiv spüren.

Schritt 2: Der Wut Raum geben

Gehen Sie nun in den Wahrnehmungsmodus. Nehmen Sie nicht nur Ihren Körper wahr, sondern vor allem Ihre Wut. Die Wut darf jetzt da sein. Immerhin steckt wahrscheinlich irgendein berechtigter Grund dahinter. Die Herausforderung ist es, einfach nichts zu tun, sondern nur still zu sitzen und zu beobachten, was jetzt gerade ist. Keine Bewertungen und kein Versuch, Ihre Gefühle in irgendeiner Weise zu unterdrücken oder zu negieren. Welche Empfindungen sind da? Welche Gedanken sind da? Welche Gefühle steigen in Ihnen auf?

Schritt 3: Die Wut loslassen

Verharren Sie weiterhin in der unbequemen Sitzposition. Wahrscheinlich werden Ihre Beine langsam anfangen zu schmerzen. Bleiben Sie weiterhin im Beobachtermodus. Wenn wir wütend sind, verlieren wir unsere Energie. Wenn wir einfach nur dasitzen und beobachten, wird sich etwas verändern. Von Minute zu Minute werden Sie merken, wie Sie Ihre Energie wieder ganz zu sich holen und der Abstand zu Ihrer Wut größer wird. Sie können die Aufmerksamkeit nun auf Ihren Ausatem richten. Sobald Sie merken, dass Ihr Atem ruhig verläuft, Sie Ihre Wut loslassen können und einen guten Abstand zu Ihrer Wut gefunden haben, können Sie die Augen öffnen und diese kleine Übung beenden.

Der Grund für Ihre Wut wird immer noch da sein. Worauf es ankommt, ist Ihre Reaktion darauf. Machen Sie sich immer wieder bewusst, dass zwischen dem jeweiligen Reiz und Ihrer Reaktion immer eine gewisse Zeitspanne liegt. Manchmal sind es vielleicht nur ein paar Sekunden. Sie allein entscheiden, was in dieser Zeit passiert. Das nennt sich Freiheit.

Stressfrei üben, im Hier und Jetzt zu leben

Den meisten von uns fällt es ziemlich schwer, für mehr als ein paar Minuten im Augenblick zu verweilen. Zumindest im Rahmen unseres normalen Alltags. Unser Verstand ist permanent aktiv und redet unaufhörlich auf uns ein. Im Zen spricht man auch vom sogenannten Affengeist. Wie ein kleines Äffchen plappert er in Form von Selbstgesprächen auf uns ein und wird scheinbar niemals müde. Nicht einmal im Bett lässt er uns in Ruhe.

Daher müssen wir das mit dem Hier und Jetzt üben und unserem Affengeist beibringen, dass er ab und zu auch mal Sendepause hat. Am besten trainiert man das in einem geschützten Raum, zu einer geschützten Zeit. Fernab jeder Störung. Die Übung dazu ist die Meditation, am besten die Sitzmeditation, im Zen auch Zazen genannt. Im Kapitel über die Kraft haben wir die Meditation kennengelernt, um unsere innere Kraftquelle, unser Hara, zu stärken. Im jetzigen Kapitel geht es darum, die Gedanken zu beruhigen, den Augenblick wahrzunehmen und damit eine innere Form der Gelassenheit zu entwickeln.

Von der Konzentration zur Meditation

»Bei mir klappt das mit der Meditation nie« oder »Ich kann nicht meditieren«. Diese Sätze höre ich von vielen Menschen, die sich zum ersten Mal mit Meditation beschäftigen. Geht man diesem Glaubenssatz nach, stößt man unweigerlich auf einen der größten Irrtümer in Zusammenhang mit der Meditation, nämlich dass Meditation bedeutet, dass man nichts denken darf. Tatsächlich bezeichnet das ursprüngliche Sanskrit-Wort für Meditation, »Dhyana«, genau diesen Zustand, nämlich »dass kein Gedanke mehr ist.«

Dhyana ist allerdings schon so etwas wie ein Idealzustand in der Meditation. Der Umkehrschluss »Nur wenn kein Gedanke mehr da ist, meditiert man« ist falsch. Wir alle denken. Permanent. Und das ist prinzipiell gut so. In der Meditation geht es vielmehr darum, sich der Tatsache bewusst zu werden, dass wir viel zu viele unproduktive und unheilsame Gedanken haben. Mittels Achtsamkeitstraining, schaffen wir es, diese Gedanken in den Griff zu bekommen und uns auf das Wesentliche zu fokussieren. Der Weg dorthin führt über die Konzentration, im Zen auch »Dharana« genannt. Man konzentriert sich auf ein Meditationsobjekt (z. B. den Körper, den Atem, eine Kerze etc.) und gibt dadurch dem Geist eine ganz konkrete Aufgabe. Andere Gedanken haben dann keinen Platz mehr. Dafür arbeiten viele Meditationsrichtungen mit bestimmten Übungen. Das können Atemübungen oder Körperwahrnehmungsübungen sein. Für die Schulung der Gelassenheit ist das eigentlich egal. Viel wichtiger ist es, eine Übung zu finden, die zu einem passt. Die Gelassenheit stellt sich früher oder später so oder so ein. Denn aus der Konzentration »Dharana« entwickelt sich bei regelmäßiger Übung »Dhyana« und daraus der schon öfter erwähnte Versenkungszustand »Samadhi«. Wir haben schon das sogenannte »positive Samadhi« kennengelernt, das man auch während einer Tätigkeit erleben kann. Im Zazen öffnet sich im Idealfall das »absolute Samadhi«. Bei dieser tiefen Versenkung lösen sich Zeit und Raum quasi auf. Man sitzt einfach und die Dinge sind, wie sie sind. Entspannend und angenehm. Kein Gedanke stört. Kein Gefühl stört. Weder Ratio noch Emotionen noch sonst irgendetwas.

Gelassenes Sein im Hier und Jetzt. Irgendwann ertönt der Gong, die Meditation ist vorbei und keiner könnte sagen, wie lange sie gedauert hat. Am Ende fühlt man sich einfach entspannt und erholt.

Weiter vorne haben Sie bereits gelernt, wie man richtig meditiert. Am besten täglich zu Hause nach dem Aufstehen. Von Zeit zu Zeit sollten Sie diese Erfahrung intensivieren, sich einer Gruppe anschließen, ein Seminar oder Meditation Retreat besuchen. Es ist wie ein kleiner Urlaub. Fernab vom Alltag kann man wunderbar üben, im Augenblick zu verweilen, um daraufhin wieder aufgeladen ins »normale Leben« einzutauchen.

Da es aber viel einfacher ist, innere Ruhe und Gelassenheit zu entwickeln, während man in einem Kloster bei einem Meditations Retreat sitzt, wo es nichts gibt, worum man sich kümmern müsste, möchte ich Ihnen die sogenannte NUR-Übung vorstellen, die Ihnen beim Transfer in den Alltag helfen soll.

LIFEHACK TO GO

NUR-ÜBUNG FÜR DEN ALLTAG

Die NUR-Übung ist das Gegenteil von Multitasking. Sie hilft uns dabei, uns auf genau eine Sache zu konzentrieren. Dabei hat das Wort NUR eine fast schon mantrische Wirkung. Es wird Ihnen in vielen geführten Meditationen begegnen, z. B. »NUR auf den Atem achten«. Sie können die Übung auf fast alle Alltagssituationen anwenden. Beim Kochen, beim Waldspaziergang, beim Autofahren, beim Spielen mit den Kindern. Ganz egal. Wichtig ist, dass Sie sich genau eine einzige Tätigkeit herauspicken und sich vollkommen darauf konzentrieren. Sagen Sie sich dabei diese Tätigkeit immer wieder vor, z. B. »Nur Kartoffel schälen« oder »Nur das Lenkrad zwischen den Händen spüren« oder »Nur (zu-)hören«. Konzentrieren Sie sich darauf, was der andere erzählt, ohne dabei schon über den eigenen nächsten Kommentar oder die nächste Frage nachzudenken. Sie werden merken, dass Ihre Gedanken immer wieder einmal abdriften. Kehren Sie einfach wieder zur NUR-Übung zurück und machen Sie weiter.

Mit dieser Übung kultivieren Sie den Flow-Zustand und können ihn immer einfacher im Alltag abrufen. Flow wird damit zum Indikator, um herauszufinden, ob man ganz im Hier und Jetzt ist. Meditation findet damit nicht nur im stillen Kämmerlein statt, sondern wir können jeden Moment unseres Lebens nutzen, um Achtsamkeit zu üben, sei es beim Teezubereiten, beim Autofahren oder während eines Gesprächs mit einem Kollegen.

TAKE AWAY

Gelassenheit entsteht, indem wir uns des aktuellen Augenblicks bewusstwerden. Dabei stellen wir fest, dass die meisten Probleme nur unserer Gedankenwelt entspringen und nichts als Fiktion sind.

● Setzen Sie Dinge Schritt für Schritt um, statt sich im Multitasking zu verlieren.

- Im Hier und Jetzt sein bedeutet immer auch Erwartungen loszulassen. Planen ist gut, doch wenn das Geplante nicht eintritt, nehmen Sie die Dinge öfter so, wie Sie sind.
- Üben Sie sich mittels Meditation darin, im Hier und Jetzt zu verweilen. Je geübter Sie darin sind, desto leichter können Sie auch im Alltag diese Fähigkeit umsetzen und als Person präsent sein.
- Nutzen Sie Alltagssituationen, um Präsenz und Achtsamkeit zu trainieren. Die NUR-Übung hilft dabei!

Lebenslust – Enjoy your life!
Leben nach dem Epikur-Prinzip

Jeder Mensch strebt nach Lebensfreude und das ist gut so. Denn Genießer leben nicht nur gesünder, sondern sind auch erfolgreicher. Zumindest dann, wenn sie gelernt haben, intelligent und nachhaltig zu genießen. Lebenslust hilft uns dabei, die richtige Balance zwischen Anspannung und Entspannung zu finden. Während die Kernkompetenz Kraft noch mit einer gewissen Anstrengung verbunden ist und Gelassenheit eine Sache des Loslassens ist, bezeichnet Lebenslust die Kunst des bewussten Genusses.

Sehen wir uns ein Beispiel an.

Ich oute mich nun als Sissi-Film-Fan. Natürlich weiß ich um die realitätsferne Darstellung der österreichischen Kaiserin, die sich in Wirklichkeit Sisi nannte und so ganz und gar nicht glücklich mit ihrem Leben war. Trotzdem steckt die Trilogie mit Romy Schneider voller wunderschöner Metaphern. Im dritten Teil erkrankt Sissi an einer Lungenkrankheit und wird quasi schon abgeschrieben. Vor allem hatte sie sich offensichtlich selbst schon aufgegeben, während sie auf Korfu in ihrem Krankenbett mehr oder weniger vor sich hinvegetierte, bis plötzlich ihre Mutter auftauchte und sie ermunterte, das Bett endlich zu verlassen und sich die Insel anzusehen. Von Tag zu Tag erholte sich Sissi mehr, genoss die Spaziergänge und die prächtige Insel und kam zusehends zu Kräften, bis ihr schließlich ihr Hausarzt vollkommene Genesung bestätigte.

Die Idee, Heilungsprozesse durch Spaß und Lebensfreude zu beschleunigen, kennen wir (spätestens seit dem Film) alle. Viele herausragende therapeutische Ansätze, wie z. B. die Clown-Doctors sind daraus entstanden. Die Fähigkeit, das Leben zu genießen, Spaß und Freude zu erleben, beschert uns offenbar Gesundheit und körperliches Wohlbefinden. Vielleicht war das ein Grund, warum der griechische Philosoph Epikur davon ausging, dass das höchste Ziel des Menschen immer der Genuss und die Lebensfreude sei. Epikur wurde zu seiner Zeit (und noch viele Jahrhunderte später) als der Philosoph der Völlerei und der Maßlosigkeit bezeichnet und dabei gehörig missverstanden. Epikur philosophierte vielmehr über die Fähigkeit, den Genuss zu maximieren. Das funktioniere niemals über kurzfristige Freuden, die langfristig womöglich Schaden brächten. Es ging ihm um die Frage: Wie wird der Mensch glücklich? Und zwar nachhaltig, langfristig und niemals auf Kosten anderer. Die wichtigste Grundvoraussetzung für Genuss und Lebensfreude war für ihn ein gesunder Körper, der keinerlei Schmerzen leidet. Mehr noch, er bezeichnete komplette Schmerzlosigkeit sogar schon als höchsten Genuss. »Die größtmögliche Lustempfindung liegt in der Befreiung von allem, was schmerzt.«

Ich finde es sehr spannend, dass Buddha Shakyamuni fast zur gleichen Zeit einen ähnlichen Gedanken hatte.

Das, was Epikur mit »Schmerz« bezeichnete, nannte Buddha »Leid« und suchte nach einem menschlichen und gangbaren Weg, sich davon zu befreien. Während Buddha die Lösung in der Meditation fand, näherte sich Epikur dieser Frage eher auf einem intellektuellen Weg. Er lehrte seine Schüler in einem Garten, dessen Eingang folgende Inschrift zierte: »Hier wirst du dich wohlfühlen. Hier ist die Lust das höchste Gut.«

Man kann sich den Garten als eine Art Trainingszentrum vorstellen, um Lust und Genuss zu kultivieren. Dort machten Epikur und seine Anhänger Lust nicht nur erlebbar, sondern tauschten sich auf intellektueller Ebene auch darüber aus, was denn die wichtigsten Faktoren wären, um allerhöchsten Genuss und ein Maximum an Lebensfreude zu erreichen. Der Verstand spielte in seinen Überlegungen eine wichtige Rolle. Man könnte sagen, Epikur propagierte die Fähigkeit, intelligent zu genießen.

»Die Vernunft ist wertvoller als die Philosophie, weil sie uns lehrt, dass es nicht möglich ist, lustvoll zu leben, ohne vernünftig und edel und gerecht zu leben, und dass es ebenso unmöglich ist, vernünftig, edel und gerecht zu leben, ohne lustvoll zu leben.«

— EPIKUR —

Lebensfreude ist ein Urbedürfnis

Das Streben nach Lebensfreude ist nicht nur im philosophischen Sinn ein Urbedürfnis, sondern auch von der modernen Psychoanalyse als solches bestätigt. Der Psychiater Dr. Manfred Stelzig bezeichnet es als »gesundes Programm, das in uns Menschen angelegt ist«.[16] Die Glücksmomente, die wir empfinden, wenn wir Spaß und Freude an einer Sache haben, sind wichtige Motivatoren für unser Leben. Sie sorgen dafür, dass wir ins Handeln kommen, aber auch dafür, dass wir bewusst Anstrengungen in Kauf nehmen. Anspannung und Entspannung bedingen sich dabei gegenseitig. Eine kann nicht ohne die andere. Es ist genau diese Ausgewogenheit, nach der wir im Leben suchen. Permanent Urlaub zu machen ist bei Weitem nicht erfüllend. Selbst das türkiseste Wasser und der weißeste Strand machen auf Dauer nicht glücklich. Wir brauchen offensichtlich das permanente Zusammenspiel von Herausforderungen und Belohnungen. Es ist einmal mehr die Balance, die alles ausmacht.

Lieferanten des Glücks

Werfen wir einen Blick nach innen. Rein in unseren Körper, um zu erkunden, welche biologischen Antriebskräfte uns dazu veranlassen, nach lust- und genussreichen Momenten zu suchen.

Die entscheidenden Akteure sind dabei die Botenstoffe Dopamin, Serotonin, Oxytocin und die Endorphine. Man könnte sie als Lieferanten des Glücks bezeichnen. Sie sorgen dafür, dass wir gut drauf, ausgeglichen und happy sind. Während Serotonin das Hormon der inneren Ruhe ist und damit der Garant für Balance, hat Dopamin wesentlich mehr Power. Ich nenne Dopamin das »Will-haben-Hormon«. Es wird ausgeschüttet, wenn wir den Urlaubsprospekt durchblättern oder das Traumkleid im Schaufenster entdecken. Auch die Aussicht auf eine Belohnung oder Anerkennung, z. B. der Sieg eines Wettbewerbs, führt zu Dopaminausschüttung. Je höher die Wahrscheinlichkeit, dass das ersehnte Ereignis auch eintritt, desto mehr Dopamin wird ausgeschüttet und desto motivierter sind wir. Tritt das Ereignis schließlich ein, werden unsere Erwartungen erfüllt oder sogar übertroffen, kommt es zu einem wahren Dopaminflash, der uns innerlich Salto schlagen lässt. Im Sinne der Genussmaximierung liebe ich es daher, meine Urlaube schon sehr früh zu planen. Vorfreude ist schließlich die schönste Freude. Last-Minute-Buchungen sind nichts für mich. Es wäre schade um die Dopamine, die während der Planungsphase ausgeschüttet werden! Beim Betrachten der Fotos auf der Hotelwebseite kommt es zu einem Impuls, der dirckt in mein limbisches System weitergeleitet wird. Dort werden die Fotos mit vergangenen Urlaubserinnerungen verglichen und lösen eine positive Emotion in Form einer Dopaminausschüttung aus.

Ein begehrtes Objekt der Forschung ist das »Kuschelhormon« Oxytocin. Es sorgt für das wohlige, geborgene Gefühl, wenn wir uns mit Menschen umgeben, die wir mögen. Oxytocin ist maßgeblich beteiligt, wenn es um Stressbewältigung geht, und damit für eine ausgeglichene Grundstimmung sehr wichtig.

Bleiben noch die Endorphine. Endorphine sind den passionierten Läufern bekannt, vor allem bei der Bewältigung längerer Laufstrecken. Man könnte sie auch als körpereigene Schmerzmittel bezeichnen. Viele Marathonläufer berichten darüber, dass der Körper irgendwann »von allein läuft« und dass das Schmerzempfinden trotz der enormen Belastung erstaunlich gering ist.

Unser Körper beliefert uns in bestimmten Situationen also mit jeder Menge Gute-Laune-Zutaten. Kein Wunder, dass wir diese Situationen immer wieder aufsuchen und auch aufsuchen sollten. Denn sie machen nicht nur Spaß, sondern halten uns auch gesund. Manchmal ist der Körper nicht in der Lage, Glückshormone zu produzieren, entweder bedingt durch bestimmte Krankheiten (z. B. Depressionen) oder auch aufgrund eines Nährstoffmangels. Im Kapitel über »Mental food« haben wir uns ausführlicher damit beschäftigt.

AUCH ZIGARETTEN UND ALKOHOL PRODUZIEREN DOPAMIN

Nicht nur Ereignisse oder Erinnerungen können zu einer Dopaminausschüttung führen, sondern auch Alkohol und Nikotin. Das erklärt die mögliche Suchtgefahr der beiden Substanzen. In Wirklichkeit sind wir nicht süchtig nach Wein und Zigaretten, sondern nach dem guten Gefühl, das sich aufgrund der Dopaminausschüttung einstellt. Dieser Gedanke kann vielleicht hilfreich sein, wenn es darum geht, sich diese Laster abzugewöhnen. Letztlich gilt es mittels anderer Möglichkeiten die Dopaminausschüttung sicherzustellen.

Genießer leben gesünder

Ist es unsere subjektive Wahrnehmung, dass gut gelaunte Menschen auch weniger oft krank sind? Dass der ewige Grantler dagegen permanent irgendwelche körperlichen Leiden mit sich herumschleppt? Man könnte meinen, dass der Griesgram eben genau deshalb schlecht drauf ist, weil er Schmerzen hat. Aber vielleicht ist es auch genau umgekehrt. Vielleicht sorgt gute Laune auch für eine bessere Gesundheit. In der Tat bestätigt die Wissenschaft diese Annahme. Das fängt schon beim Denken an. Positive Gedanken erzeugen positive Gefühle und daraus entwachsen positive Reaktionen. Selbst die Erinnerungen an einen schönen Urlaubstag wirken schon beruhigend und senken Blutdruck und Herzfrequenz. Wir können mit schönen Gedanken den Körper mit positiven Emotionen fluten und damit eine ganzkörperliche Reaktion auslösen. Damit werden wichtige Selbstheilungskräfte in Gang gesetzt. Der amerikanische Bestsellerautor Dr. Joe Dispenza untersuchte diese Zusammenhänge ausgiebig und schildert in seinem Buch »Der Placebo-Effekt« eindrucksvoll, wie wir mit unserem Bewusstsein unseren Körper beeinflussen können und dadurch sogar Spontanheilungen möglich werden.

Der Einfluss von einem positiven, freudvollen Mindset kann sich auf viele Bereiche des Körpers erstrecken. Besonders gut erforscht ist der Einfluss auf das Immunsystem sowie auf Entzündungsreaktionen im Körper. Es gibt direkte Kontakte zwischen vegetativen Nervenzellen und -fasern und den Immunzellen. Bei positiv eingestellten Menschen kann eine verbesserte Immunreaktion beobachtet werden. Auch das Risiko, chronische Entzündungserkrankungen zu entwickeln, ist bei gut gelaunten, lebensfrohen Menschen signifikant geringer als bei ewigen Nörglern oder Menschen, die permanenten Belastungen ausgesetzt sind, ohne sich notwendige Auszeiten zu gönnen. Diese Auszeiten müssen übrigens nicht zwingend im Liegestuhl erfolgen. Auch positiv besetzte produktive Tätigkeiten können diese Mechanismen in Gang setzen.

Genussmaximierung mit Köpfchen

Maßlosigkeit und unreflektierter Konsum können niemals das Ziel sein. Maßloses Essen produziert nachhaltig Schmerz in Form diverser körperlicher Beschwerden und Krankheiten. Gleiches gilt für den zügellosen Umgang mit den modernen Medien. Epikur war Vegetarier und sehr gemäßigt in seinem Konsumverhalten. Er war überzeugt davon, dass der höchste Genuss nur dann möglich wäre, wenn man vorher die Entbehrung erlebt hat. Wir kennen das aus unserem Leben sehr gut. Der Genuss eines einfachen Butterbrotes am Ende einer anstrengenden Bergtour ist wesentlich größer als das zehnte Glas Champagner auf einem Cocktail-Empfang.

Das erste Stück Schokolade schmeckt immer am besten, während wir auf das letzte Stück der ganzen Tafel womöglich Bauchschmerzen bekommen.

Erst die Arbeit, dann das Vergnügen

Eine Genussmaximierung findet demnach dann statt, wenn wir für einen bestimmten Zeitraum ganz bewusst Entbehrung und Verzicht in Kauf nehmen. Das setzt voraus, dass wir unseren Verstand einschalten und beginnen, über Genuss und Konsum zu reflektieren. Sobald dies geschehen ist, bemerken wir, dass wir wesentlich weniger benötigen, als wir vielleicht glauben, um Lust und Lebensfreude zu erzielen. Wir merken, dass wir gar nicht gierig zu sein brauchen, sondern uns mit einfachen Dingen in einen sehr guten Zustand versetzen können. Wie sehr können wir die ersten Frühjahrssonnenstrahlen auf der Terrasse nach einem langen Winter genießen! Verglichen mit denen im August sind sie um Welten besser. Wie herrlich ist ein warmes Bad, wenn wir vorher durch den kalten Regen gestapft sind? Beispiele ließen sich viele finden, aber ich denke, Sie wissen, worauf ich hinauswill: Lebensfreude ist nichts Zufälliges und auch nichts Unerreichbares, sondern etwas, was wir durchaus steuern und sogar bewusst herbeiführen können.

REFLEKTIERTER GENUSS UND ERFOLG HÄNGEN ZUSAMMEN

Im Jahr 1968 startete der US-amerikanische Persönlichkeitspsychologe Walter Mischel eine Versuchsreihe, mit der Epikur seine helle Freude gehabt hätte. Der sogenannte »Marshmallow-Test«[17] gilt heute als Beweis dafür, dass Menschen, die Genuss bewusst hinauszögern können, auch erfolgreicher in ihrem beruflichen Leben sind. Der Versuch erfolgte an der Vorschule des Stanford Campus mit 4-jährigen Kindern. Man führte sie in einen Raum, setzte sie an einen Tisch und platzierte ein Marshmallow vor ihrer Nase. Sie hätten die Wahl: entweder gleich essen oder warten, bis der Versuchsleiter zurückkommt. Dann – und nur dann – würde es ein weiteres Marshmallow geben. Man spricht hier vom sogenannten Belohnungsaufschub. In einer Nachbeobachtungsstudie (1980–1981) fand Mischel heraus, dass Kinder, denen es gelang, ihren Impuls zu zügeln, um ihren Genuss zu maximieren, später erfolgreicher waren. Je länger die Kinder den Verzehr des Marshmallows hinauszögerten, desto kompetenter zeigten sie sich in schulischen und sozialen Bereichen und desto eher konnten sie im Leben mit Frustration und Stress umgehen. Die Korrelation zwischen Belohnungsaufschub und Erfolg konnte inzwischen über mehrere Langzeitstudien bestätigt werden.

Genuss braucht Achtsamkeit

Sie werden bemerken, dass ich die beiden Begriffe Genuss und Lebensfreude als Synonym verwende. Man könnte Genuss als etwas Kurzfristiges beschreiben, während Lebensfreude eine langfristige, ganzheitliche Komponente hat. Womöglich ist Lebensfreude nichts anderes als die Aneinanderreihung vieler Genussmomente. Mir gefällt in diesem Zusammenhang auch das englische Wort »joy« sehr gut. Es enthält einen gewissen Aspekt der Erfüllung. Alle diese Bezeichnungen haben eines gemeinsam: Es ist mindestens einer der fünf Sinne beteiligt. Um einen Genussmoment erleben zu können, brauchen wir folglich sinnliche Wahrnehmungen. Und je besser und feinfühliger die Wahrnehmung, desto höher der Genuss. Genuss braucht daher immer auch Aufmerksamkeit und Achtsamkeit und damit letztlich auch Zeit. Die vom Italiener Carlo Petrini begründete Slowfood-Bewegung hat sich genau das zur Aufgabe gemacht, nämlich dem Essen wieder mehr Zeit und Aufmerksamkeit zu schenken.

Genuss geht also nicht nebenbei. Wir tun uns auch schwer, mehrere Dinge gleichzeitig zu genießen, denn unsere Aufmerksamkeit kann sich immer nur auf eine Sache richten. Auf der anderen Seite reichen kurze Genussmomente oft aus, damit sich das Gefühl der Lebensfreude einstellt. Der Duft von frischem Gras kann uns für nur wenige Sekunden erfüllen, sofern wir diesen Moment bewusst wahrnehmen. Auch die warmen Sonnenstrahlen auf der Haut können uns einen schnellen, aber nicht minder erfüllenden Genussmoment bescheren. Genuss findet also im Hier und Jetzt statt. Als ich darüber reflektierte, ist mir aufgefallen, dass es die Meditation war, die meine Fähigkeit, bewusst zu genießen, gestärkt hat. Tatsächlich ist es so, dass Achtsamkeitstraining auch genau diese Nervenbahnen stärkt, die für die Genussfähigkeit zuständig sind. Darüber hinaus trainiert Meditation – wie wir wissen – das Verweilen im Augenblick und das bewusste Wahrnehmen des Hier und Jetzt. Übungen wie »Essen in Stille« aus dem Kapitel über »Mental Food« stärken unsere Fähigkeit für bewussten Genuss.

Vor vielen Jahren kam ich in den Genuss eines »Dinners im Dunkeln«. Es war ein klassisches »Ersterlebnis« für mich. Bei einem »Dinner im Dunkeln« sieht man nichts. Gar nichts. Zwei Stunden totale Finsternis. Das Essen wird von blinden Kellnern serviert. Keiner weiß im Vorfeld, was man zu essen bekommt. »Dinner im Dunkeln« erfordert manchmal etwas Mut. Ich kenne Menschen, die so viel Angst davor haben, etwas Unbekanntes zu essen, dass sie kaum in der Lage sind, an so einem Dinner teilzunehmen. Hat man diese Angst einmal überwunden, wird man mit einer unschätzbaren Erfahrung belohnt. Wird ein Sinneskanal eliminiert, schärfen sich die übrigen umso mehr. Das Menü war nicht besonders komplex. Trotz meiner umfassenden Kenntnisse über Nahrungsmittel war es schwierig, die einzelnen Komponenten herauszuschmecken. Jeder einzelne Bissen wurde zur Intensiverfahrung. Kaum glaubte man, ein bestimmtes Aroma identifiziert zu haben, war das Geschmackserlebnis auch schon wieder vorüber. Der nächste Bissen schmeckte meistens ganz anders, denn schließlich wusste man nicht, welchen Teil der Speise man gerade mit der Gabel erwischt hatte. Den anderen Teilnehmern erging es nicht anders. Nach jedem Gang warfen wir unsere Vermutungen in den Raum. Kein einziger konnte das gesamte Menü »herausschmecken«. Doch alle waren sich einig: Diese zwei Stunden hatten unser Bewusstsein für Genuss nachhaltig verändert.

GENUSSMOMENTE IM ALLTAG TRAINIEREN

- Essen mit verbundenen Augen
- eine Tee-Zeremonie nach japanischem Vorbild zelebrieren
- bewusst ganz langsam essen
- erst essen, wenn man Hunger hat
- bei schönen Momenten (z. B. während eines Winterspaziergangs) immer wieder innehalten und genießen.
- sich ein Morgenritual zulegen und dieses bewusst genießen
- den Duft von frisch gewaschener Bettwäsche einatmen
- barfuß durchs nasse Gras gehen
- Waldspaziergang: »nur den Wald fühlen«
- Tiere streicheln
- Sand durch die Hände rieseln lassen

Was, wenn man nicht mehr genießen kann?

Je stressiger das Leben ist, je herausfordernder der Alltag und je schneller die Abläufe, die es zu bewältigen gilt, desto schwieriger wird es zu genießen. Hält der Stress mittel- bis langfristig an, kann es sogar sein, dass man komplett verlernt zu genießen. Wenn man sich nicht einmal mehr im Urlaub richtig entspannen kann, ist der allgemeine Stresspegel eindeutig zu hoch und der wahre Genuss wird sich nicht einstellen. Bei genauerer Beobachtung wird man feststellen, dass das Gefühl von Erholung und das Genussempfinden eng miteinander verknüpft sind. Hat man das Gefühl, die freien Tage nicht mehr genießen zu können, sollten schon einige Alarmglocken zu läuten beginnen.

Auch Ängste können das Genussempfinden stark einschränken. Menschen mit Flugangst könnte man über den Wolken das beste Feinschmecker-Menü servieren, sie würden es nicht genießen können. Manchmal sorgen auch alteingesessene Ängste oder Glaubenssätze dafür, dass kein wirklicher Genuss möglich ist. Nehmen wir an, Sie bekommen Ihre ganze Kindheit lang eingeimpft, dass Zucker ungesund, schlecht und böse ist. Sie werden beim Genuss einer Torte niemals das Maximale an Genuss erleben, weil immer das schlechte Gewissen und die Angst, krank zu werden oder zuzunehmen, mitschwingt. Ähnliches gilt für sexuelle Genüsse. Wenn in der Erziehung vermittelt wird, dass Sex etwas Schmutziges oder Anstößiges ist, dann trübt das die Sinnesfreuden während der körperlichen Liebe. Nicht (mehr) genießen zu können sollte immer ein Warnsignal dafür sein, das wir den Pfad unserer ureigensten Bedürfnisse verloren haben.

TAKE AWAY

Das Streben nach Lebensfreude und Genuss ist ein ureigenes Bedürfnis und in unseren Genen angelegt. Damit Genuss zur Lebensbalance beiträgt, bedarf es auch des Verstands.

- Kultivieren Sie einen bewussten Genuss, der von Achtsamkeit geprägt ist.
- Entdecken Sie, dass Enthaltsamkeit und Verzicht förderlich für das Erleben von Genuss und Lebensfreude sein können.

- Genießen Sie niemals auf Kosten anderer oder auf Kosten Ihres Körpers.
- Werden Sie wachsam, wenn Sie merken, dass Sie nicht mehr (richtig) genießen können. Zu viel Stress mindert unser Genussempfinden.

Lebensfreude kann man auf viele Arten kultivieren. Ein paar unterschiedliche Ideen und Ansätze möchte ich Ihnen in den folgenden Kapiteln vorstellen. Sie alle können für unseren Balanceakt auf dem Wackelbrett des Lebens hilfreich sein.

Neugier siegt – Ich mach das jetzt einfach mal

Wir sind von Grund auf neugierige Wesen. Neugier ist fest in unseren Genen verankert. Im Wirtschaftsleben ist Neugier – anders als früher – inzwischen eine wichtige Kernkompetenz. Neugierige Menschen finden sich in einer schnell veränderten Welt besser zurecht, sind stabiler, selbstbewusster und gestalten das Geschehen aktiv. Sämtliche Innovationen sind entstanden, weil Menschen neugierig und wissbegierig waren. Sie sind sozial besser eingebunden und haben mehr Spaß am Leben.

Ich war ein sehr schüchternes Kind. Die Leute sagten immer: »Die bringt den Mund nicht auf.« Als ich vier Jahre alt war, steckte mich meine Mutter in den Ballettunterricht, gemeinsam mit einer Freundin, wohlwissend, dass es anderenfalls im Chaos enden würde. Es endete trotzdem im Chaos. Vor lauter Angst, etwas falsch zu machen oder ausgelacht zu werden, stand ich die ganze Zeit in einer Ecke und schaute zu. Nicht, dass ich nicht gern mitgemacht hätte. Im Gegenteil: Ich liebte es, zu tanzen. Trotzdem schaffte ich es nicht, mich denen anzuschließen, die genau das taten, was ich selbst gern getan hätte. In diesem Moment kämpften zwei unterschiedliche Kräfte meines limbischen Systems gegeneinander: das Balance-Prinzip, das für Sicherheit und Harmonie zuständig ist, gegen das Stimulanz-Prinzip, das unsere angeborene Lust auf Neues vertritt. Zu meinem Glück begann das Stimulanz-Prinzip in den folgenden Jahren zu siegen. Meine Neugier auf das Leben wuchs und ich tastete mich von Ersterlebnis zu Ersterlebnis. Es hat mich viel Überwindung gekostet und viele Schritte aus der Komfortzone. Irgendwann hat sich ein Muster entwickelt und damit eine unfassbare Gier auf neue Erfahrungen. Ich fühlte mich regelrecht davon beflügelt. Meine Kreativität entfaltete sich, mein Spaß im Leben wuchs und mein Selbstbewusstsein wurde stärker. Noch heute muss ich mich zu jeder neuen Erfahrung überwinden. Ich muss mich etwas stellen, was ich noch nicht kenne und noch nicht kann. Da ich vorher nicht weiß, was auf mich zukommt und wie das Ergebnis ausfallen wird, ist das oft gar nicht so einfach.

Irgendwann begann ich, Neugier zu kultivieren und in einen Jahres-Vorsatz zu verpacken: »Jedes Jahr zehn neue Erfahrungen machen«. Diese Erfahrungen können sportlicher Natur sein, aber auch kultureller, sprachlicher, gastronomischer, spiritueller oder psychologischer Natur. Um dieses Buch zu schreiben, habe ich mich zum Beispiel zum ersten Mal allein auf eine Berghütte auf 1400m Höhe zurückgezogen. Ich gebe zu, das war eine etwas unheimliche Vorstellung, aber am Ende fühlte ich mich stark und froh, dieses kleine Abenteuer gemeistert zu haben. Das gute Gefühl, sich überwunden zu haben, das gute Gefühl, etwas schaffen zu können, ist einzigartig.

Auf der Jagd nach Ersterlebnissen

Der österreichische Künstler Christian Ludwig Attersee bezeichnet seine Lust, neue Projekte umzusetzen, als eine unermüdliche »Jagd nach Ersterlebnissen«. Das führte dazu, dass er sogar eine Vielzahl an unterschiedlichen Berufen ausübte. Er war als Pop-Art-Maler, als Bühnenbildner, Musiker, Filmemacher oder als Schriftsteller tätig. Darüber hinaus war er als dreifacher österreichischer Staatsmeister im Segelsport erfolgreich und lehrte an der Universität für angewandte Kunst in Wien eine Meisterklasse. Für mich sind solche Menschen eine große Inspirationsquelle, denn ihre unermüdliche Neugier zeigt, auf wie viele unterschiedliche Arten sich der Mensch verwirklichen kann. Am Ende steigt nicht nur die Lebensfreude, sondern es profitieren auch Körper und Geist. Es bewahrt deren Jugendlichkeit. Neugierig auf das Leben zu bleiben, ist für mich das beste Anti-Aging-Programm schlechthin.

REFLEXION

Wie viele neue Erfahrungen haben Sie im letzten Jahr gemacht? Denken Sie an die großen und auch an die ganz kleinen! Haben Sie eine davon bereut? Was haben Sie gewonnen?

Wenn ich gleichaltrigen Freunden und Bekannten von meinem Zehn-neue-Dinge-Vorsatz erzähle, dann ernte ich oft verständnislose Blicke. »Das habe ich nicht mehr Not«, heißt es oft. Ein Gewässer, das sich nicht mehr bewegt, fängt an zu stinken und wird alt. Gleiches gilt für unseren Geist und für unseren Körper. Wenn ich sie nicht mehr fordere, keine neuen Sachen mehr von ihnen verlange, werden sie schneller altern. Auch mein Selbstbewusstsein leidet. Denn mir fehlen nicht nur die neuen Eindrücke, sondern auch die Erfolgserlebnisse. Daher hat es mich auch nicht verwundert von einer Langzeitstudie zu lesen, an der rund 2000 Senioren zwischen 60 und 86 Jahren teilnahmen. Das Ergebnis: Die Neugierigen unter ihnen hatten eine deutlich höhere Lebenserwartung.

Der Mensch als neugieriges Wesen

Meine Neugier hat mich auch dazu bewegt, mehr über die Neugier zu erfahren. Ist Neugier Typsache oder hat sie jeder? Kann man sie lernen oder gar trainieren? Hat Neugier auch negative Seiten?

Neugier ist angeboren: Man könnte Neugier auch als angeborenen Wissens- und Lerntrieb bezeichnen. Kein Kind würde laufen lernen, wäre es nicht neugierig. Überhaupt sind Kinder ein wunderbares Vorbild, wenn es um die Neugier geht. Sie stellen bis zu 50 Fragen – stündlich! Erwachsene dagegen nur circa sechs am Tag. Offensichtlich verlernen wir mit den Jahren, neugierig zu sein. Das hat einerseits mit unserem Wunsch nach Anpassung zu tun, andererseits »trauen« wir uns oft nicht, neugierig zu sein. Was gäbe das denn für ein Bild in der Öffentlichkeit ab, wenn wir ständig Fragen stellen würden? Das wäre für unsere Umwelt mehr als nervig und würde phasenweise unsere Kompetenz infrage stellen. Daher scheuen wir uns davor, allzu viel zu fragen, um nicht als aufdringlich, unwissend und inkompetent dazustehen. Lieber gar nichts fragen, als dumme Fragen zu stellen. Aber heißt es nicht »Es gibt keine dummen Fragen, nur dumme Antworten«?

Eine erfolgreiche Gesprächsführung lebt von Fragen: »Wer fragt, der führt«, heißt es und tatsächlich ist ein echtes Interesse am Gegenüber ein wunderbarer Türöffner. Neugierige Menschen tun sich daher viel leichter, Beziehungen und Netzwerke aufzubauen.

Neugier wird immer dann geweckt, wenn wir eine Wissenslücke bemerken und den Drang verspüren, diese zu schließen. Wir kennen das von einem spannenden Krimi. Solange wir nicht wissen, wer der Mörder ist, bleiben wir wachsam, gespannt und aufgeregt. Aus Vorfreude auf die Lösung schütten wir Dopamin aus. Ist das Rätsel schließlich gelöst und die Wissenslücke geschlossen, »belohnt« sich unser Gehirn noch einmal mit einer Extraportion Dopamin selbst. Unser Lernzentrum ist quasi eng verknüpft mit unserem Belohnungszentrum. Würden mehr Lehrer diesen Zusammenhang kennen und den Forschergeist in den Schülern öfter stimulieren, käme es mit Sicherheit zu besseren Lernerfolgen und zu mehr Lernspaß bei den Schülern. Britische und Schweizer Forscher stellten bei einer Datenauswertung von circa 50.000 Studenten fest, dass der Intelligenzquotient (IQ) weniger Bedeutung für den Studienerfolg hatte als die jeweilige Neugier der Studenten. Je neugieriger der Student, desto besser die Ergebnisse, unabhängig vom IQ[18].

Vielleicht gäbe es uns gar nicht mehr, hätten unsere Vorfahren nicht eine exorbitante Neugier an den Tag gelegt. Der Mensch hätte weder das Feuer entdeckt noch einen Speer oder Faustkeil entworfen, gäbe es nicht den unstillbaren Forscherdrang in uns, das Leben angenehmer, besser und effektiver zu gestalten. Große Wissenschaftler wie Albert Einstein führten ihre Erfolge auf ihre leidenschaftliche Neugier zurück.

Mehr Neugier, mehr Lebensfreude: Neue, unbekannte Situationen führen in der Regel auch zu einer Adrenalin-Ausschüttung. Das muss nicht immer schlecht sein. Denn Adrenalin sorgt dafür, dass wir leistungsbereit und fokussiert sind. Ihm zur Seite steht das Dopamin, das wir ausschütten, wenn wir in freudiger und aufgeregter Erwartung von etwas sind. Die Vorfreude auf den Urlaub oder die Vorstellung der geglückten Präsentation. Dopamin bringt den Körper also schon im Vorfeld in eine absolute Leistungsbereitschaft. Man könnte es auch als das Motivations-Hormon bezeichnen. Es treibt uns an, verursacht aufgeregtes Herzklopfen und lässt unsere Augen strahlen. Dass die Aussicht auf ein neues Ersterlebnis in meinem Fall zu einer Dopaminausschüttung führt, hängt mit meinem limbischen System und mit meinem Streben nach Stimulanz zusammen. Denn unser Dopamin-Haushalt ist eng mit dem limbischen System verknüpft. Dort werden unsere Erfahrungen und Emotionen bewertet und eingeteilt, und zwar in die drei Prinzipen Balance, Dominanz und Stimulanz. Sie gelten als die wichtigsten und kraftvollsten Antreiber in unserem Leben. Nicht immer liegt zwischen diesen drei Prinzipien ein ausgewogenes Verhältnis vor. Im Gegenteil, in der Regel dominieren bei einem Menschen ein oder zwei der Prinzipien. Das führt zu typischen Verhaltensmustern, Eigenschaften oder auch Entwicklungen. Innovationen sind zum Beispiel immer vom Dominanz- und Stimulanzprinzip getrieben.

Dadurch, dass mein Streben nach Stimulanz ziemlich ausgeprägt ist, kommt es bei mir bei jedem Ersterlebnis zu einer Dopaminausschüttung, was dazu führt, dass ich »gut drauf« bin. Als ich das gemerkt habe, ist es mir wesentlich leichter gefallen, immer wieder den Schritt aus der Komfortzone zu wagen, denn ich wurde zunehmend süchtig nach diesem körpereigenen Hormon-Cocktail aus Dopamin und Adrenalin.

Selbst wenn Ihr Stimulanzprinzip weniger stark ausgeprägt ist, so ist es vorhanden und wartet darauf, befriedigt zu werden.

Neugier ist nicht gleich Neugier: Neugier kann unterschiedliche Ausprägungen haben. Einer der großen Experten zum Thema Neugier war der britisch-kanadische Psychologe Daniel Ellis Berlyne. Er definierte zwei unterschiedliche Formen von Neugier, die epistemische und die perzeptuelle Neugier. Während es bei der epistemischen um die Freuden an neuen Erkenntnissen und dem Verlangen nach Wissen geht (ich nenne das »Wissensneugier«), stehen bei der perzeptuellen Neugier eher neue Erfahrungen und Reize im Vordergrund (»Abenteuerneugier«). Mein »Zehn-neue-Dinge-Vorsatz« befriedigt in erster Linie meine Abenteuerneugier, die Recherchen zu diesem Buch meine Wissensneugier. Die Auswirkungen, nämlich mehr Freude durch Dopamin, sind dagegen die gleichen. Wir neigen dazu, der Wissensneugier mehr Wert beizumessen, weil sie mehr zu unserer Leistungsgesellschaft beiträgt. Aber ist das wirklich so? Bei der Auswertung der Daten der 50.000 Studenten fanden die Forscher heraus, dass beide Formen von Neugier einen positiven Einfluss auf den Studienerfolg hatten. Selbst das Bereisen neuer Länder oder das Probieren neuer Speisen dürfte einen positiven Beitrag zum Gesamtergebnis leisten. Auch ich liebe es, neue Länder zu bereisen, neue Kulturen kennenzulernen und dadurch neue Eindrücke zu sammeln. Der jährliche Kurzurlaub mit Freunden in Jesolo ist super und befriedigt mein Bedürfnis nach Balance. Dopamin schütte ich aus, wenn ich an die Safari denke, die ich seit vielen Jahren plane, oder an den Wunsch, einmal nach Japan zu reisen. Reisen können eine enorme Inspirationsquelle für neue Ideen sein.

Neugier als gefeierte Kernkompetenz: Noch bis vor ein paar Jahren schien Neugier im Wirtschaftsleben noch keine gefragte Eigenschaft zu sein. Dieses Blatt wendet sich gerade. Nicht erst die Coronakrise hat gezeigt, wie wichtig es ist, auf neue Situationen offen, kreativ und flexibel reagieren zu können. Gerade die Arbeitswelt wandelt sich fortlaufend.

Neue Technologien, künstliche Intelligenz und schnelle Datenverarbeitung zwingen uns dazu, uns permanent neu zu erfinden. Der Trend zum »New Work« macht das sichtbar. Remote Arbeitsplätze, hohe Eigenverantwortung und flache Hierarchien brechen mit alten Arbeitsmustern. Menschen, bei denen Neugier stark ausgeprägt ist, sind hier eindeutig im Vorteil. Sie können sich besser auf neue Arbeitsbedingungen einstellen und haben mehr Spaß daran, neue Arbeitsmethoden auszuprobieren. Die Einstellung »Das haben wir immer schon so gemacht« hat langsam ausgedient und wird gerade von »Schauen wir mal, wie es besser geht« abgelöst.

Das gilt für Teams genauso wie für Einzelkämpfer. Erfolgreiche Menschen zeichnen sich dadurch aus, dass sie ihre Ziele genau kennen, sich selbst gut reflektieren können und lernen wollen. Sie bleiben nie stehen, sondern bilden sich auch in hohem Alter stets weiter, bleiben wissbegierig und neugierig in allen Dingen.

Eine weitere Basketball-Legende, Kobe Bryant, war für seine Neugierde bekannt. Er quetschte so ziemlich jeden aus, der etwas über Basketball wusste. Seine Trainer, seine Kollegen, Therapeuten, Schuh-Designer. Einfach jeden. Die Menschen schätzten ihn, weil er nicht nur um der Fragen willen fragte, sondern weil er wirklich daran interessiert war, was die Menschen zu sagen hatten. Er wollte immer wissen, wie die Dinge funktionieren und wie sie besser funktionieren. »Manche Menschen haben Spaß daran, ihre Uhren anzusehen. Mir macht es viel mehr Spaß herauszufinden, wie sie funktionieren«, schreibt er in seinem Buch »The Mamba Mentality«[19]. Diese Neugier führte zu vielen Innovationen im Basketball. So revolutionierte Kobe Bryant gemeinsam mit Nike den Basketballschuh. Bis zum »Kobe IV« hatten professionelle Basketballer immer mit hoch geschnittenen Schuhen gespielt. Kobe hatte herausgefunden, dass dadurch die Gelenke eher geschwächt werden und initiierte mit dem Kobe V erstmalig einen niedrig geschnittenen Basketballschuh.

Neugier-Management

Die richtige Dosierung finden: Nicht immer ist Neugier nur positiv. Vor allem die Abenteuerneugier kann leicht ins Gegenteil umschlagen, wenn sie zur Sensationslust wird. Wer seine Nase permanent in Dinge reinsteckt, die ihn nichts angehen, wird sein Netzwerk nicht ausbauen, sondern sehr schnell wieder verkleinern. Manchmal kann übertriebene Neugier sogar gefährlich sein. Im Englischen gibt es den Spruch »Curiosity killed the cat«. Er bezieht sich auf Situationen, in denen man wider jeder Vernunft Grenzen aus Gier nach der nächsten neuen Erfahrung überschreitet. Extrem- und Abenteuersportler sind hier naturgemäß recht gefährdet, aber auch Kinder und Jugendliche muss man manchmal davor beschützen. Es gilt also ein gutes Mittelmaß zu finden, damit Neugier zur Kernkompetenz und nicht zum Verhängnis wird.

Angst in Neugier transformieren: Vielen Menschen machen neue, unbekannte Situationen und Dinge Angst. Sie werden verunsichert und ruhen nicht mehr in sich selbst.

Ich möchte an dieser Stelle noch einmal den Vergleich zum Wackelbrett ziehen. Es gibt Momente im Leben, die uns einen so gehörigen Schubs geben, dass wir auf dem Wackelbrett des Lebens ordentlich ins Schwanken kommen. Wer neugierig ist, begegnet dem allenfalls mit Verwunderung, manchmal mit Ehrgeiz, aber niemals mit Angst. Neugier hilft uns dabei, die Balance sehr schnell wiederzufinden, denn sie lässt uns wachsam und optimistisch nach vorn blicken. Das macht Neugier auch zu einer guten Zutat für Gelassenheit.

Wir können Angst mit ein bisschen Übung in Neugier transformieren. Im NLP (»Neurolinguistisches Programmieren«) nennt man das Reframing, was so viel bedeutet wie »etwas einen anderen Rahmen geben«. Das ist genau das, was ich als Kind und Jugendliche getan habe. Zunächst hatte ich unfassbare Angst vor unbekannten Situationen, aber auch vor den Reaktionen anderer Menschen. Irgendwann beschloss ich, die Dinge als Lernerfahrung zu bewerten, sie interessant zu finden, und plötzlich konnte ich von neuen Erfahrungen gar nicht mehr genug bekommen. Ich gab den Dingen ein neues Etikett, weg von »Achtung, *neu* = Gefahr« hin zu »Achtung, *neu* = spannend«. Natürlich braucht es dazu ein bisschen Überwindung und den Schritt aus der Komfortzone. Es lohnt sich jedoch, diesen immer wieder zu gehen. Denn irgendwann haben sich so viele kleine Erfolgsmomente angesammelt, dass die Angst der Zuversicht Platz macht.

NEUGIER IN SICH (WIEDER) ENTDECKEN

Mit ein paar Tricks kann man das neugierige Kind in einem wieder zum Leben erwecken.

Klein anfangen

Es muss ja nicht gleich der Fallschirmsprung sein. Fangen Sie mit kleinen Dingen an. Probieren Sie ein neues Restaurant oder ein neues Gericht aus. Gehen Sie in einen Film, den Sie sich nie ansehen würden, erkunden Sie eine neue Laufstrecke oder machen Sie sich mit einem neuen Kommunikationstool vertraut.

Neugier für alle Lebensbereiche

Bauen Sie Neues in alle Lebensbereiche mit ein. Das kann im beruflichen Kontext eine neue Aufgabe sein, in der Freizeit eine neue Sportart, in der Beziehung ein neues Ritual und in der Familie ein neues Spiel. Für Ihre Gesundheit kann ein neues Fitness-Tool (z. B. ein Tracker) zum Einsatz kommen und für Ihr mentales Wohlbefinden eine neue Meditationstechnik.

Raus aus der Komfortzone
Trauen Sie sich raus aus Ihrer Komfortzone, indem Sie auch mal Dinge ausprobieren, die Ihnen anfangs vielleicht unangenehm sind. Denken Sie daran: Sie können erst dann bewerten, ob es etwas für Sie ist, wenn Sie wissen, wie es sich anfühlt.

Helfen Sie anderen dabei, neugierig zu bleiben
Gestalten Sie auch das Leben Ihrer Mitmenschen spannender, indem Sie z. B. bei der nächsten Präsentation oder Erzählung die Spannung hochhalten. Präsentieren Sie das große Ergebnis erst ganz zum Schluss, geben aber schon kleine, rätselhafte Hinweise im Vorfeld. In der neurowissenschaftlichen Literatur nennt man das den »Shock Novel Effekt«.

Interessieren Sie sich für andere Menschen
Das beste Übungsfeld, um die eigene Neugier zu kultivieren, sind andere Menschen. Beginnen Sie sich aufrichtig und echt für Ihr Gegenüber zu interessieren. In »Wie man Freunde gewinnt«[20] beschreibt Dale Carnegie, einer der erfolgreichsten US-amerikanischen Kommunikationstrainer, die Fähigkeit, sich für Menschen zu interessieren, als eine der wichtigsten Erfolgsbausteine, um Menschen für sich zu gewinnen.

Schulen Sie Achtsamkeit
Neugier entsteht durch Achtsamkeit. Je achtsamer ich im Verlauf eines Gesprächs bin, desto mehr werde ich über den anderen erfahren und desto spannender wird dessen Leben für mich sein. Neugier findet immer im Hier und Jetzt statt, denn Neugier ist ein höchst aktu-

eller Zustand. Ich kann mich weder an Neugier erinnern noch sie in die Zukunft projizieren. Je intensiver sie den Augenblick wahrnehmen, desto mehr nehmen Sie auch die Neugier in sich wahr.

Bleiben Sie offen für alles, was kommt
Auch in Zukunft werden sich Dinge um Sie herum immer wieder ändern. Sehen Sie den neuen Herausforderungen offen und vertrauensvoll entgegen. Freuen Sie sich auf einen neuen, spannenden Verlauf Ihres Lebens.

Neugier entsteht durch Achtsamkeit. Je achtsamer ich im Verlauf eines Gesprächs bin, desto mehr werde ich über den anderen erfahren und desto spannender wird dessen Leben für mich sein. Je achtsamer ich Dinge beobachte und wahrnehme, desto mehr werde ich lernen und meinen Horizont erweitern. Neugier findet immer im Hier und Jetzt statt, denn Neugier ist ein höchst aktueller Zustand. Ich kann mich weder an Neugier erinnern noch sie in die Zukunft projizieren. Je intensiver sie den Augenblick wahrnehmen, desto mehr nehmen Sie auch die Neugier in sich wahr.

Auch in Zukunft werden sich Dinge um Sie herum immer wieder ändern. Sehen Sie den neuen Herausforderungen vertrauensvoll entgegen. Neugierig zu sein bedeutet, offen zu sein für alles, was kommt. Das Leben wird damit plötzlich zu einem spannenden Film, in dem Sie die Hauptrolle spielen. Freuen Sie sich darauf.

Bleiben Sie neugierig auf das Leben. Neugier ist ein wichtiger Bestandteil für die Lust am Leben und in einer volatilen und sich verändernden Arbeitswelt eine wichtige Kernkompetenz für beruflichen Erfolg.

- Egal, wie alt Sie sind: Bleiben Sie auf der Suche nach neuen Erfahrungen, neuem Wissen und neuen Menschen.
- Verlassen Sie Ihre Komfortzone und begeben Sie sich in unbekannte Gefilde, um Ihr Leben zu bereichern.
- Genießen Sie das Gefühl, sich überwunden zu haben und etwas Unbekanntes zu etwas Vertrautem zu machen. Nehmen Sie wahr, wie dadurch Ihr Selbstvertrauen steigt!

Inspire me! – Mehr Oxytocin, weniger Stress

Als soziale Wesen brauchen wir andere Menschen, um uns geborgen und ausgeglichen zu fühlen und um unser gesamtes Potential entfalten zu können. Gute Beziehungen helfen dabei, das Stresslevel zu senken und lassen uns länger leben. Verantwortlich dafür ist der als »Kuschelhormon« bekannte Neurotransmitter Oxytocin.

Auch wenn ich keine hauptberufliche Speakerin bin, komme ich öfter zu dem Vergnügen, einen Vortrag halten zu dürfen. Vergnügen sage ich deshalb, weil es meinem persönlichen Ikigai, meinem persönlichen Lebenssinn, entspricht, andere Menschen zu inspirieren und weiterzubilden. Mein Ikigai lautet »to inspire«. Wo kann man das besser als auf einer Rednerbühne? Und obwohl ich es wirklich genieße, dort oben zu stehen und zu anderen Menschen zu sprechen, bin ich davor immer wieder unglaublich aufgeregt. Mein Stresslevel ist in diesen Momenten sehr hoch. Ich bin angespannt und nervös. Im Laufe der Jahre habe ich mir einen einfachen, aber sehr wirkungsvollen Trick angeeignet. Vor einem Vortrag versuche ich, rechtzeitig vor Ort zu sein. Das ist sinnvoll, um zu klären, ob die Technik funktioniert und alle benötigten Materialien vorhanden sind. Noch viel wichtiger ist es für mich, ein Gefühl für die Teilnehmer zu bekommen. Vor meinem Vortrag versuche ich, mit einigen von ihnen locker ins Gespräch zu kommen und eine gute Beziehung aufzubauen. Diese Teilnehmer sind später meine Gefühlsanker. Während des Vortrags suche ich den Blickkontakt zu ihnen und ernte in der Regel bestärkende Blicke, ein Lächeln oder ein anerkennendes Kopfnicken. Das gibt mir ein gutes Gefühl und verbessert meine Performance auf der Bühne. Je positiver das Gespräch im Vorfeld, desto besser funktioniert das. Und was noch viel wichtiger ist: Schon während des lockeren Austausches lässt meine Anspannung merklich nach und mein Stresslevel sinkt spürbar. Dadurch gehe ich wesentlich entspannter auf die Bühne.

Was passiert? Warum kann ich meinen Zustand durch ein einfaches Gespräch plötzlich so stark verändern? Gibt es so etwas wie die »Kraft der sozialen Interaktion«?

Der einsame Krieger kann nicht überleben

Der Mensch ist ein soziales Wesen. Die Fähigkeit, mit anderen Menschen zu interagieren, hat uns das Überleben gesichert. Wenn wir es damals in der afrikanischen Savanne nicht geschafft hätten, aus der Jagd nach dem Säbelzahntiger eine erfolgreiche Teamarbeit zu machen, wären wir schon

214

längst ausgestorben. Wir haben instinktiv gespürt (oder es zumindest gelernt), dass wir nur gemeinsam zum Ziel kommen. Der körperlich überlegene Säbelzahntiger konnte nur durch gute Zusammenarbeit erlegt werden. Beim gemeinsamen Verspeisen der Beute haben wir unseren Erfolg gefeiert, was uns davon abgehalten hat, uns gegenseitig zu bekämpfen. Das ist nicht selbstverständlich. Denn der Mensch hat einen gewissen Hang zum Egoismus und würde in vielen Fällen dazu tendieren, die für sich selbst beste Entscheidung zu treffen, auch wenn sie auf Kosten des anderen ginge. Diese menschliche Eigenart wurde vielfach untersucht, u. a. wird das beim Gefangenendilemma offensichtlich: Werden zwei befreundete Gefangene wegen der gleichen Tat getrennt voneinander verhört, gibt es unterschiedliche Szenarien. Beide könnten die Tat gestehen und bekämen eine mittelmäßige Strafe. Gesteht nur einer und der andere schweigt, sieht es für den verschwiegenen Verbrecher schlecht aus, denn er bekommt die höchste Strafe. Schweigen beide, gibt's die niedrigste Strafe, weil keinem etwas nachgewiesen werden kann. Wie das Verhör letztlich ausgeht, entscheidet genau eine Frage: Wie sehr kann ich dem anderen vertrauen? Und genau das ist es, was ein funktionierendes, befruchtendes Miteinander ausmacht. Das gegenseitige Vertrauen.

Wir haben in der Vergangenheit offenbar gelernt, uns gegenseitig zu vertrauen. Zumindest so mehr oder weniger. Die Einzelkämpfer unter uns tun sich mit dem Vertrauen in ihre Mitmenschen etwas schwerer. Sie vertrauen zum Beispiel nicht darauf, dass die anderen ihre Arbeit auch so gut machen, wie sie selbst. In der modernen Arbeitswelt führt uns das früher oder später an Grenzen, spätestens dann, wenn man Mitarbeiter einstellen oder ein schlagkräftiges Team aufbauen muss. Führungspersonen haben dann die Wahl, über Kontrolle zu führen oder über Vertrauen. In der Praxis ist es oft der Mittelweg, der den Erfolg ausmacht. Während früher stark über Kontrolle geführt wurde, ist es in Zeiten von Homeoffice & Co unabdingbar, Mitarbeitern einfach auch einmal zu vertrauen. Ein vertrauensvolles Chef-Mitarbeiter-Verhältnis ist der Grundstein für Wachstum und Innovation.

Das gilt in jeder Gruppe und in jeder Form der sozialen Interaktion. Nur wenn ein gewisses Maß an Vertrauen vorliegt, kann man von allen Vorteilen der Gruppe profitieren. In einem vertrauensvollen Umfeld fühlt man sich nicht nur geborgener, sondern traut sich selbst auch mehr zu. Man entwickelt sich, gibt der Neugierde mehr Raum, probiert sich aus und wächst gleichsam über sich hinaus. Die Motivation wächst. Das Selbstvertrauen wächst. Dies gilt nicht nur für jeden Einzelnen, sondern für die ganze Gruppe. Aus Selbstvertrauen entsteht ein Gruppenvertrauen. Das macht aus Vertrauen einen wichtigen Baustein für Balance. Denn nicht zu vertrauen, schürt Unsicherheit. Die Auswirkungen spürt nicht nur das Team, sondern auch jedes einzelne Teammitglied.

Older together

Die Wissenschaft beschäftigt sich schon seit einigen Jahren mit den Auswirkungen von Freundschaften, Familie und sozialen Gruppen auf die Gesundheit und das Wohlbefinden des Einzelnen. Während der coronabedingten Lockdown-Phasen kamen neue Erkenntnisse dazu, die die bisherigen Annahmen fast ausnahmslos bestätigten.

Menschen, die sozial integriert sind, sei es in einer Familie, in einem Freundeskreis oder einfach in einer sozialen Gemeinschaft, sind resistenter gegen Stress, erleiden seltener ein Burnout, haben ein besseres Immunsystem, mehr Selbstvertrauen und leben sogar länger.

Besonders populär sind die Untersuchungen rund um die »Blue Zones«. Der Begriff stammt vom amerikanischen

Bestsellerautor Dan Buettner. Er bezeichnet so die fünf Gebiete, in denen überdurchschnittlich viele Hundertjährige wohnen: Sardinien in Italien, die Insel Ikaria in Griechenland, Loma Lindan (eine Art Kommune in Kalifornien), die Nicoya-Insel in Costa Rica und die Insel Okinawa in Japan. Sucht man nach überschneidenden Merkmalen, fällt eine Gemeinsamkeit auf: Alle diese Menschen sind sozial außergewöhnlich gut eingebettet, pflegen Freundschaften und erachten die Gemeinschaft als ein hohes Gut. Das entspricht auch der Alterstheorie der Telomerforscherin Elizabeth Blackburn. Sie fand nämlich heraus, dass schon allein eine gute Beziehung zu seinen Nachbarn einen positiven Einfluss auf die Länge der Telomere und damit auf die Zellalterung hat.

> *»Anteilnehmende Freundschaft macht das Glück*
> *strahlender und erleichtert das Unglück.«*
>
> — MARCUS TULLIUS CICERO —

Eine Bestätigung, wie wichtig soziale Beziehungen für die Gesundheit sind, liefern auch die Forscher Julianne Holt-Lundstat und Timothy Smith von der Brigham Young University in Utah, USA. Sie kommen zu dem Ergebnis, dass sozial aktive Menschen länger leben als Einzelgänger und Einsamkeit genauso schädlich sei wie der Konsum von 15 Zigaretten am Tag![21]

Aus einer Metastudie mit 300.000 Menschen errechneten Forscher das statistische Sterberisiko und attestierten Menschen mit einem guten Freundes- und Bekanntenkreis ein um 50 % höheres Überlebensrisiko gegenüber sozial weniger aktiven. Beziehungen waren also nicht nur in der Steinzeit überlebenswichtig, sondern sind es heute nach wie vor.

Unbestritten sind auch die Auswirkungen von guten Beziehungen auf unser Stresslevel, so wie ich es jedes Mal erlebe, wenn ich einen Vortrag halte. Verantwortlich für das gute Gefühl ist das »Kuschelhormon« Oxytocin.

Kuscheln ist wichtiger als Sex

Dopamin als »Will-haben-Hormon« und Serotonin als »Glückshormon« haben wir schon mehrfach kennengelernt. Jetzt kommt der dritte Neurotransmitter ins Spiel: das »Kuschelhormon« Oxytocin. Es erfreut sich wachsender Beliebtheit bei Forschern und Medien. Eigentlich müsste man es das Beziehungshormon nennen, denn unser Körper produziert es immer dann, wenn wir in positive Interaktion mit anderen Menschen gehen. Je inniger das Verhältnis zu unserem Gegenüber, desto mehr Oxytocin kommt in Umlauf. Der Neurotransmitter wird deshalb gerade zum begehrten Forschungsobjekt, weil er den Corsitol-Spiegel und damit das Stresspotential senkt. Der Neurowissenschaftler Gerhard Roth bezeichnet Oxytocin als *den* Anti-Stress-Faktor überhaupt, so ganz nach dem Motto »Geteiltes Leid ist halbes Leid«. Gemeinsam mit Dopamin und Serotonin bildet es ein perfektes Trio für mehr Balance im Leben. Besonders interessant finde ich, dass Oxytocin sogar durch bloße Erinnerung an soziale Kontakte ausgeschüttet werden kann.

WAS MACHT WAS? ÜBERBLICK ÜBER DIE WOHLFÜHLHORMONE

Adrenalin	schnelle Ausschüttung bei negativem Stress, erhöht die Leistungsbereitschaft
Noradrenalin	schnelle Ausschüttung bei positivem Stress
Cortisol	längerfristig, wenn Stress anhält; erhöht zunächst die Leistungsbereitschaft bis zu einem gewissen Punkt, senkt diese aber wieder, wenn der Stress zu viel wird bzw. zu lange andauert
Serotonin	sorgt für Ausgeglichenheit und Souveränität nach dem Motto: »Bleib relaxed und warte erst mal ab!«
Oxytocin	senkt einen hohen Cortisolspiegel; das Motto lautet: »Du bist jetzt sicher und geborgen.«
Dopamin	macht leistungsbereit mit der Botschaft: »Tu (wieder) was, komm (wieder) in die Gänge!«
hirneigene Opiate/ Endorphine	senken Schmerzempfinden

In einer »Kuschelstudie« fand man außerdem heraus, dass Kuscheln für eine langfristige Beziehung noch wichtiger ist als Sex. Viele innige gemeinsame Momente sorgen für einen Oxytocin-Overflow auf beiden Seiten, was die Beziehung nachhaltig stärken soll. Als positiven Nebeneffekt sorgt Oxytocin für einen guten Schlaf.

Singles müssen an dieser Stelle nicht traurig sein, denn gute Freunde können die gleichen Effekte auslösen wie Familienmitglieder (je nach Verhältnis der Familienmitglieder womöglich noch bessere). Es ist auch nicht ausschlaggebend, ob man allein wohnt oder nicht. Viel entscheidender dürfte die Qualität der Treffen oder die Intensität des Austausches sein, wenn man sich dann sieht. Berührung und körperliche Nähe sind aber auf jeden Fall förderlich. Wir Menschen haben offensichtlich ein starkes Bedürfnis danach, wobei es nicht so entscheidend ist, *wer* uns berührt. Es kann auch der freundschaftliche Schulterklopfer vom Chef oder die wohltuende Massage durch einen Therapeuten sein, Hauptsache die Berührung kommt von einem Menschen, dem ich grundsätzlich positiv gegenüber eingestellt bin.

Wie wichtig uns die sozialen Kontakte sind, hat die Coronakrise gezeigt. In Deutschland fühlten sich im Jahr 2020 zumindest 30,9% der befragten Personen einer Studie einsamer als zuvor. Alleinerziehende, Frauen und Jüngere waren besonders betroffen.[22]

In Österreich litt man an der Einschränkung der sozialen Kontakte sogar doppelt so stark wie an der Ausgangssperre oder der Maskenpflicht.[23]

Es gibt Oxytocin Nasensprays, die die Streitlust senken und die positive Kommunikation fördern sollen. Studien zeigen, dass dadurch Kreativität, Einfühlungsvermögen, Vertrauen und Empathie ansteigen.[24]

Gute Arbeitsbeziehungen trotz Homeoffice?

Nicht nur familiäre oder freundschaftliche Kontakte wurden während des Lockdowns auf ein Minimum reduziert, auch das gemeinsame Arbeiten hat eine völlig neue Dimension erfahren. Homeoffice statt Gemeinschaftsbüro, Zoom-Meetings statt lockerem Informationsaustausch in der Kaffeeküche. Bekommen wir eine Oxytocin-Ausschüttung auch online hin? Der Neurowissenschaftler Gerhard Roth meint klar Ja, allerdings in wesentlich geringerer Konzentration. Wichtig sei seiner Meinung nach, dass man sich auch online einen gewissen Grad an informellem Austausch bewahrt. Ein paar Minuten über das vergangene Wochenende zu plaudern oder ein paar Urlaubserlebnisse auszutauschen – dafür müsse Platz sein, um sich das notwendige Maß an Kreativität, Spaß und Stress-Resilienz zu bewahren. Den meisten Angestellten ist übrigens ein gutes Verhältnis zu den Kollegen inzwischen wichtiger als ein hohes Gehalt oder gute Karrierechancen.[25]

Nette Kollegen sind aber nicht alles. Auch bei einem guten Teamspirit braucht es zusätzlich ein stabiles privates Netzwerk. Denn Kollegen können private Defizite nicht in gleichem Maß ausgleichen. Räumen Sie also den gemeinsamen Stunden mit Ihren Freunden und Familienmitgliedern immer ausreichend Priorität ein!

SO SENKEN SIE DAS TÄGLICHE STRESSLEVEL!

Unterstützen Sie ein gutes Betriebsklima, indem Sie sich öfter einmal einbringen und auch Gespräche und Aktivitäten abseits des Business zulassen. Denken Sie daran: Jeder geht mit einer anderen »Landkarte« durchs Leben. Je besser Sie die Landkarte des anderen kennen, desto eher vermeiden Sie Konflikte.

Pflegen Sie Ihre Freundschaften und Netzwerke. Corona hat uns verdeutlicht, wie wichtig stabile Freundschaften für Gesundheit und Psyche sind. Warum nicht heute noch einen Freund anrufen und fragen, wie es ihm geht?

Gemeinsame Aktivitäten haben einen besonders guten Effekt. Verabreden Sie sich zum Sport, unternehmen Sie einen Ausflug oder gehen Sie gemeinsam ins Kino. Sie laden dadurch mehr auf als gedacht. Laut der Kopenhagen City Heart Study haben vor allem Spielsportarten einen besonders positiven Effekt[26]!

Musizieren Sie gemeinsam mit anderen! Wenn Sie ein Instrument spielen, dann schließen Sie sich einer Band an. Wenn nicht, dann singen Sie! Egal, ob es das Singen im Chor, bei einem Fußballspiel oder im Rahmen einer Geburtstagsfeier ist. Gemeinsam Musik erleben hat enorm positive Effekte auf unser Stressempfinden.

»Wir schaffen das!«

Hinter diesem Appell von Angela Merkel im Jahr 2015 im Zuge der Flüchtlingskrise stand ein einfacher Gedanke: In der Gruppe sind wir zu wesentlich mehr fähig, als wir glauben.

Es gibt viele Beispiele dafür, wie wir in der Gruppe über uns hinauswachsen. Wer einmal an einem Marathon oder einem Volkslauf teilgenommen hat, weiß sofort, wovon ich spreche. Die Kraft und Energie der anderen Menschen lassen uns Leistungen abrufen, die für uns normalerweise als unvorstellbar gelten. Ich erinnere mich gut an die Motivation der 35.000 Teilnehmer beim London Marathon 2010, die unweigerlich auf mich überschwappen sollte. Zweimal in meinem Leben nahm ich an einem Feuerlauf teil – über 450° Grad heiße Kohlen. Definitiv außerhalb meiner Vorstellungskraft! Eine wirklich schlüssige Erklärung, warum eine solche Aktion ohne die kleinste Verletzung vonstattengehen kann, konnte mir noch keiner liefern. Eines weiß ich aber bestimmt. Ohne die vielen anderen Menschen, die das gleiche Wagnis wie ich vorhatten, wäre das nicht möglich gewesen. Es dürfte also nicht nur eine rein biologische Erklärung geben, warum uns andere Menschen zu Höchstleistungen auflaufen lassen, sondern auch eine energetische und damit nur schwer messbare.

Die unsichtbare Kraft der Gruppe

Auch innerhalb meiner Meditationspraxis kenne ich diese Phänomene. Während einer Meditationsrunde geht man in keinerlei direkte Interaktion mit anderen Teilnehmern. Viele Meditationseinheiten laufen sogar in kompletter Stille ab. Man müsste meinen, es wäre egal, ob man allein oder in der Gruppe meditiert. Ist es nicht! Viele Teilnehmer der Seminare berichten, dass die Meditation in der Gruppe leichter vonstattengeht und es zu tieferen und intensiveren Erfahrungen kommt als beim Meditieren allein zu Hause. Offenbar klinken wir uns in eine Art energetisches Feld mit den anderen ein und profitieren gegenseitig davon. Auch bei Pop-Konzerten, Festivals oder großen Events ist das eindeutig spürbar. Obwohl wir die meisten der Anwesenden nicht kennen, fühlen wir uns mit der Masse verbunden.

GEMEINSAMES MUSIZIEREN REDUZIERT STRESS UND STÄRKT VERBUNDENHEIT

Musik ermöglicht es einer großen Gruppe, gemeinsame Bewegungen auszuführen. Robin Dunbar und sein Forscherteam an der Oxford University vermuten, dass durch die Synchronisation eine Reihe von Endorphinen und körpereigene Opiate ausgeschüttet werden. Dadurch werden Ängste und Stress reduziert. Ganz egal, ob es Schunkeln, Klatschen oder Tanzen ist, die gemeinsame Schwingung führt zu einem Wir-Gefühl. Es befriedigt das menschliche Bedürfnis nach Zugehörigkeit. Gleichzeitig empfinden wir Ko-Pathie füreinander. Das bedeutet, wir erleben ähnliche Emotionen und Stimmungen wie die anderen. Ko-Pathie gilt als mächtiger Verstärker von Gefühlslagen. Man denke dabei an die Gänsehaut, die entsteht, wenn das ganze Fußballstadion in einen Fangesang einstimmt. Das alles führt dazu, dass es zu einer sogenannten sozialen Kohäsion kommt, nämlich einem stärkeren Zusammenhalt der Gruppe. Menschen, die miteinander musizieren, fühlen sich verbunden, vertrauen einander und beginnen miteinander zu kooperieren. [27] Unsere Vorfahren wussten das. Gemeinsame Gesänge rund um das Lagerfeuer führten zu einem starken und überlebenswichtigen Zusammenhalt der Gruppe.

Ich nutze die Kraft der Gruppe auch dazu, um mich persönlich und beruflich weiterzubilden. Onlinekurse sind eine unglaublich zeitsparende und praktische Erfindung. Ihnen fehlt jedoch meist eine wichtige Komponente, nämlich der aktive Austausch zwischen Teilnehmern und Trainern. Wie wirkungsvoll dagegen ein gut konzipiertes Seminar mit einer motivierten Teilnehmergruppe ist, stelle ich immer wieder fest, wenn ich Ausbildungen von meinem langjährigen Mentor Jörg Löhr besuche. Ich werde Ihnen gleich noch mehr von ihm erzählen. Seine Seminarwochenenden sind meistens unglaublich anstrengend, denn neben einer ordentlichen Portion Theorie, gibt es immer jede Menge praktischer Inhalte, die einem körperlich und emotional viel abverlangen. Am Abend wird oft bis in die Nacht gefeiert. Obwohl ich am Ende körperlich erschöpft bin, laden mich diese Tage im Kreise positiver Menschen enorm auf. Der Effekt hält tagemanchmal sogar wochenlang an. Ähnliches habe ich bei Meditation Retreats (natürlich ohne Party) erlebt.

TAKE AWAY

Positive Beziehungen untereinander fördern die Gesundheit, senken das Stresslevel und lassen uns sogar länger leben. Sie sind ein wichtiger Baustein für Balance, Sicherheit und Stabilität.

- Sorgen Sie für ein stabiles Umfeld. Je vertrauensvoller das Miteinander, desto besser. Das gilt für private wie berufliche Beziehungen.
- Pflegen Sie Ihre Freundschaften. Dabei gilt: Qualität vor Quantität. Lieber ein guter Freund als 100 Facebook-Bekanntschaften.

Keep smiling! – Warum mit guter Laune alles leichter geht

Dort, wo Lachen ist, hat die Angst keinen Platz. In der Tat hilft uns Humor über viele Tiefen des Lebens hinweg und ermöglicht uns, die Höhen noch intensiver zu erleben. Wer dem Leben mit einer Grundstimmung von Freude begegnet, tut sich nicht nur leichter, Menschen für sich zu gewinnen, sondern lebt sogar länger. Diese Erfahrung konnte ich mehrmals im Leben machen, wie damals in Hamburg.

Zwei niederschmetternde Nachrichten auf einmal. Das ist nicht mein Tag. Zumindest noch nicht. Ich befinde mich in einem Seminarhotel in Hamburg beim ersten Modul meiner Business Coach Ausbildung. Mein Ausbildungsleiter ist Jörg Löhr. Er coachte schon Kaliber wie Franziska von Almsick, die Spieler von Werder Bremen oder viele Führungskräfte namhafter Firmen. Ich kenne ihn schon viele Jahre lang. Das Besondere an seinen Seminaren ist der lustige und bereichernde Kreis an Teilnehmern. Das ist kein Zufall, denn Jörg versteht es, den Menschen zu helfen, sich in einen außergewöhnlich guten Zustand zu versetzen. Je besser die Stimmung unter den Teilnehmern, desto besser der Lernerfolg. An diesem Morgen bin ich von einem guten Zustand weit entfernt. In der Nacht hat ein Hagelschauer die gesamten Fenster unserer Sportanlage zerstört und meine Steuerberaterin informierte mich gerade über eine bevorstehende, gesalzene Steuernachzahlung. Meine Stimmung ist mehr als gedrückt. Aus dem Seminarraum kommt fröhliche Musik, die Teilnehmer klatschen sich beim Betreten ab und Jörg schmettert mir ein freudestrahlendes »Guten Morgen!« entgegen. Nicht dass ich in diesem Moment besonders viel Lust dazu hätte, aber ich mache mit. Schon bald steht die erste Partnerübung an. Von Minute zu Minute bessert sich mein Zustand und damit meine Stimmung. Als wir in die Pause gehen, bin ich ausgelassen und energiegeladen. Mein Problem ist immer noch da. Aber nicht mehr so dunkel, nicht mehr so bedrückend. Was ist passiert?

Wenn Du lachst, lache ich auch

In einem Umfeld von fröhlichen, lachenden Gesichtern geht es uns automatisch selbst auch besser. Unsere Stimmung und unser Energielevel steigen. Verantwortlich dafür sind die sogenannten Spiegelneuronen im Gehirn. Erst in den 90er-Jahren entdeckte der italienische Forscher Giacomo Rizzolatti nahezu zufällig, dass wir über bestimmte Nervenzellen verfügen, mit denen wir mit unseren Mitmenschen in Resonanz gehen. Er stellte fest, dass unser Gehirn beim Beobachten einer Tätigkeit genauso reagiert, als ob wir die Tätigkeit selbst ausführen würden. Noch erstaunlicher war, dass das Gleiche für das Beobachten von Gefühlen und Emotionen gilt. Blicken wir einer traurigen Person ins Gesicht oder sehen wir uns einen traurigen Film an, werden wir automatisch selbst traurig. Gleiches gilt umgekehrt. Sobald uns ein Gesicht lachend anstrahlt, steigt unsere Laune automatisch. Man nennt das »emotionale Ansteckung«. Heute weiß man, dass es die Spiegelneuronen sind, die den Menschen zum mitfühlenden Wesen machen. Sie unterscheiden einen gesunden Menschen vom Autisten, bei dem diese bestimmten Nervenzellen fehlen bzw. geschädigt sind. Autisten sind daher nicht in der Lage, diese Form von emotionalen Beziehungen aufzubauen.

Die Macht der Spiegelneuronen

Auf unser Leben hat die Funktionsweise der Spiegelneuronen dramatische Auswirkungen, denn sie geben uns die Macht, die Stimmung von Gesellschaften, aber auch unsere eigene mitzugestalten. Wir können nicht nur unsere eigenen Emotionen steuern, sondern mittels der Spiegelneuronen auch die der anderen Personen und sie dabei unterstützen, dass es ihnen besser geht, um am Ende selbst zu profitieren. Das Ganze gleicht einem sich selbst verstärkenden Ping-Pong-Spiel. Sobald wir unser Gegenüber anlachen, verbessert sich die Stimmung und der Zustand dieser Person. Früher oder später wird sie zurücklachen, wodurch es uns selbst wiederum besser geht. Das funktioniert selbst dann – aufgepasst – wenn unser ursprüngliches Lachen gar nicht echt war!

Kommen wir noch einmal zurück zu meinem Tag mit Jörg Löhr in Hamburg. Als ich damals in den Seminarraum ging, war mir wahrlich nicht zum Lachen zumute. Trotzdem bin ich auf den Zug aufgesprungen und habe zumindest so getan, als ob ich gut drauf wäre. Diese »So-tun-als-ob-Methode« funktioniert immer. Wenn Sie lächeln, wird Ihr Gegenüber lächeln, woraufhin Ihre eigene Laune steigt. Nicht umsonst heißt es, dass ein Lächeln die schnellste Verbindung zwischen zwei Menschen darstellt. Dieser Effekt muss sich nicht nur auf zwei Menschen beschränken, sondern kann sich auf eine größere Runde, einen Teilnehmerkreis oder sogar auf eine ganze Gesellschaft auswirken.

> »Nichts in der Welt wirkt so ansteckend
> wie Lachen und gute Laune.«
>
> — CHARLES DICKENS —

Seit ich das weiß, sehe ich es als meine Pflicht an, andere Menschen mit einem Lächeln zu begrüßen, die Seminarleiter anzustrahlen oder in einem Meeting die Menschen auch mal zum Lachen zu bringen. Ein Lachen oder ein kleiner, unverbindlicher Scherz kann schon mal das Eis in einer schwierigen Sitzung brechen. Wir Menschen genießen das. Keiner will seine Zeit mit einem Miesepeter verbringen.

REFLEXION

Wie oft haben Sie heute schon gelacht? Wie viele Menschen haben Sie heute schon angelächelt?

Warum Sie unbedingt öfter lachen sollten

Der Mensch lacht in etwa 15-mal am Tag. Das klingt viel, ist es aber – verglichen mit Kindern – nicht. Denn diese lachen 400-mal pro Tag. Ist uns das Lachen vergangen? Hoffentlich nicht, denn Lachen hat jede Menge Vorteile und verleiht uns sogar Macht. Vielleicht war das ein Grund dafür, dass es Knigge den Frauen früher verbat. In den Benimmbüchern der 6oer-Jahre wurde den Frauen ans Herz gelegt, in der Öffentlichkeit nicht laut zu lachen. Es würde sich nicht schicken, hieß es da. In bestimmten Kulturen ist das auch heute noch so. Werfen wir einen Blick auf die Macht der guten Laune.

Gute Laune steigert die Leistung: Viele erfolgreiche Trainer und Speaker wissen: je besser die Stimmung im Seminar, desto besser die Lernerfolge. Wenn viel gelacht wird, kann man sich mehr merken, ist motivierter und lernbereiter. Das funktioniert auf intellektueller Ebene, aber auch auf sportlicher. Kinder lernen eine Sportart wesentlich besser und bleiben eher am Ball, wenn viel auf spielerische Weise passiert. Drill und Zwang auf dem Sportplatz haben ausgedient – zumindest bei den unter Zehnjährigen. Auch wenn ich auf mein Wackelbrett steige, mich auf die Slackline oder ein wackeliges Surfbrett wage, dann versuche ich, dabei zu lachen oder zumindest zu lächeln. Dadurch sinkt automatisch der Stresspegel, denn jedes Lachen hat einen positiven Einfluss auf unser vegetatives Nervensystem. Daher achte ich auch in meinem Team darauf, dass der Spaß niemals zu kurz kommt. Denn er verbessert unsere Leistung und angeblich sogar unser Immunsystem.

Wer lacht, hat keine Angst! Wir können nicht gleichzeitig lustig sein und dabei Angst empfinden. Es sind zwei gegensätzliche Emotionen. Wenn wir lachen oder uns herzlich an etwas erfreuen, dann schüttet unser Körper Endorphine aus und die wiederum signalisieren uns: Es ist alles in Ordnung! Das war evolutionsbiologisch ein wichtiger Vorgang, denn er half uns, gefährliche Situationen zu erkennen. Wann immer uns ein fremder Artgenosse anlachte, wussten wir: Da ist keine Gefahr zu erwarten. Man kann das wunderbar bei unseren Vorfahren, den Schimpansen, beobachten. Auch sie können lachen und signalisieren damit: Ich bin ein Freund, von mir hast du nichts zu befürchten.

Dadurch kann Humor uns dabei helfen, schwierige Zeiten zu überstehen. Er nimmt ihnen ihre Schwere. Außerdem hilft er uns dabei, uns in eine Meta-Position zu begeben und Dinge neutral von außen zu betrachten. Wir können uns eine Meta-Position wie einen Regiestuhl vorstellen. Wir springen dabei von der Position des involvierten Akteurs in eine andere Betrachtungsebene und sehen uns das Ganze von außen an. Das hilft uns dabei, Dinge neutraler und objektiver zu betrachten.

> *»Wir müssen die Dinge lustiger nehmen, als sie es verdienen, zumal wir sie lange Zeit ernster genommen haben, als sie es verdienen.«*
>
> — FRIEDRICH NIETZSCHE —

WISSEN TO GO
HEITERE MENSCHEN LEBEN LÄNGER

Wer gut gelaunt ist, lebt länger. Eine kühne Behauptung, die jedoch wissenschaftlichen Studien standhalten kann. Eine besonders bekannte ist die sogenannte »Nonnen-Studie« der US-amerikanischen Forscherin Deborah Danner[28]. Sie analysierte die Lebensgeschichten von 180 Nonnen des Ordens »School Sisters of Notre Dame«. Nonnen sind für die Wissenschaft eine besonders spannende Personengruppe, weil deren Tagesablauf, deren Ernährung und andere Rahmenbedingungen exakt ident sind. Seit dem Jahr 1930 wurden die Nonnen des Ordens gebeten, bei Eintritt ihre Lebensgeschichte aufzuschreiben. Die jungen Damen waren damals im Schnitt 22 Jahre alt. Die Forscherin untersuchte vor allem das Sterbealter der Nonnen und entdeckte folgenden spannenden Zusammenhang: Je positiver die Nonnen ihre eigene Lebensgeschichte formuliert hatten, je mehr schöne Erlebnisse sie beschrieben hatten, desto älter wurden sie – im Schnitt bis zu 10 Jahre älter! Vielleicht ist Lachen und eine positive Grundeinstellung ja das beste Anti-Aging-Mittel überhaupt.

Nicht die gute Laune verderben lassen

Diese ganzen Erkenntnisse zwingen dazu, zu hinterfragen, wie viele negative Informationen man noch in sein Leben hineinlassen sollte. Ich verweigere mich seit vielen Jahren schlechten Nachrichten. Natürlich macht es Sinn, im Großen und Ganzen über das Weltgeschehen informiert zu sein. Auch alle Informationen, die unsere Zukunft betreffen – egal ob gut oder schlecht – sind wichtig. Aber was bringt es unserem Leben, über den letzten Autounfall auf der A8 informiert zu werden? Oder über die Messerstecherei in der Nachbarstadt? Ich versuche – so gut es geht – mich von dieser Art von Nachrichten fernzuhalten und mich auf »Happy News« zu konzentrieren. Leider haben in den Medien die negativen Schlagzeilen immer noch die Überhand. Sich ihnen zu verweigern, nenne ich Psychohygiene. Es hilft dabei, mit Vertrauen und Optimismus durch die Welt zu gehen.

LIFEHACK TO GO

SO KÖNNEN SIE IHRE LAUNE VERBESSERN

Schauen Sie öfter lustige Filme, um sich in einen positiven, gut gelaunten Zustand zu versetzen.

Besuchen Sie Komödien, Kabaretts oder Comedians. In der Gruppe verstärken sich dank der Spiegelneuronen die Effekte mehrfach!

Lösen Sie Rätsel. Es stellt sich ein hohes Lustempfinden ein, wenn wir ein Rätsel gelöst haben, denn im Gehirn wird unser Belohnungszentrum aktiviert und es kommt zu einem Endorphinschub. Man nennt das auch den »Heureka-Effekt«. Wichtig: Das Rätsel sollte weder zu schwer noch zu leicht sein.

Lachen Sie jede Person an, die Sie treffen. Egal ob beim Joggen, beim Einkaufen oder im Job. Ein kleines Lächeln genügt. Überfordern Sie die Leute nicht. Vor allem in Deutschland und Österreich sind es die Menschen nicht gewohnt, scheinbar grundlos angelacht zu werden.

Muss man immer gut drauf sein?
Natürlich nicht. Wir haben schließlich das Recht, auch mal traurig, wütend oder verärgert zu sein. Es gibt sogar Situationen, in denen es denkbar unangebracht wäre, gut drauf zu sein. Auf einer Beerdigung ist jeder Scherz fehl am Platz. Aber überlegen Sie doch einmal: Wie gut tut es, wenn bei der anschließenden Trauerfeier über den Verstorbenen im Positiven geredet wird, man sich an lustige gemeinsame Erlebnisse erinnert oder sogar ein wenig gescherzt wird? Wir können dadurch sogar unserem Schmerz etwas die Schwere nehmen.

Es geht nicht darum, immer gut drauf zu sein, sondern um eine positive Grundeinstellung zum Leben. Möchte ich das Glas halbvoll oder halbleer sehen? Gehe ich heiter oder verbissen durchs Leben?
Heiterkeit kann dabei auch ganz leise Züge annehmen. Es muss nicht immer der laute Scherzbold sein, der einen Witz nach dem anderen reißt. Mir gefällt der Begriff der heiteren Gelassenheit sehr. Der Neurologe Dr. Reiner W. Heckl beschreibt eine Person mit heiteren Charakterzügen als jemanden, der mit sich und der Welt im Einklang ist und zu-

frieden ist mit dem, was er hat. Darüber hinaus blickt er optimistisch in die Zukunft und geht mit einer gewissen Unbeschwertheit durchs Leben.[29] Dabei klammert die heitere Person die Sorgen und Ängste nicht aus. Sie lässt sich einfach nicht so stark von ihnen gefangen nehmen.

Ein heiterer Mensch bedeutet nicht »Everybody's Darling« zu sein. Freundlichkeit und Herzlichkeit sind vor allen Dingen Zustandsmanagement. Es geht nicht darum, Konflikten aus dem Weg zu gehen und zu allen Dingen Ja und Amen zu sagen. Es geht darum, mit einem Gefühl von Freude und Leichtigkeit durchs Leben zu gehen. Wir erleben Heiterkeit als einen lustvollen Akt und wollen vor allem eines: mehr davon.

Heiterkeits-Management: Gute-Laune-Gene anschalten

Heckl ist der Meinung, dass es für Heiterkeit eine gewisse genetische Grunddisposition gibt. Heißt das, einmal Miesepeter, immer Miesepeter? Dagegen würde ich mich mit Händen und Füßen entschieden wehren, denn immerhin sagt die Epigenetik, dass es in unserer Hand liegt, welchem unserer Charakterzüge wir mehr Raum geben und welchem weniger. Was kann ich tun, um meine »Gute-Laune-Gene« zu aktivieren?

Körpersignale nutzen: Allein die Körperhaltung kann einen enormen Einfluss auf unseren Zustand haben, wie wir inzwischen wissen. Wenn wir ein lachendes Gesicht machen, fühlen wir uns besser. Von der Wirkung kann man sich über einen einfachen Versuch überzeugen: Stellen Sie sich dafür vor den Spiegel, lassen Sie Schultern und Kopf hängen und versuchen Sie jegliche Spannung zu verlieren. Wie fühlen Sie sich? Gut? Zum Bäume ausreißen? Oder eher deprimiert und antriebslos? Drehen Sie jetzt den Spieß um. Richten Sie sich auf, heben Sie Ihren Kopf, öffnen Sie die Augen und lachen Sie sich an. Laut, eine Minute lang. Zeigen Sie Zähne! Ich weiß, das ist nicht ganz leicht, aber bleiben Sie dran und ziehen Sie die Übung durch. Wie fühlen Sie sich jetzt? Gerade haben Sie über 300 verschiedene Muskeln bewegt. Diese Muskeln haben Signale an Ihr Gehirn gesendet mit der Botschaft: »Hey, alles prima! Mir geht's gut!«

Die Übung ist wahrlich nicht neu, aber der Effekt ist immer wieder erstaunlich. Sie zeigt, wie schnell wir mit einer Veränderung unserer Körperhaltung unsere Stimmung beeinflussen können. Kleiner Side-Effekt dieser Übung: Wir haben unsere Bauchmuskeln trainiert.

WISSEN TO GO — LACHEN TRAINIERT DEN BAUCH

Der Lachmuskel, der sogenannte Musculus risorius, ist ein Teil unserer mimischen Muskulatur. Diese unterscheidet sich von der restlichen Skelettmuskulatur, da sie nicht Gelenke, sondern die Haut bewegt. Sie ist dafür zuständig, wie wir unsere Stimmung nach außen tragen. Es gibt über 20 verschiedene Muskeln im Gesicht, die natürlich alle symmetrisch im Doppelpack vorliegen. 17 davon sind allein für ein Lächeln zuständig. Ein herzhaftes, lang andauerndes Lachen bewegt sogar wesentlich mehr, nämlich bis zu 80 Körpermuskeln. Dabei ist auch die restliche Skelettmuskulatur, insbesondere die Bauchmuskulatur, involviert. Man könnte fast sagen, Lachen trainiert den Bauch!

Good vibrations! Eine zweite Möglichkeit, um unsere Laune sehr schnell zu beeinflussen, ist die Musik. Der Musikpsychologe und Neurowissenschaftler Prof. Stefan Kölsch erforscht mit seinem Team den Einfluss von Musik auf unsere Psyche. In mehreren Studien konnte er herausfinden, dass unsere Gedankeninhalte beim Hören fröhlich klingender Musik positiver sind. Wir bewerten sogar die Zukunft optimistischer, wie zum Beispiel die Chancen auf einen Lottogewinn. Interessanterweise konnte er herausfinden, dass dieser Optimismus am Ende tatsächlich zu mehr Gewinn führt. Die Wahl der Musik hat sogar einen Einfluss darauf, wie wir Farben wahrnehmen. So konnten die Forscher Joydeep Bhattacharya und Job Lindsen in einer Studie zeigen, dass wir Farben als heller und strahlender wahrnehmen, wenn wir fröhliche Musik hören.[30]

An diese Erkenntnisse sollten wir denken, wenn wir morgens das Radio andrehen. Wer mit einem Lächeln im Gesicht in den Tag starten möchte, tut gut daran, positive Musik zu hören. Der Effekt verstärkt sich noch, wenn wir Musik in der Gruppe hören. Denken wir wieder an die gemeinsamen Fan-Gesänge im Fußballstadion oder die positive Energie, die innerhalb eines Chors zustande kommt. Um herauszufinden, ob sich durch das gemeinsame Singen schon vorhandene positive Stimmungen lediglich verstärken oder sich auch negative Stimmungen in positive wandeln können, rief die deutsche Komikerin Anke Engelke zu einem Experiment auf. Gemeinsam mit dem Musikwissenschaftler Gunter Kreutz gründete sie den »Chor der Muffeligen«. Man stellte eine Gruppe an unerfahrenen Sängern zusammen, die sich selbst als »muffelig« bezeichneten. Der Chor traf sich zwölf Wochen lang für jeweils 30 Minuten Chorprobe. Mittels Fragebögen dokumentierte man die Stimmungslage der Chorteilnehmer und mittels Speichelprobe die jeweilige Oxytocin-Freisetzung. Die Ergebnisse verwunderten nicht. Im Vergleich zu Teilnehmern einer Kontrollgruppe, die statt

Singen ein angenehmes Gespräch führten, stieg der Oxyto-cin-Gehalt signifikant an. Schon nach wenigen Treffen verweigerten die Teilnehmer die Bezeichnung »muffelig«, da sie sich nun als »glücklich« bezeichnen würden.

Positive Anker setzen: Es gäbe noch viele Möglichkeiten, unsere Stimmung zu beeinflussen. Können Sie sich an meinen »Farbenflüsterer« Ernst erinnern? Sein Beruf ist es, Menschen dabei zu helfen, mittels richtiger Wandfarben in die richtige Stimmung zu kommen. Auch Bilder oder Gerüche können dazu beitragen. Vielleicht kennen Sie den Begriff des »Ankerns«. Manche Erlebnisse sind in unserem Gehirn sehr stark mit bestimmten Sinneseindrücken verknüpft. So erinnert uns der Duft von Zimt an Weihnachten mit der Oma oder der salzige Geruch von Meer an den letzten Urlaub. Der Duft von Zimt bildet dabei den Anker, der uns dabei hilft, die positive Stimmung der Vergangenheit in der Gegenwart wieder zu erleben. Wir können die Technik des Ankerns ganz bewusst nutzen, um uns in einen heiteren Zustand zu versetzen. Dazu reicht es, uns an einen besonderen, einprägsamen, heiteren Moment zu erinnern und diesen mit einem ebenso einprägsamen Sinneseindruck, dem Anker, zu verknüpfen. Das kann eine Handbewegung sein (z. B. ein Mudra, das Ballen der Hand zur Faust) oder auch ein bestimmtes Lied oder ein Ton. Hauptsache, Sie können diesen Anker jederzeit abrufen.

Die Königsdisziplin: über sich selbst lachen können
Während Heiterkeit eine Art Grundeinstellung ist, hat Humor eine weitaus aktivere Komponente. Ich habe mich oft gefragt, ob man Humor erlernen kann. Heute bin ich mir sicher, dass das Leben eines Comedians harte Arbeit ist. Bestimmt gibt es Menschen, die ein gewisses Talent für Sponta-

nität, Schlagfertigkeit und Witz haben. Meistens steckt aber viel Üben darin. Die meisten Kabarettisten analysieren jeden ihrer Auftritte bis ins Detail. Jeder Witz, jeder Spruch wird auf Wirksamkeit geprüft und es wird immer wieder daran gefeilt, bis die Pointe einfach perfekt ist. Die wenigsten von uns werden ihren Lebensunterhalt damit verdienen, Witze zu erzählen. Und das brauchen wir nicht. Denn Humor zu haben, bedeutet nicht, dass ich immer der Mittelpunkt eines jeden Stammtisches bin oder mit meinen Gags ganze Stadien füllen kann.

Der humorvolle Mensch erheitert schlichtweg sich selbst, aber auch andere gern. Oder ganz einfach ausgedrückt: Er kann auch über sich selbst lachen, denn er nimmt sich in der Regel selbst nicht so wichtig und den Rest der Welt schon gar nicht. Er weiß, dass er schon viele Fehler gemacht hat und auch in Zukunft noch machen wird. Daher ist er auch nicht so streng mit seinen Mitmenschen und lässt auch gern eine gewisse Nachsicht walten. Schließlich bringt er diese auch sich selbst gegenüber mit. Humorvoll auf sein Leben zu blicken, hat etwas von Gelassenheit und innerer Ausgeglichenheit, also jede Menge von Balance.

TAKE AWAY

Lachen ist gesund. Gute Laune steigert nicht nur die Leistungsfähigkeit, sondern hilft uns auch, schwierige Situationen im Leben leichter wegzustecken.

- Lachen ist ansteckend. Begegnen Sie anderen Menschen daher stets mit einem Lächeln, das sich gern zu einem Lachen steigern darf.
- Treffen Sie im alltäglichen Leben ganz bewusst Maßnahmen, die Sie in eine gute Laune versetzen: mit Musik, Farben, Erinnerungen, ...
- Lernen Sie, über sich selbst zu lachen, und nehmen Sie das Leben und sich nicht zu wichtig!

Das Wackelbrett des Lebens beherrschen

Lerne, was dich stark macht!

Jeder Mensch verfügt über seine eigene Landkarte und seine ganz persönlichen Kraftquellen. Finden Sie heraus, was Sie persönlich stärkt, mit welchen Mitteln Sie Ihre Batterien aufladen und wie Sie *Kraft, Gelassenheit* und *Lebenslust* kultivieren können.

Die letzten Kapitel waren schon ein ganz schöner Tobak. Gedanken wie »Wie soll ich das noch alles schaffen?« bis hin zu »Das stresst mich ja mehr, als es mich in Balance bringt!« mögen Ihnen durch den Kopf rasen.

Wenn Sie die Anregungen der letzten Kapitel in eine abzuarbeitende To-do-Liste transformieren, dann gebe ich Ihnen recht. Das klingt nach viel. Wenn Sie alle Schritte Ihrer Morgenroutine, also Zähneputzen, Duschen, Waschen, Stylen, Anziehen, Frühstückmachen usw. als tägliche, abzuarbeitende Aufgabenliste auffassen, dann sind das ebenfalls viele Aufgaben. Stellen Sie sich vor, Sie müssten alles erst neu erlernen. Gott sei Dank müssen Sie das nicht. Ihre Morgenroutine ist ein fester Bestandteil Ihres Alltags, den Sie nicht mehr überdenken müssen. Jeder Schritt ist automatisiert und in Ihr Leben integriert. Sie schaffen das, ohne nachzudenken, und mit relativ geringem Energieaufwand. Irgendwann mussten Sie sich diese Schritte erst einmal angewöhnen. Als Ihre Eltern Ihnen das Zähneputzen beibringen wollten, fanden Sie das alles andere als normal, sondern wahrscheinlich furchtbar lästig. Jede Gewohnheit braucht ihre Zeit, bis sie eine geworden ist. In der Regel mindestens 21 Tage, manchmal sogar mehr. Wenn Sie als Gärtner einen Samen sähen, dann dauert es einige Wochen oder sogar Monate, bis sie erfolgreich ernten können. Manche Dinge brauchen einfach ihre Zeit. Sie können zwar den Boden düngen und darauf achten, dass weder Schädlinge noch Unkraut das Pflänzchen zerstören, aber sie können den Prozess nicht beschleunigen. Mehr noch: Jeder Versuch zu einem schnelleren Ergebnis zu kommen, verschlechtert es in der Regel und führt darüber hinaus zu einer permanenten Stresssituation. Lassen Sie den Dingen ihre Zeit und vertrauen Sie darauf, dass Ihre Saat im richtigen Moment Früchte trägt. Diese Früchte können Sie ernten, sobald Sie die neuen Gewohnheiten in Ihr Leben integriert haben und alles automatisiert abläuft. Unser innerer Schweinehund, der sich anfangs so sträubt, ist dann gezähmt und denkt nicht mehr daran, Ihnen im Wege zu stehen. Im Gegenteil, manchmal legt er sich sogar ziemlich ins Zeug, damit Sie diese Gewohnheit unbedingt beibehalten.

Viele Maßnahmen, die Sie in den vergangenen Kapiteln kennengelernt haben, sind ein fester Bestandteil meines Lebens geworden. Ich muss nicht mehr darüber nachdenken, habe mich organisiert und liebe die festen Rituale. Ich weiß, dass sie ein wichtiger Bestandteil für meine Lebensbalance sind. Für mich haben sie sich zu einer Art Best-Practice-Liste herauskristallisiert, die ich gerne für Sie zusammenfasse:

Meine Meditationspraxis

Unmittelbar nach dem Aufwachen starte ich mit 25 Minuten Zazen (Sitzmeditation). Das zahlt auf mein Konto KRAFT und GELASSENHEIT ein und bereitet mich optimal auf den Tag vor. Um meine regelmäßige Meditationspraxis sicherzustellen und zu vertiefen, checke ich mindestens einmal im Jahr in einem Zen-Kloster für ein einwöchiges Retreat, ein so genanntes »Sesshin«, ein. Davon komme ich erholter und energiegeladener zurück als von jedem Urlaub.

Meine Ernährung

Ich lebe nach dem Grundsatz »Gutes durch Besseres zu ersetzen«. Gut ist, was gut schmeckt, besser ist, was gleichzeitig meinem Körper guttut. Ich esse niemals etwas, nur weil es gesund ist. Aber ich habe ein gutes Gespür dafür entwickelt, welche Lebensmittel mich stärken und welche mich schwächen. Ich entscheide mich in der Regel für erstere. Nicht immer, denn manchmal darf auch mein innerer Schweinehund gewinnen. Verbissenheit und Genuss passen nämlich nicht zusammen. Ich folge meiner Intuition und versuche, auf meinen Körper zu hören. Um meine Nährstoffzufuhr sicherzustellen, versorge ich mich täglich mit einer Extraportion Vitalstoffe. Ich kenne meine Blutwerte und meine genetische Veranlagung und stimme meine Nahrungsergänzung darauf ab.

Mein Sportprogramm

Mein wöchentliches Trainingsprogramm besteht aus einer Stunde zielgerichtetes Krafttraining und einer Stunde Bodyart. Um so zeitsparend und effizient wie möglich zu trainieren, buche ich mir dazu einen Personal Trainer. Ich könnte das auch allein, aber der verbindliche Termin ist für mich wichtig, um diese Routine regelmäßig durchzuziehen.

Die Wochenenden sind für den Ausdauersport reserviert. Dabei steht der Spaß und das Bewegen in der Natur im Vordergrund. Meine bevorzugte Spielwiese ist der Berg, egal ob mit Rad, mit Skiern oder zu Fuß. Ich erkunde gern neue Gebiete oder Strecken, die ich noch nicht kenne. Diese Sporteinheiten stärken meine Kernkompetenzen KRAFT, GELASSENHEIT und LEBENSLUST gleichermaßen und sind daher mein Garant für ein ausgeglichenes Leben. Montags schließe ich mich einer Laufrunde an. Es ist ein gutes Gefühl, schon am Wochenanfang etwas für den Körper getan zu haben. Sport gemeinsam mit Freunden zu machen, entspannt mich besonders gut.

Meine Zeit für mich
... verbringe ich am liebsten in der Natur. Ich liebe es, im Wald zu wandern oder einfach nur spazieren zu gehen. Einfach so. Manchmal sammle ich Wildkräuter, manchmal bin ich einfach nur auf der Suche nach einem schönen Fotomotiv. Das hilft mir, gelassen zu bleiben. Ich versuche, zumindest 30 Minuten pro Tag an der frischen Luft zu verbringen. Das gelingt mir nicht immer, aber ich arbeite daran.

Meine Beziehungen
Auch wenn ich sehr gut allein sein kann, stellen andere Menschen eine große Kraftquelle für mich dar. Ich lerne gern neue kennen und erfreue mich an den Geschichten,

die sie zu erzählen haben. Besonders wichtig sind mir gute berufliche Beziehungen, denn dort verbringe ich einen Großteil meiner Zeit. Ich habe es zu meinem Ziel erklärt, nur noch mit Menschen zusammenzuarbeiten, bei denen ich ein gutes Gefühl habe. Manchmal bedeutet das auch, ein Geschäft nicht zu machen. Das akzeptiere ich. Meine Familie und meine Freunde sorgen für Stabilität und Sicherheit, aber auch für Spaß und Genuss. Wir kochen, essen, lachen gemeinsam oder treiben gemeinsam Sport.

Meine Neugier
Ich habe nur einen Neujahrs-Vorsatz: jedes Jahr zehn neue Erfahrungen zu machen. Dadurch kultiviere ich meine Neugier, bleibe wachsam für Chancen und offen für Neues. Ich halte viel von lebenslangem Lernen und hoffe, dass ich mich auch noch mit 90 Jahren weiterbilden und durch die Welt reisen werde, um andere Kulturen kennenzulernen.

Was für mich gilt, gilt für Sie noch lange nicht

Und jetzt vergessen Sie am besten wieder alles, was Sie auf den letzten Seiten gelesen haben. Denn nur, weil das *meine* Best Practice ist, muss das noch lange nicht Ihre sein. Vielleicht schöpfen Sie die meiste Energie aus der Malerei oder durch Musizieren. Vielleicht sind es soziale Projekte, die Sie besonders erfüllen, vielleicht auch das Schreiben von Gedichten. Als Ernährungscoach habe ich gelernt, dass keine Diät auf dieser Welt bei allen Menschen gleichermaßen gut funktioniert. Dafür sind wir viel zu komplexe und individuelle Wesen. Genauso wie jeder über einen anderen Körper verfügt, läuft ein jeder von uns mit einer anderen Landkarte durchs Leben. Diese ist geprägt von unseren Erfahrungen in der Vergangenheit, unseren Vorlieben und unseren Fähigkeiten. In meiner Welt spielen Menschen, Sport und Natur eine entscheidende Rolle, in Ihrer Welt womöglich ganz andere Aspekte. In meiner Funktion als Führungskraft schlüpfe ich regelmäßig in die Rolle eines Coaches. Für ein erfolgreiches Coaching ist es wichtig, die Landkarte des Gegenübers kennenzulernen. Dafür ist es wichtig, sich der eigenen Landkarte bewusst zu werden. Einer meiner eigenen Coachinglehrer, Tom Rückerl, stellte mir einmal die Frage, was ich mir vom Rest meines Lebens wirklich wünsche. Diese Frage klingt erst einmal ganz einfach, schließlich kennen wir sie doch, unsere Lebensziele. Tun wir das wirklich? Sind es immer unsere Ziele oder sind es manchmal Ziele, von denen wir *glauben*, sie verwirklichen zu müssen? Mit dieser Frage könnte man ein ganzes Buch füllen und sie soll an dieser Stelle auch nur als kleiner Denkanstoß dienen. Denn wenn Sie beantworten können, was Ihnen im Leben wirklich wichtig ist, dann erleichtert Ihnen das die Frage nach Ihren ganz persönlichen Energiequellen, um die drei Kernkompetenzen *Kraft*, *Gelassenheit* und *Lebenslust* sicherzustellen:

ABSCHLUSS-REFLEXION

- Woraus schöpfen Sie Kraft?
- Ist es ein Hobby, sind es bestimmte Menschen oder besondere Rituale?
- Nach welchen Tätigkeiten fühlen Sie sich besser als vorher?
- Seien Sie ehrlich zu sich!
- Was lässt Sie zur Ruhe kommen?
- Wann haben Sie das Gefühl, »ganz bei sich zu sein«?
- Wann fühlen Sie sich gelassener als normal?
- Erinnern Sie sich an Situationen, in denen Sie gelassen auf Ereignisse reagiert haben, und fragen Sie sich: Was war damals der Grund für meine Gelassenheit? War es eine Fähigkeit, die in mir schlummert und die ich auch in anderen Situationen anwenden könnte?
- Wobei können Sie so richtig abschalten?
- Wann kommen Sie in den Flow?
- Welche Menschen stellen für Sie eine Kraftquelle dar?
- In wessen Umgebung fühlen Sie sich sicher und können ganz Sie selbst sein?

Bestimmt fallen Ihnen noch mehr Fragen ein, nachdem Sie dieses Buch gelesen haben. Es ist spannend, sich selbst zu erkunden. Wir glauben oft, wir würden uns gut kennen. Ich habe die Erfahrung gemacht, dass es immer wieder Neues zu entdecken gibt und die Suche nach dem Ich nie aufhört. Ein sehr berühmter Zen-Meister, Zenjii Dogen, der Anfang des 13. Jahrhunderts in Japan lebte und den immer noch existierenden Zen-Tempel Eihei-ji begründete, prägte folgenden Satz: »Sich selbst erkennen heißt, sich selbst vergessen. Sich selbst vergessen heißt, sich selbst wahrnehmen – in allen Dingen.«

Im Regiestuhl Platz nehmen

Sobald Sie herausgefunden haben, was die wesentlichen Erfolgsbausteine für Ihr perfektes Leben sind, gilt es, diesen eine hohe Priorität einzuräumen. Was Priorität in Ihrem Leben hat, entscheiden Sie selbst und kein anderer. Sie sind der Regisseur Ihres Lebens.

Ich war viele Jahre lang einmal pro Woche beim Fernsehsender Servus TV als Expertin für gesunden Lifestyle zu Gast. Ab und zu durfte ich einen Blick in die Regie werfen. Vor dem riesigen Schaltpult und den vielen Monitoren sitzt der Regisseur und gibt seine Anweisungen. Er entscheidet, was ins Bild soll und was nicht, was man in Großaufnahme zeigt oder was nur am Rande gezeigt werden soll. Am Ende ist er oder sie verantwortlich für die gesamte Aufnahme. Für Ihr Leben sollte es auch einen Regisseur geben, und zwar Sie. Der Fernsehregisseur ist in der Lage, Kameras ein- und auszublenden, Dinge in den Fokus zu rücken oder andere einfach unter den Tisch fallen zu lassen. Das können Sie auch, nur dass es sich nicht um eine Fernsehsendung, sondern um Ihren Körper, Ihre Psyche und Ihr gesamtes Leben handelt. Indem Sie im Regiestuhl Platz nehmen, begeben Sie sich in die Metaposition. Sie wechseln in eine andere Betrachtungsebene. Sie erinnern sich bestimmt an viele Situationen in Ihrem Leben, in denen eine externe Person die Dinge viel klarer gesehen hat als Sie selbst. Weil sie nicht involviert war. Weil weniger Emotionen im Spiel waren. Weil sie die Sachverhalte neutraler betrachten konnte. Das macht es viel einfacher, Dinge zu beurteilen und die richtigen Entscheidungen zu treffen. Betrachten Sie Ihr Leben von dieser

Metaposition aus und nehmen Sie als Regisseur Ihres Lebens Einfluss auf Ihre Lebensbalance!

Der Buddhismus geht davon aus, dass in jedem von uns schon ein Buddha steckt, wir es nur noch nicht wissen. Übersetzt bedeutet das so viel wie: »Du bist schon erleuchtet. Du bist ein vollkommenes Wesen. Alles in dir ist perfekt. Du musst es nur noch erkennen.« In der Sprache Buddhas nennt man das Nicht-Erkennen Verblendung und die Meditation soll dazu dienen, diese Verblendung zu überwinden. Das ist ein Prozess, der das ganze Leben andauern kann. Aber mir gefällt die Vorstellung, dass wir eigentlich nichts anderes tun müssen, als endlich zu erkennen, dass wir eben doch Superwoman oder Superman sind, wir unsere Superpower nur noch nicht ganz entfalten konnten.

Wir können sogar unsere Genetik verändern

Vielleicht werden Sie mir an dieser Stelle ein »Ja, aber ...« entgegenknallen. Schließlich sind doch eine Menge Dinge in unserem Leben vorgegeben, allen voran unsere genetische Disposition. Ist das so? Sind wir unserer Genetik auf Gedeih und Verderb ausgeliefert? Ich sage Nein und die Erkenntnisse der Epigenetik unterstreichen das. Denken Sie wieder an den Regieraum. Dort existieren viele Knöpfe und Schalter, doch nur wenn man einen Knopf auch drückt, passiert etwas. Unsere Gene gleichen diesen ganzen Schaltern. Wenn sie betätigt werden, können sie ihr Potenzial entfalten. Die Epigenetik besagt sinngemäß, dass wir in der Lage sind, die Regie über unsere Gene zu übernehmen, indem wir mit unserem Verhalten bestimmte Gene an- und ausschalten können. Das sind unglaubliche Erkenntnisse, die uns ein ganzes Stück Verantwortung für unser Leben übertragen. Es bedeutet, dass wir unserem Schicksal eben nicht ausgeliefert sind, sondern aktiv Einfluss nehmen können. Ich gebe Ihnen ein kleines Bespiel. Aufgrund meiner genetischen Disposition habe ich ein stark erhöhtes Risiko, an Diabetes zu erkranken. Mein Großvater war Diabetiker und hat mir diese Veranlagung weitergegeben. Ein Gentest hat das bestätigt, schwarz auf weiß. Ich selbst litt während meiner Schwangerschaft unter einer Schwangerschaftsdiabetes. Das hat mir zu denken gegeben. Deswegen habe ich mich entschieden, es keinesfalls zu zuckerbedingten Problemen kommen zu lassen. Ich achtete verstärkt auf meine Ernährung und passte mein Training darauf an. Seit vielen Jahren sind meine Blutwerte einwandfrei, von Diabetes keine Spur.

Ist es nicht wunderbar, dass wir es selbst in der Hand haben können? Das heißt nicht, dass es einen Garantieschein für Gesundheit und Lebensglück gibt. Nein, ganz bestimmt nicht. Aber es heißt, dass wir den Grundstein dafür legen können. Wir können einem glücklichen Leben den roten Teppich ausrollen, ob es dann auch darüber geht, wissen wir nicht. Aber wir haben die Voraussetzung dafür geschaffen.

Wenn es doch so einfach wäre ...

... dann würden es alle machen. Tun sie aber nicht. Weil es anstrengend ist, an sich zu arbeiten. Weil es vor allem am Anfang ziemlich unbequem sein kann, sich neue Dinge anzugewöhnen. Wenn ich zum Beispiel die tägliche Meditation in mein Leben integrieren möchte, dann muss ich wahrscheinlich etwas früher aufstehen. Für viele von uns eine höchst unangenehme Vorstellung. Unser innerer Schweinehund hasst diese Art von Veränderung. Er bleibt viel lieber in seiner Komfortzone und gibt sich mit Altbewährtem zufrieden.

Er hat eine Menge Verbündete, die ihn dabei unterstützen. Es sind die zahlreichen Hindernisse, Stolpersteine und Störenfriede, die uns immer wieder abhalten, uns zu verändern. Sie versuchen ständig, uns auf dem Wackelbrett unseres Lebens aus dem Gleichgewicht zu bringen. Manchmal schubsen sie uns sogar gänzlich vom Brett. So what! Wieder aufsteigen und weitermachen ist die Devise. Bis sie sich plötzlich wie von selbst einstellt, die Balance.

Angekommen

Mit beiden Beinen kraftvoll im Leben stehen. Wind und Wetter und allen Krisen trotzen. Den stürmischen Zeiten mit Gelassenheit begegnen. In sich ruhen in einem Zustand von Freude und Leichtigkeit. In diesen Momenten haben wir das Gefühl, angekommen zu sein. Dort, wo wir sein wollen und wo wir hingehören.

Plötzlich Balance?!

Und irgendwann ist der Tag da. Plötzlich denkt man sich: »Jetzt passt es!« Alle Lebensbereiche scheinen gleichermaßen befriedigt zu werden, man hat alles im Griff und das Gefühl, vollkommen in Balance zu sein. Das fühlt sich gut an, oder? Zumindest für eine Zeit lang. Aus irgendeinem Grund scheint trotzdem bald etwas zu fehlen. Man müsste jetzt eigentlich so richtig glücklich sein. Man müsste regelrecht durchs Leben tanzen, die ganze Welt umarmen und vollkommen in sich ruhen. Was ist es, das einen daran zweifeln lässt? Ist man doch nicht ganz angekommen?

Neulich las ich einen Artikel in einer Frauenzeitschrift. Dort ließ die Redakteurin einen regelrechten Hilferuf los.

Mit ihren 40 Jahren hatte sie alles erreicht, was sie sich einmal für ihr Leben vorgenommen hatte. Jetzt fehle der Ausblick, die Vision. Manch einem mag das skurril oder anmaßend vorkommen. Sogar die Autorin vermutete, dass man sie dafür bestimmt hassen würde. Ich konnte mich gut hineinversetzen, denn vor nicht allzu langer Zeit ging es mir ähnlich. Ich lebe in einer erfüllenden Beziehung, habe zwei wunderbare Söhne, auf die ich mächtig stolz bin, und konnte mich beruflich stets verwirklichen. Ich habe ein Haus gebaut, bin einen Marathon gelaufen und fühle mich auch sonst recht wohl in meinem Körper. Und jetzt?

In diesem Moment erinnerte ich mich wieder an das Training auf dem Wackelbrett. Wenn man es nach vielen Trainingsstunden geschafft hat, auf dem Brett locker und lässig in seiner Mitte zu stehen, ist das zunächst ein cooles Gefühl. Es ist das Gefühl, es geschafft zu haben, und das macht Spaß. Aber es dauert nicht lange und es wird ein bisschen langweilig. Ziemlich langweilig sogar. Das ist der Moment, in dem mein Trainer Jörg mir ein neues Wackelbrett reicht. Das mit der harten Holzkugel unten dran. Es ist richtig schwer, darauf zu balancieren. Aber offensichtlich brauche ich das jetzt. Ich brauche eine neue Herausforderung.

Im Leben scheint mir das ganz ähnlich zu sein. Der Mensch strebt, solang er lebt. Goethe drückt das so ähnlich in seinem weltberühmten »Faust« aus. Faust ist davon überzeugt, dass der Mensch sein Leben lang nach »mehr« strebt, sich immer wieder nach Neuem sehnt und niemals zufrieden ist. Er ist sich dessen sogar so sicher, dass er mit dem Teufel, Mephistopheles, eine Wette eingeht. Der Wetteinsatz: nichts Geringeres als sein Leben. Er wolle mit ihm in die Hölle gehen, gäbe es nur einen Augenblick in seinem Leben, den er für immer festhalten würde.

Ich bin froh, dass es dieses Streben in uns gibt, denn ohne diese Eigenschaft hätte sich unsere Menschheit niemals so weit entwickeln können. Langeweile ist ein wunderbarer Nährboden für Kreativität. Bei Kindern kann man das beobachten – dank Handy, iPad & Co aber leider immer seltener. Wenn Kindern langweilig ist, kommen sie auf die lustigsten Ideen. Wenn ich im Urlaub den dritten Tag im Liegestuhl liege, werde ich auch ziemlich kreativ. Kreativität braucht sogar etwas Muße. Neue Ideen führen zu neuen Zielen und damit zu neuen Anforderungen. Neue Anforderungen benötigen Anstrengung und Fokussierung und meistens verbrauchen sie die stets knappe Ressource Zeit. Und schon beginnt unser Wackelbrett wieder zu wackeln, das Training beginnt von Neuem.

Stabilität erzielt, wer flexibel bleibt

Manchmal sind es auch unvorhergesehene Ereignisse, die die Balance wieder aus dem Lot bringen. Dinge verändern sich – wie wir gesehen haben – einfach sehr rasch. Irgendwas ist schließlich immer. Auch da heißt es, flexibel zu bleiben. Man könnte sogar sagen, dass nur derjenige Stabilität erzielt, der flexibel bleibt.

Das Training hört also nie auf. Wieso auch? Zu trainieren bedeutet, an sich zu arbeiten. Besser zu werden, als man ist. Stillstand ist Rückschritt. Training bedeutet, immer wieder aufzusteigen, wenn man runterfällt. Das Training wird zum Ziel und nicht zum Mittel zum Zweck.

Wissen Sie, was das Schöne daran ist? Jeder kann das. Es braucht kein besonderes Talent und keine besondere Voraussetzung. Jeder kann es schaffen, seine Kernkompetenzen zu aktivieren, um auf dem Wackelbrett des Lebens zu balancieren und zur eigenen Mitte zu finden. Wenn es etwas braucht, dann ist es allenfalls eine gewisse Form an Disziplin und ein gesundes Maß an Konsequenz. Ich kann Ihnen eines versprechen: Es wird sich lohnen. Sie müssen einfach nur einmal anfangen.

Jeder Tag ein perfekter Tag

Dieser Satz heißt im Original: »Jeder Tag ein guter Tag« und stammt aus dem Buddhismus. Er wird gern missverstanden, so nach dem Motto: Man muss doch in jedem Tag etwas Positives sehen. Doch darum geht es nicht. Vielmehr soll uns dieser Satz sagen, dass jeder Tag einfach nur ist. Das Leben besteht aus Höhen und Tiefen, aus lustigen und aus traurigen Stunden, aus Sonnen- und Regentagen. Das Leben ist alles. Der Buddhismus geht davon aus, dass erst unsere Bewertung einen Tag zu einem guten oder schlechten Tag macht. In diesem Sinne gäbe es keinen perfekten Tag und gleichzeitig wäre jeder Tag perfekt. Einfach, weil er ist. Diesen Gedanken können wir eher intuitiv als intellektuell erfassen.

Ich möchte Ihnen dazu noch einen Gedanken von mir mit auf den Weg geben.

Wir leben dieses Leben genau einmal. Selbst wenn Sie an Reinkarnation glauben, ist das nächste Leben ein anderes. Die Verantwortung für dieses Leben tragen Sie, sonst keiner. Auch wenn jeder mit einer bestimmten Grundvoraussetzung auf diese Welt gekommen ist, entscheiden Sie spätestens ab dem heutigen Tag selbst, wie es weitergeht. Sie entscheiden jeden nächsten Handlungsschritt. Und auch wenn Sie nicht handeln, treffen Sie damit eine Entscheidung. Sie entscheiden aber auch darüber, wie Sie über das Leben denken. Über sich, über die Menschen, über die Welt. Vielleicht stehen Sie heute an einem Punkt, an dem Sie zu sich sagen: Alles ist perfekt. Jeder Tag ein perfekter Tag. Möglicherweise ist es aber auch ganz anders. Egal wo Sie stehen, Sie können etwas ändern. Der Mensch zeichnet sich dadurch aus, dass er reflektieren kann und dass er sich verändern kann.

Vielleicht können Sie die äußeren Umstände nicht (sofort) verändern, aber Sie können immer Ihre Gedanken dazu verändern. Eine indische Weisheit besagt: Verändere deine Gedanken und du veränderst die Welt!

Es ist nicht so entscheidend, wie stark Ihr Wackelbrett gerade wackelt, ob Sie gerade heruntergefallen sind oder wunderbar darauf balancieren. Sie können in jedem Augenblick angekommen sein. Denn jeder Augenblick ist Teil einer spannenden Reise. Jeder Augenblick ist Teil Ihrer persönlichen Geschichte. Jeder Augenblick ist ein Teil Ihrer Persönlichkeit. Genießen Sie ihn!

INTERVIEW

ZEN-MEISTER HINNERK SYOBU POLENSKI

Abt des Daishin Rinzai Zen-Klosters in Buchenberg, Allgäu

»In unserer hektischen (Arbeits-) Welt wird der Wunsch nach Entspannung immer lauter. Ist Entspannung wirklich der Schlüssel?«

»Nein. Wir als Menschen sind heute in eine Welt hineingeworfen, die immer unberechenbarer, immer schwieriger wird und voller großer Veränderungen ist. Durch die ständige Konfrontation mit negativen Meldungen bekommen die Menschen zunehmend Angst, spüren Spannung und finden sich in einem Kreislauf negativer Gedanken wieder. Irgendwann kommt es zu einer großen Verstrickung. In dieser Verstrickung in die Entspannung zu gehen ist ein sehr schwieriger Akt. Das war vor 100 Jahren anders, da sind die Leute in den Wald gegangen, haben sich auf eine Bank gesetzt und sind zur Ruhe gekommen.

An erster Stelle steht nicht die Entspannung an sich, sondern die Stille. Sie ist der erste große Schlüssel. In die Stille zu kommen ist die Voraussetzung, um in seine Kraft zu kommen und mit sich verbunden zu sein. Diese Verbundenheit führt zur Entspannung. Die Stille ist ein Synonym für das, was die Menschen Meditation nennen. In die Stille zu kommen bedeutet, dass die Dinge, die uns verrückt machen und zu Spannungen führen, erst mal zur Ruhe kommen. Aus der Stille heraus entsteht die Klarheit und ich kann erkennen, was für mich heilsam ist und was unheilsam. Der Weg in die Stille heißt Zen-Meditation, Sitzen in Kraft und Stille.«

»In Japan heißt es: Bevor du ein Team führen kannst, musst du erst lernen, dich selbst zu führen. Wie geht Selbstführerschaft im Alltag? Hast du ein Beispiel?«
»Es gibt einen alten Samurai-Spruch, den man auf alle herausfordernden Situationen anwenden kann: *Bevor du eine Entscheidung triffst, etwas sagst oder tust, was wesentlich ist, atme siebenmal hintereinander aus.* Siebenmal langsam und tief ausatmen, um in die Stille zu kommen. Das bedeutet, siebenmal *nur Ausatem zu sein.* Am Ende dieser sieben Atemzüge kann eine Freiheit entstehen, die dazu führt, dass ich nicht nur entspannter bin, sondern die Dinge auch klarer sehe und dann entsprechend angemessen reagieren oder handeln kann. Ich kann die Dinge dann so nehmen, wie sie sind, oder klar und kraftvoll eingreifen.
Die Voraussetzung für Selbstführerschaft ist Stille, Klarheit und die Verbindung mit den Dingen. Die Voraussetzung für diese Technik ist das tägliche morgendliche Meditationstraining. Die siebenfache Ausatmung kann dann mitten im Alltag auf die morgendliche Meditation zurückgreifen, in jeder Situation.«

»Du hast die Unterscheidung heilsam zu unheilsam ange-sprochen. Lass uns auf das Phänomen des Perfektionismus zu sprechen kommen. Auch dieser kann durchaus unheilsa-me Züge annehmen ...«

»Es gibt sicherlich Situationen, wo Perfektionismus ange-messen ist, z. B. wenn ein Künstler ein Kunstwerk schafft. Das Problem des Perfektionismus ist, dass häufig dahinter ein Programm steht, bei dem es gar nicht um die Sache geht, sondern um etwas ganz anderes.

Nehmen wir an, du schreibst ein Buch. Du willst etwas Gutes schreiben, feilst mal hier, mal dort, besserst Fehler aus usw. Das ist alles angemessen und hat mit dem Werk zu tun. Unheilsam wird es dann, wenn man erfolgreich ist und man immer noch nicht zufrieden ist, es einfach immer noch nicht ausreicht. Wenn es nicht mehr um die Sache geht.

Es geht um den Glaubenssatz *Nur wer leistet, wird ge-liebt.* So etwas höre ich als kleiner Junge oder kleines Mäd-chen. Eine *Zwei* in der Schule reicht nicht, es muss eine *Eins* sein. Alles muss immer perfekt sein. Daraus entwickelt sich ein Programm. Nach außen hin äußert sich das als Perfek-tionismus, am Ende geht es um Anerkennung und Liebe.

Historisch gesehen sind wir ein Land, in dem Leistungs-druck natürlich eine große Rolle spielt. Das führt dazu, dass wir dadurch alle sehr verspannt sind und Perfektionismus zu einem Leidensweg wird.

Auch dann hilft es wieder, in die Stille zu gehen und mal hinzusehen, auch wenn das mit Schmerz und Gefühl verbunden ist. Mit der Zeit verlieren diese Kräfte, die uns immer sagen *Du musst perfekt sein,* an Macht. Wir werden feststellen, dass Perfektionismus gar nicht so wichtig ist und es etwas anderes gibt, und das ist die Erfüllung.«

»In die Stille zu gehen und zu meditieren ist ein Training des Geistes. Wie wichtig ist dabei der Körper?«
»Die Energie hat verschiedene Ebenen. Es gibt Energie auf der körperlichen, auf der energetischen und auf der geistigen Ebene. Diese drei Kraftebenen sind ineinander verwoben. Oft wird im Meditationstraining nur der Fokus auf den Geist gelegt. Die Wirklichkeit ist jedoch aus Materie. Materie und Geist sind eins. Die materielle Wirklichkeit hat einen großen Impact, vor allem auf der körperlichen Ebene.

Wir glauben, dass Gefühle wie Gier, Hass, Ärger oder Neid geistige, mentale Aspekte sind. Das sind sie nicht. Sie sind in erster Linie ein körperlicher, hormoneller Impuls aus alten Zeiten, wie z. B. der Fluchtimpuls. Wenn ich nur den Geist trainiere, plötzlich jedoch von Ärger oder Gier übermannt werde, dann bin ich diesem Gefühl ausgeliefert und die Meditation wird kaum Wirkung zeigen. Dementsprechend ist es wichtig, den Körper mitzunehmen, um die Gelassenheit auch auf der körperlichen Ebene zu spüren. Gleichzeitig gibt es die energetische Ebene – wir nennen sie Lebensenergie, Prana, Chi oder Ki. Das Zentrum dieser Ebene sitzt im Unterbauch und wird Hara genannt.

Wenn wir alle drei Ebenen trainieren – Geist, Hara, Körper – dann wird unser Körper zu einer enormen Kraftquelle. Wir sind dann nicht nur in einer geistigen, sondern auch körperlich-energetischen Power. Das merkt man bei Menschen, die eine vitale Ausstrahlung haben, die nicht nur körperlich ist. So jemand kommt rein und füllt sofort den Raum aus. Das ist die Einheit dieser drei Energien. Zen ist ein Körper-Energie-Geist Training.«

»Wenn man in ein Zen-Kloster eincheckt, bemerkt man, dass es geregelte Abläufe gibt. Manchmal wird das als streng oder ernst wahrgenommen. Wozu diese Strenge?«
»Viele würden erstaunt sein, wie lustig und fröhlich es bei uns im Kloster zugeht. Das Essen ist gut, die Menschen sind

gut gelaunt. Freude ist der Motor. Trotzdem gibt es etwas, was wir die *Form* nennen. Die ist wichtig. Stell dir vor, du möchtest deinem Gast einen wunderbaren japanischen, grünen, frisch aufgegossenen Tee servieren. Plötzlich stellst du fest, dein Gegenüber hat keine Tasse. Es fehlt das Gefäß, die Form. Die Schale ist die Form, der Tee ist der Inhalt. Wenn die Form angemessen ist, ist der Tee köstlich. Wenn keine Form da ist, kann ich den Tee nicht trinken. Die wichtigste Form, die wir Menschen haben, ist unser Körper. Das heißt, die Einheit von Form und Inhalt ist letztlich unser Leben. Das heißt, der Inhalt ist der Sinn, das Herz, der Geist und die Form ist ein Körper, der bis ins hohe Alter seinen natürlichen Weg geht.«

»Gerade in Zusammenhang mit Zen oder dem Buddhismus stößt man auf Sätze wie *Es gibt nichts zu erreichen*. Ist das eine Aufforderung zum Nichtstun?«
»Es geht darum, das Überzogene aufzulösen. Es geht um die Frage: Sind wir angekommen im Leben oder sind wir irgendwo in einem Zustand von Traum, Verstrickung und Leiden und gehen an der Essenz unseres eigenen Seins vorbei?
Wenn man angekommen ist, dann ist das eine Synthese von Kraft, Licht, Freude und daraus entsteht ein gewaltiger Wunsch, andere Menschen auch teilhaben zu lassen an dieser Helligkeit. Und daraus entsteht ein Wirken in der Welt.

Wenn Zen *nur* bedeuten würde, einfach da zu sein, dann könnte man auch einfach rumsitzen, ein Bier trinken und Netflix schauen. Zen ist Power, Zen ist Handeln oder wie mein alter Lehrer Oi Saidan Roshi sagte: *Zen ist Action*. Aus der eigenen Quelle, aus dem eigenen Sein heraus zu wirken zum Wohle aller. Das ist Zen.«

Anhang

Danksagung

Ein Buch zu schreiben ist wie eine Bergbesteigung. Es gibt einfache, aber auch mühsame Passagen, es gibt schöne Ausblicke und den einen oder anderen Rastplatz. Manchmal steht man auch vor einer Nebelwand. Deswegen ist es gut, eine Bergbesteigung nicht allein zu machen. Man braucht Menschen, die einen motivieren, inspirieren, auch mal kritisieren und wieder auf den rechten Weg bringen. Ich bin froh, dass es wertvolle Wegbegleiter gab, denen ich an dieser Stelle danken möchte.

Die wichtigste Person in meinem Leben ist gleichzeitig mein wichtigster Mentor, Coach und Unterstützer. Es ist mein Mann Christian. Ohne ihn geht gar nichts. Er ist der Held meines Alltags, die Liebe meines Lebens und der beste Partner, den man sich vorstellen kann.

Er war es, der mich zu diesem Projekt motiviert hat. Diese Motivation wurde weitergetragen von Maria-Theresa Schinnerl, die mich mit Birgit Schreder-Wallinger vernetzt hat. Die war eine große Stütze, fast schon so etwas wie ein Schreibcoach, mit viel Feingefühl und Verständnis für meine Art zu schreiben. Besonderer Dank gilt dem Goldegg Verlag und Elmar Weixlbaumer, der sofort an mich geglaubt hat.

Dass ich mich heute als glücklichen, ausgeglichenen Menschen bezeichne, verdanke ich wichtigen Mentoren. Besonders danken möchte ich meinem Zen-Meister Hinnerk Polenski und meiner Zen-Lehrerin Dr. Constanze Hofstätter, von denen ich unglaublich viel lernen durfte und denen ich viele wegweisende Erfahrungen verdanke. Ein Mensch, der sehr prägend für meinen Lebensweg war, ist Jörg Löhr. Er hat ein wunderbares Vorwort verfasst und mich in den letzten 20 Jahren immer wieder angespornt, nach den Sternen zu greifen. Meinem Coach Harald Breitenbaumer danke ich für die vielen wertvollen Gespräche im Laufe der Jahre.

Ich danke meiner Familie, die immer eine große Stütze war und der Nährboden meiner Entwicklung. Es gab viele weitere Menschen, die mich mit ihrem Wissen und Wirken für dieses Buch inspiriert haben, u.a. Jörg Bodingbauer, Ernst Muthwill oder Robert Steinbacher. Danke euch allen! Und natürlich allen, die ich an dieser Stelle vergessen habe.

Widmen möchte ich das Buch zwei meiner langjährigsten Freundinnen: Eva und Isabelle.

Literatur- und Quellenverzeichnis

Altstötter-Gleich C., Geisler F.: Perfektionismus, BALANCE/Psychiatrie, Köln: 2018

Blackburn E., Epel E.: Die Entschlüsselung des Alterns, 4. Aufl., Mosaik, München: 2017

Bryant K.: The Mamba Mentality, Melcher Media, New York: 2018

Bush A. D.: Das kleine Buch der Ruhe und Gelassenheit, 7. Aufl., Heyne, München: 2017

Carnegie D.: Wie man Freunde gewinnt, Fischer Taschenbuch, Frankfurt: 2011

Csikszenthihalyi M.: FLOW – Das Geheimnis des Glücks, 7. Aufl., Klett-Cotta, Stuttgart: 1999

Dispenza J.: Du bist das Placebo – Bewusstsein wird Materie, 7. Aufl., Koha, Dorfen: 2018

Dweck C.: Selbstbild, 3. Aufl., Piper, München: 2019

Egli R.: Das LOL^{2}A-Prinzip, 16. Aufl., editions d'olt, Oetwil: 1998

Hackemann M. (Hrsg.): Epikur – Von der Lust zu leben, Anaconda, Köln: 2007

Handler B.: Mit allen Sinnen leben, 5. Aufl., Goldegg, Wien: 2020

Häusel H.-G.: Think Limbic!, Rudolf Haufe, Planegg/München: 2009

Heckl R.: Das lachende Gehirn, Schattauer, Cotta'sche, Stuttgart: 2019

Hendel B.: Das Magnesium-Buch, 3. Aufl., VAK, Kirchzarten: 2015

Hof W., De Jong K.: Nie wieder krank, 6. Aufl., Riva, München: 2020

Hohenender A., Münch T.: Core Power, Gräfe und Unzer, München: 2017

Kölsch S.: Good Vibrations, ullstein, Berlin: 2020

Korte M.: Hirngeflüster, 5. Aufl., EUROPA, Berlin: 2020

Leibovici-Mühlberger M.: Die Burnout-Lüge, edition a, Wien: 2013

Long A., Schweppe R.: Bao, der weise Panda und das Geheimnis der Gelassenheit, 4. Aufl., Lotos, München: 2017

Kwik J.: Limitless, Next Level, Rosenheim: 2021

Miyazaki Y.: Shinrin Yoku – Heilsames Waldbaden, IRISIANA, München: 2018

Mogi K.: IKIGAI, 3. Aufl., Dumont, Köln: 2021

Palmer W., Crawford J.: Leadership Embodiment, CreateSpace/Amazon, North Charleston, 2013

Papenfuß W.: Die Kraft aus der Kälte, 3. Aufl., Edition k, Regensburg: 2015

Parker Steve: Der menschliche Körper, Dorling Kindersley, London: 2017

Polenski H.: In der Mitte liegt die Kraft, 3. Aufl., Theseus, Bielefeld: 2018

Polenski H.: Unabhängig von allem ..., 2. Aufl., MEILENSTEINE, Hamburg: 2016

Polenski H.: Die Linie im Chaos – Zen, Ethik, Leadership, Theseus, Bielefeld: 2010

Roth G., Strüber N.: Wie das Gehirn die Seele macht, 2. Aufl., Klett-Cotta, Stuttgart: 2019

Rückerl T.: Das große Praxis-Handbuch für Business Coaching, 3. Aufl., Wiley, Weinheim: 2021

Schmidbauer C., Hofstätter G. (Hrsg.): Mikronährstoff-Coach, Verlagshaus der Ärzte (VdÄ), Wien: 2017

Schönhusen H.: Die Kunst des Humors, Schönhusen, Berlin: 2015

Tolle E.: Jetzt! Die Kraft der Gegenwart, 8. Aufl., J. Kamphausen, Bielefeld: 2015

Vogler J.: Erfolg lacht, Gabal, Offenbach: 2019

Weitl M.: Immunbooster Muskulatur, Insight Publishing, Hamburg: 2020

Winter E.: Waldbaden – Das Praxisbuch, CHRISTIAN, München: 2018

Worseck J.: Die Heilkraft der Kälte, Riva, München: 2020

Endnoten

1 EY Jobstudie 2019 – Motivation und Arbeitszufriedenheit, S. 12
2 In Anlehnung an: https://karrierebibel.de/vuka-welt/
3 Wikipedia: Panta rhei:2021, https://de.wikipedia.org/wiki/Panta_rhei (abgerufen am 11.10.2021)
4 Häusel H.-G.: Think Limbic, Haufe, 2009: S. 29
5 Häusel H.-G.: Think Limbic, Haufe, 2009: S. 19
6 Mogi K.: IKIGAI, Dumont, Köln: 2015
7 Badura, Ducki u. a. (Hrsg.): Fehlzeiten-Report 2019, Springer-Verlag: 2019
8 Blank C., Zaman S. u. a: Emotionale Fußabdrücke von E-Mail-Unterbrechungen: 2020, S. 1-12, https://doi.org/10.1145/3313831.3376282 (abgerufen am 11.10.2021)
9 Blackburn E., Epel E.:»Die Entschlüsselung des Alterns«, Mosaik, München:2017, S. 312 ff.
10 Edtmair:»Inter-ZEN-tion: Der kurz- und mittelfristige Effekt von geführter ZEN-Meditation auf subjektives Stressempfinden, Cortisollevel, State-Ängstlichkeit, Affekt, Konzentrationsleistung, Glücksempfinden, allgemeine Lebenszufriedenheit und Schlafqualität«, Paris-Lodron-Universität Salzburg
11 Pedersen BK u. a.: The Diseasome of Physical Inactivity – and the role of myokines in muscle-fat cross talk, J Physiol, 2009 Pedersen, Thorbjörn C. A. Åkerström, Anders R. Nielsen and Christian P. Fischer: Role of myokines in exercise and metabolism. (PDF; 69 kB) In: J Appl Physiol 103:1093-1098, 2007. doi:10.1152/japplphysiol.00080.2007
12 Schmidtbauer C., Hofstätter G. (Hrsg.): Mikronährstoff-Coach,VdÄ, Wien: 2017, S. 334
13 Prof. Dr. Kölsch S.: Good Vibrations, S.80, Ullstein, Berlin: 2020, S. 80
14 Miyazaki Y.: Heilsames Waldbaden, Irisiana, München: 2018, S. 147

15 Korte M.: Wir sind Gedächtnis – Wie unsere Erinnerungen bestimmen, wer wir sind, Pantheon, S. 242/243

16 https://www.medizinpopulaer.at/archiv/seele-sein/details/article/die-heilkraft-der-freude.html

17 Mischel W.: Der Marshmallow-Test, Siedler Verlag, München:2015

18 https://www.psychologicalscience.org/news/releases/curiosity-doesnt-kill-the-student.html (abgerufen am 11.10.2021)

19 Bryant K.: The Mamba Mentality, Macmillan USA, New York: 2018

20 Carnegie D.: »Wie man Freunde gewinnt«, Fischer Taschenbuch, Frankfurt: 2011

21 Holt-Lundstat, Smith: Loneliness and Social Isolation as Risk Factors for Mortality: A Meta-Analytic Review

22 https://link.springer.com/article/10.1007/s11553-021-00837-w#rightslink

23 Statista/IMAS International 2020 »Was hat Ihnen in der Zeit der Ausgangssperren und strengen Maßnahmen während der Corona-Krise am meisten Probleme gemacht?«

24 Roth G., Strüber N.: Wie das Gehirn die Seele macht, Klett-Cotta, Stuttgart: 2019 S. 143ff

25 EY (unabhängiges Meinungsforschungsinstitut) / Statista, 2019

26 https://www.ncbi.nlm.nih.gov/pmc/articles/PMC4625209/ (abgerufen am 11.10.2020)

27 Prof. Dr. Kölsch S.: Good Vibrations, Ullstein, Berlin: 2019, S. 129 ff.

28 Danner D., Snowdon, D. & Friesen W. (2001): Positive emotions in early life and longevity: Findings from the nun study. Journal of Personality and Social Psychology, 80:2001, S. 814

29 Heckl R.: Das lachende Gehirn, Schattauer, Cotta'sche, Stuttgart: 2019, S. 62

30 Prof. Dr. Kölsch S.: Good Vibrations, Ullstein, Berlin:2019